U0817780

基础教育改革与教师专业发展丛书

新课程教学探索系列

新课程化学怎么教

XIN KECHENG HUAXUE ZENME JIAO

熊言林◎主编

安徽师范大学出版社

责任编辑:闫蒙钢　李　玲　　　　责任校对:吴毛顺
装帧设计:丁奕奕　　　　　　　　责任印制:郭行洲

图书在版编目(CIP)数据

新课程化学怎么教 / 熊言林主编.—芜湖:安徽师范大学出版社,2014.1(2014.7重印)
(基础教育改革与教师专业发展丛书)
ISBN 978-7-5676-0309-7
Ⅰ.①新… Ⅱ.①熊… Ⅲ.①中学化学课—教学法 Ⅳ.①G633.82

中国版本图书馆CIP数据核字(2012)第319301号

新课程化学怎么教
熊言林　主编

出版发行:安徽师范大学出版社
芜湖市九华南路189号安徽师范大学花津校区　　邮政编码:241002
网　　址:http://www.ahnupress.com/
发 行 部:0553-3883578　5910327　5910310(传真)　　E-mail:asdcbsfxb@126.com
经　　销:全国新华书店
印　　刷:安徽芜湖新华印务有限责任公司
版　　次:2014年1月第1版
印　　次:2014年7月第2次印刷
规　　格:787×960　1/16
印　　张:19.75
字　　数:313千
书　　号:ISBN 978-7-5676-0309-7
定　　价:41.00元

凡安徽师范大学出版社版图书有缺漏页、残破等质量问题,本社负责调换。

基础教育改革与教师专业发展丛书编委会

主　　编：王守恒

副 主 编：阮成武　查啸虎　周兴国

编委会成员（以姓氏笔画为序）：

王守恒　方双虎　龙文祥　闫蒙钢　江　芳

阮成武　孙德玉　何更生　吴　玲　辛治洋

张新明　欧阳俊林　周兴国　赵必华　查啸虎

段兆兵　姚运标　倪三好　郭怀中　郭要红

桑青松　鲁亚平　熊言林　樊彩萍

内容简介

本书从中学教学实际出发，结合中学化学学科特点和当前教学改革的热点，对新课程化学如何教进行了详细的阐述，旨在促使化学教师更好地教学，同时促进化学教师专业发展。本书框架新颖，内容丰富，资料翔实，案例典型，表现出新颖性、时代性、理论性、实践性、操作性、示范性和可读性等特点，便于化学教师教学时参考，具有一定的学术价值和使用价值，不仅适用于中学化学教师、化学教育研究人员等参考，也可作为高师院校化学教育专业学生、课程与教学论研究生学习研究的参考书。

总序

“教育改革”在当下是一个出现频率非常高的概念,这种语言现象所反映的正是教育实践的客观现实。伴随着经济全球化、信息化和网络化的迅猛发展,世界范围的教育改革正一浪高过一浪,教育改革正成为一项持续不断的教育实践活动。可以说,变革已成为当代教育的一个典型特征。

同样,改革也是我国当代基础教育领域蓬勃发展的重要驱动轴。近年来,基础教育改革正在各个层面全面展开:在课程领域,综合课程、活动课程、微型课程、模块课程等正在逐步取得与学科课程同等的地位,并对促进学生的全面发展发挥着不可替代的作用;在教学领域,诸如探究式教学、互动式教学、学生自主学习、合作学习等一系列新的教学方式和学习方式也正在逐步取代某些传统的教学方式和学习方式,被师生广泛运用于教学过程之中;在德育领域,一方面,某些陈旧落后的德育理念和模式正在为人们所摒弃,另一方面,多种新的德育理念和模式正在受到教育理论工作者和实践工作者的广泛关注并在学校德育实践中进行尝试和经受检验;在教育评价领域,传统的评价理念和范式同样日益受到人们的质疑与批判,与此同时,各种新的评价理念和范式层出不穷并被师生普遍接受和运用。

基础教育改革不仅使学校生活、师生关系和课堂面貌等发生了重要变化,也向广大教育实践工作者提出了新的更高的要求。持续不断的基础教育改革,使每一个投身于教育实践工作的人都面临着一系列无法回避的挑战。这种挑战,既意味着教育实践工作者不得不正视和思考教育改革带来的各种新的问题,同时也意味着他们在面对不断变化的教育实践情境时,必须采取适当、合理的因应与行动。

教育大计,教师为本;有好的教师,才有好的教育。这既是基础教育改革实践的强烈诉求,同时也是理性认识基础教育改革所形成的共识。好的教师,才有可能既娴熟自如地驾驭教育教学活动,最大限度地促进学生的发展,同时又能够有效地应对社会和教育发展所带来的各种新变化、新要求,成为教育改革的参与者和"弄潮儿"。好的教师由何而来呢?也许人们对这一问题有着各自不同的认识,也许不同的教师其成长的过程和方式各有差异,但可以肯定的是,好的教师既需要经受教育实践的历练,需要教育实践给予其充分展现的机会,同时,也需要接受教育理论的滋养,需要对教育教学的本质和规律性有着正确的认知和把握。

与教育实践工作者相同的是,教育理论工作者也正在面对教改所带来的诸多挑战。基础教育改革的蓬勃展开,也必然会对教育理论工作者提出如何恰当地回应教育改革、如何研究和解决教育改革中出现的各种新问题、如何引领教育改革的发展方向等诸多问题。可以说,在教育改革持续展开的背景下,教育理论工作者正面临着双重任务:一是必须及时研究和探索教育改革中不断出现的新情况、新进展,发现制约改革的各种因素和变量,揭示和分析教育改革发生发展的特点和规律;二是必须观照教育改革参与者特别是中小学教师的实践诉求,通过对教育改革实践的理论阐述,引领他们更加理性、有效地处理改革实践中所遇到的种种现实问题。

我们欣慰地看到，当前，已有很多学者对基础教育改革的一系列重要问题进行了深入的研究和探讨，从多角度、多方位提出了诸多有关教育改革的真知灼见，展示了学者们对教育改革实践的理性认识。然而，如何将这些理性认识转变为教育改革实践的理性行动，却需要做一番综合与转化工作。所谓综合，就是要对不同的理论研究成果，根据教育实践的逻辑，重新进行组合与梳理，以形成更加适合于教育实践的知识体系；所谓转化，则是要通过对知识的再加工和再创造，将原本用于精确表达思想和观念的科学话语体系，转变成实践话语体系，从而更加适合教育改革实践的需要。而本套丛书所努力达成的，就是这样的一个目标。我们期待我们所做的综合与转化的努力，能够产生切实的实践效果。

教育改革既涉及宏观层面，也涉及微观层面。仅有宏观层面的努力而缺失微观层面的配合与行动，教育改革不可能取得成功。宏观层面的教育改革主要是由政府来决定和实施，而微观层面的改革不仅需要政府的介入，更需要教育实践工作者的实际行动。我们编写这套丛书，主要的目标是指向微观层面，指向中小学教师的教育教学实践。丛书涉及当前基础教育改革和教师专业发展的诸多领域，主要针对当前基础教育改革和教师专业发展中所遇到或将要遇到的一系列问题而编写，以问题作为研究和讨论中心。我们期望通过聚焦教育改革实践中遇到的各种实际问题，借鉴中外教育改革的研究成果和成功经验，为教育实践工作者正确地认识和把握这些具体的实际问题提供指导和帮助。

本丛书主要包括教师专业发展系列、基础教育改革与学生发展系列、新课程教学探索系列、班主任工作系列、心理健康教育系列、教师专业标准系列等，读者对象主要是广大中小学教师。丛书的定位是理论与实际有机结合、介于学术著作和通俗读物之间，既注意吸收相关学科领域的最新成果，反映教育教学研究的前沿动态，又注重贴近中小学教师的工作和生活，对目前我国基础教育的实际以及教改实施与进展的状况进行分析和探讨，注重解决读者在实践中遇到的问题或困惑，努力做到科学性、前沿性、实用性的统一。丛书内容通俗易懂，深入浅出，每册书在内容上不求大而全，不求面面俱到，而是突出重点，将关注教师的需求放在第一位，尽可能为他们提供有针对性的思想和理论的引领，给他们以实践操作的启发。

我们相信本套丛书的出版，能让广大一线中小学教师获得所需的知识和有益的启示，对学校的进步、教师的发展和学生的成长发挥建设性的指导作用，为促进教育改革和教师发展增添些许动力。我们也期待着本丛书的出版，能够为师范院校相关学科的教学与研究提供更为丰富的素材，从而推动教师教育质量的不断提升。

编委会

二〇一三年一月

前　言

始于新世纪初的基础教育课程改革，迄今已有十余年了，课程改革的基本理念也已深入到基础教育的各个方面，并对我国中学教育产生了较大的影响，也给中学各学科课堂教学带来了诸多方面的变化。

2001年教育部制定的《全日制义务教育化学课程标准（实验稿）》颁布后，标志着作为素质教育核心体系的基础化学教育进入了一个崭新的时代。化学新课程的教学改革取得了积极的进展，大多数教师能在课堂教学中贯彻新课程精神，教学理念、教学行为和学习意识也有了很大的变化。化学新课程在取得积极进展的同时尚存在一些突出问题，主要涉及的问题有化学新课程的课程内容与教材、化学新课程的课堂教学、化学新课程的考试与评价等方面。

为了使广大化学教师能够全面理解并落实新课程精神，熟练把握化学新教材的变化特点，创造性地用好化学新教材，科学运用化学教学方法，继续提高化学课堂教学有效性，我们编写了《新课程化学怎么教》一书。本书从以下六个方面进行阐述：(1)根据什么教：课程改革与化学课程标准；(2)教什么：课程改革与化学课程内容；(3)如何教（一）：课程改革与化学教学设计；(4)如何教（二）：课程改革与化学课堂教学实施；(5)教得如何：课程改革与化学教学评价；(6)教、学、研并重：课程改革与化学教师专业发展。

本书在确定编排体系与编选内容时，坚持从中学教学实际出发，结合中学化学学科特点和当前教学改革的热点，对新课程化学怎么教进行了阐述，旨在促使化学教师更好地教学，同时促进化学教师专业发展。

本书在编写时力求在多方面有所创新，框架新颖，内容丰富，资料翔实，案例典型，表现出新颖性、时代性、理论性、实践性、操作性、示范性和可读性等特点，便于化学教师教学时参考，具有一定的学术价值和使用价值，不仅适用于中学化学教师、化学教育研究人员等参考，也可作为高师院校化学教育专业学生、课程与教学论研究生学习研究的参考书。

全书由熊言林老师拟定基本框架和撰写提纲。具体分工为：第一章熊言林、周倩编写，刘惠黎校对；第二章李晓龙编写，孔维薇校对；第三章马珊珊、张玉刚编写，周倩校对；第四章周倩、钱可编写，张玉刚校对；第五章刘惠黎、杨涛编写，李晓龙校对；第六章孔维薇编写，马珊珊校对。全书由熊言林老师统稿、审稿和定稿。在编写过程中，参阅和引用了近十年来许多研究者的文献资料，收录了许多一线教师在中学化学教学中的优秀案例，在此，谨向有关专家和学者一并表示诚挚的谢意；同时也感谢本丛书主编王守恒教授的多次指导，感谢安徽师范大学出版社所付出的辛勤劳动，感谢责任编辑闫蒙钢教授、李玲老师对本书的精心加工和修改。

由于编写时间十分有限及编者的视域所限，书中难免有疏漏、不足和错误之处，敬请读者批评指正。

编　者

2013年8月

目录

总　序 …………………………………………………………………… 1

前　言 …………………………………………………………………… 1

第一章　根据什么教:课程改革与化学课程标准 ………………………… 1

第一节　课程改革背景与化学课程改革概况 …………………………… 1

一、我国中学化学课程改革与发展简介 ………………………………… 1

二、化学课程改革的基本理念和新要求 ………………………………… 7

三、化学课程改革的实施概况 …………………………………………… 10

第二节　化学课程标准的作用与特点 ……………………………………… 14

一、化学课程标准与化学教学大纲的区别 ……………………………… 14

二、化学课程标准的地位与作用 ………………………………………… 21

三、化学课程标准的主要特点 …………………………………………… 22

四、初、高中化学课程标准简介 ………………………………………… 24

第三节　化学课程的三维目标 ……………………………………………… 30

一、化学课程目标结构与呈现方式 ……………………………………… 30

二、化学课程三维目标的有机统一 ……………………………………… 33

三、化学课程目标与教学目标的区别与联系 …………………………… 36

四、落实化学课程目标的要求 …………………………………………… 39

第二章　教什么:课程改革与化学课程内容 ……………………………… 45

第一节　课程改革与化学课程内容的变化 ………………………………… 45

一、课程改革对化学课程内容的影响与改变 ……………………45
二、课程理念对化学教材内容的影响与改变 ……………………55
三、初、高中化学教材内容简介……………………………………64
第二节 关注化学教学中的生成内容…………………………………72
一、化学教学中的生成内容简介 ……………………………………72
二、化学教学中的生成内容类型 ……………………………………74

第三章 如何教(一):课程改革与化学教学设计 ……………………80

第一节 课程改革以来化学教学设计的发展…………………………80
一、课程改革对化学教学设计理念的影响 …………………………80
二、课程改革以来化学教学设计的发展 ……………………………84
第二节 化学教学与教学设计…………………………………………88
一、化学教学的特点 …………………………………………………89
二、化学教学设计 ……………………………………………………91
三、典型案例分析 ……………………………………………………96
第三节 化学实验教学与设计 ………………………………………101
一、化学实验教学的特点……………………………………………102
二、化学实验教学设计………………………………………………104
三、典型案例分析……………………………………………………113

第四章 如何教(二):课程改革与化学课堂教学实施…………………120

第一节 课程改革对化学课堂教学的影响 …………………………120
一、课程改革理念对化学课堂教学的影响…………………………120
二、化学课堂教学的视点与标准……………………………………130
第二节 超越课前化学教学设计 ……………………………………139
一、如何根据化学课程特点变通教学设计…………………………139
二、如何将设计问题转化为问题情境………………………………146
三、如何体现“预设与生成”的统一…………………………………156
第三节 关注化学课堂教学行为 ……………………………………164
一、如何有效落实化学基础知识……………………………………164

二、如何体现化学学习的“过程与方法”……173
三、如何引导学生体验化学……179
第四节 重视化学学习指导 ……187
一、如何引导学生进行自主学习……187
二、如何引导学生进行合作学习……194
三、如何引导学生进行探究学习……197
第五节 探索化学课程资源开发 ……201
一、如何结合化学教材内容开发课程资源……201
二、如何结合学生生活经验开发课程资源……208
三、如何利用媒体媒介开发课程资源……216

第五章 教得如何:课程改革与化学教学评价 ……222

第一节 课程改革对化学教学评价理念的影响 ……222
一、课程改革对化学教学评价理念的影响……222
二、课程改革以来化学教学评价的发展……227
第二节 学生化学学业评价 ……230
一、学生化学学业评价的类型……231
二、学生化学学业评价的程序与方法……233
三、化学学科高考研究……243
第三节 化学教学质量评价 ……249
一、化学教学质量评价的标准……249
二、化学教学质量评价的方法……256
三、化学课堂教学评价的视点……259

第六章 教、学、研并重:课程改革与化学教师专业发展 ……263

第一节 课程改革对化学教师的挑战与希望 ……263
一、课程改革对化学教师的挑战……263
二、化学教师的理想与发展……270
第二节 化学教师的专业素养 ……278
一、化学教师的专业知识积累……279

二、化学教师的教学研究能力……………………………………283
三、化学教师的教育教学能力……………………………………285
第三节　化学教师如何做研究 ……………………………………288
一、化学教学研究的对象…………………………………………289
二、化学教学研究的方法…………………………………………291
三、化学教学研究报告与论文的撰写……………………………298

第一章　根据什么教：课程改革与化学课程标准

了解基础教育课程改革背景和指导思想，掌握化学课程标准的作用、特点、内容及其变化，是落实中学化学课程目标、实施中学化学教学的首要依据。因此，中学化学教师要认真研读化学课程标准，准确把握化学教学行为，实施有效化学教学。

第一节　课程改革背景与化学课程改革概况

一、我国中学化学课程改革与发展简介

（一）新中国成立到20世纪末化学课程改革与发展

新中国成立到20世纪末，我国中学化学课程改革主要以“双基”课程为主。“双基”是基础知识、基本技能的简称，主张把基础知识和基本技能作为中学化学教学内容核心的课程理论，即为“双基论”。这种课程理论植根于中国大地，对我国当代的课程实践产生了深刻影响①。

1.“双基”课程形成阶段（新中国成立到“文化大革命”前）

1949年10月新中国刚刚成立，百废待兴，百业待举，基础教育战线与其他各行一样需要全力进行改革。1950年初，在教育部关于第一次全国教育工作会议的报告中提出现行课程教材都过于繁重，并脱离实际……课程与教材均须进行合理精简之后，拟订了《化学精简纲要（草案）》（1950年7月）。这个纲要删除了过去的一些不必要的及重复的教材内容，适当

① 胡久华.化学课程与学生认识素养发展［M］.北京：北京师范大学出版社，2011.

注意结合生产实际，但余下的教材内容仍十分庞杂。随后，教育部又陆续召开有关会议，并根据会议精神，颁布了《普通中学化学科课程标准草案》（1951年）《中学化学科课程标准草案》（1952年）《中学化学教学大纲（草案）》（1954年）《中学化学教学大纲（修订草案）》（1956年）《全日制中学化学教学大纲（草案）》（1963年）等。

1952年3月教育部颁发的《中学暂行规程（草案）》中提出中学的教学目标之一是使学生获得“现代化科学的基础知识和技能”，首先明确提出“双基”概念。1958年开始的“大跃进”，给“双基”教学带来了很大的冲击：忽视“双基”教学，违背教学规律，造成了教学混乱、质量下降。为了改变这种不良现象，人们从迷茫中清醒过来把目光又投向“双基”。1961年，人民教育出版社重编的十年制中小学教科书（1963年出版）就把“力求避免片面强调联系实际而削弱基础知识，注意基础知识的充实和基本训练的加强”作为编写的指导思想。这一教科书是“双基论”在萌芽状态下的第一次实践。“基础知识和基本技能”的重新提出，对当时稳定秩序和提高教学质量产生了重大的作用。

2.“双基”课程成熟阶段（“文化大革命”后到20世纪80年代中期）

“文化大革命”结束后，随着高考制度的恢复，大力加强“双基”教学，对教育战线上拨乱反正、恢复正常的教学秩序，产生了重大影响。1977年，全国中小学教科书编写工作会议提出了编写教科书需要处理的四个关系，其中两个是十分重视和精选基础知识、为了加强基础必须重视基本技能的训练。1978年后，全日制十年制中小学教学计划、各科教学大纲和教科书先后出版。这时，中小学各科教学都突出强调“双基”教学，中小学的教学内容都是基础知识，中小学教学过程是培养学生基本技能的过程，也是巩固学生基础知识的过程。此后，“双基”已成为具体指导中小学教学并被广大教育工作者所接受的主要理论。从20世纪80年代开始，“双基”教学得到大力发展，形成了有利于我国中小学学生打下坚实的知识基础、提高教育质量的教学思想。在这种教育观念的指导下，我国广大教育工作者重视“双基”教学，使学生掌握比较系统的科学文化知识，能够熟练地解答教科书中的问题，逐步形成了我国教育的特色。

3.“双基”课程变革阶段(20世纪80年代中期到20世纪末)

从20世纪80年代中期开始,虽然“双基”教学得到大力发展,基础教育取得了巨大的成就,但同时由于高考竞争日趋激烈,考试内容多为基础性题目,“双基”教学便和“解题教学”结合,成为“考试的双基”。从此之后,应试教育的弊端逐渐显露了出来,如高分低能、缺乏创新精神和创新能力、知识面狭窄等。这些现象导致人们对“双基”教学的反思,提出了加强基础、发展智力、培养能力的教学目标。该教学目标着眼于智力发展,注重启发式教学,改进教学内容,强调学生自学能力培养,使学生学会学习。到90年代初,我国教育工作者开始强调学生的非智力因素培养,目标是加强基础、发展智力、培养非智力因素,重视教学过程中学生动机、兴趣、情感、意志等非智力因素的培养,力求实现智与情的统一。90年代以后,实施素质教育提到重要高度,以提高国民素质教育为宗旨,培养创新精神和实践能力,强调基础教育要满足每一个学生终身发展的需要。为此,我国教育工作者开始变革“双基”课程。

(二)21世纪初化学课程改革与发展

21世纪初,我国基础教育进行了新课程改革(也有专家称此次新课改为第八次基础教育课程改革),将课程目标定为发展学生的科学素养,以科学素养为核心的课程出现并发展起来,从而取代了“双基”课程。新课程改革以来,中学化学课程呈现新的活力,充满生机。

1.新课程改革的背景

毕华林教授对新课程改革的背景有以下论述①:

(1)社会发展的需要。21世纪是以知识创新和应用为重要特征的知识经济时代,知识创新的水平和速度成为经济增长的关键因素,创新精神和创造能力成为关系民族兴衰存亡的重要因素。要提高我国的综合国力,提高我国在国际竞争中的地位,就必须全面提高劳动者的素质,培养大批具有创新精神和创造能力的人才。而创造性人才的培养与全面提高公民的科学素养是密切联系的,公民科学素养的全面提高为涌现和造就

① 毕华林.新理念 新课程 新挑战——国家化学课程标准与中学化学教学改革[J].山东教育,2003(3):24-28.

更多的创造性人才提供了最丰富、最广阔的背景。因此，培养创造性人才，不能只着眼于“精英教育”，而应重视全面提高公众的科学素养。

那么，目前我国公众的科学素养达到什么样的水平呢？中国科学技术协会在1992年、1994年、1996年和2001年对我国公众的科学素养进行了四次调查。调查结果表明，尽管我国中小学用于科学教育的时间比发达国家学校多得多，但是我国公众的科学素养水平却很低。在1992年的对比测试中，我国与美国公众在理解科学知识方面差距不大，但是在理解科学过程和理解科学对社会的影响方面却有很大差距。而且近年我国公众的科学素养水平停滞不前。与此相应的是1993年、1996年，美国先后出台科学教育的2061计划、美国国家科学教育标准等一系列影响全球的科学教育改革文献。1996年至2002年，世界上包括美国、英国、日本、澳大利亚、加拿大和韩国等国家相继颁布了以课程标准和课程框架为基本形式的面向21世纪的基础科学教育课程改革的系列政策，这些相关政策影响着世界各国的科学教育改革。对此，这不能不引起我们对现行的科学课程进行深刻的反思和改革。

21世纪又是一个信息化的时代，随着科学技术的迅猛发展，新的知识信息的大量涌现，知识更新的速度不断加快，学生在学校所学的知识已不能满足未来工作和生活的需要。可以说，终身学习的时代正随着信息化社会到来的步伐如期而至。为了适应社会和自身发展的需要，人们必须不断地学习，要树立终身学习的观念，培养终身学习的能力。学校教育作为终身教育的一环，必须进行改革，要以终身学习的观点重构学习的概念，构建适应终身学习的课程体系，要重视培养学生自我教育的信念，教给学生科学的学习方法，培养学生终身学习的愿望和能力。

(2)学科发展的需要。从20世纪80年代开始，随着社会经济的发展，化学学科的发展出现了新的特点，最突出的是化学积极地向一些与国民经济和社会生活关系密切的学科，如能源科学、环境科学、生命科学和材料科学等渗透。在这些学科的发展中，化学的作用与地位日益显著。就是说，化学已经日益渗透到社会生活的各个方面，正成为未来社会发展的一门中心科学，成为人类进步的关键。

从化学学科的发展特点来看，我们对化学的认识已经不能仅仅局限于化学学科本身，而应该开阔视野，站在社会发展的高度，从社会的角度来认识化学和化学教育的作用。化学教育已不能仅仅局限于化学学科中的教育这个圈子里，随着社会需求和科技的飞速发展，应当更加关注化学的广泛应用及社会价值的教育。化学教育必须适应受教育者群体学习兴趣和目的的多样性的需要，特别是基础教育阶段的化学教育，已不应仅仅关心提高化学课程的理论水平、学科知识体系等学术性问题，而应特别关注每一位公民每天都会接触到的诸多与化学有关的社会生活问题，了解化学知识在社会生活中的应用。否则，势必造成大批学生失去学习化学的兴趣，或者学了用不上或不会用，而对社会、科技、经济与人文的问题又毫无所知，造成大批的"化学盲"或"科学盲"。这将是化学教育所面临的严峻挑战。

因此，当代化学教育要建立起"化学教育为大众"的教学观念，以提高国民的科学素养为宗旨来构建新的化学教育体系，编制新的化学课程教材，研究新的化学教学方法，对化学教育进行彻底的改革。

(3)学生发展的需要。学校要为学生的终身学习和适应现代社会生活打下坚实的基础，要促进学生素质的全面发展。学生需要什么样的化学？学生需要的是对其未来的学习和生活有用的化学，有趣的化学。而我们现行的课程教材内容的选择更多的是着眼于化学学科知识体系，选择那些相对于化学学科更高层次学习所必需的基础知识和基本技能，因此比较重视学术性的内容，强调对具体的元素化合物知识和化学概念、原理的系统学习，注重知识的占有和积累，而忽视化学与社会、生活和生产实际的广泛联系。这种"双基"观直接导致了学生对化学学习丧失兴趣，形成新的"读书无用论"。

21世纪社会以及科学技术的快速发展，对基础教育的改革提出了紧迫的要求。正是基于上述背景，教育部颁布了《基础教育课程改革纲要(试行)》，并正式启动了包括化学在内各学科的课程改革。

2. 赋予"双基"新内涵

在新课程实验过程中，一些人质疑新课程好像不重视"双基"了，担心培养学生的创新精神和实践能力会影响学生对基础知识与基本技能的掌握。其实，新课程从一开始就没有淡化或忽视“双基”，只不过是以一种全新的视野去审视“双基”，对基础知识和基本技能的概念进行了重新定位。专家指出，现在有些人对基础的理解过于狭窄，将基础扎实仅仅理解为知识数量的堆积。对基础知识和基本技能的界定应着重于它的基础性和发展性，漫无边际引申出来的各种类型的试题、补充练习题、解题套路，不是基础知识和基本技能的内涵。

随着社会的发展、科技的进步以及信息化社会的到来，对“双基”应当有一个新的认识与定位，应该赋予它更丰富和更具时代特征的内涵，基础知识和基本技能也应当是与时俱进的。因此，新课程改革重新确定了什么是终身发展必备的基础知识和基本技能，为“双基”赋予了新的内涵。

(1)“双基”以终身学习和发展为取向。“双基”的内涵不能仅以学科需要和发展来定位，而要以终身学习和发展为取向。学科本位论的“双基”是一种封闭的“双基”，缺乏与生活、时代的联系；是一种过于深厚、宽厚的“双基”，超越了学生学习接受的可能。为学生打好终身发展的基础，不仅仅是指基础知识和基本技能，还应当包括浓厚的学习兴趣、旺盛的求知欲、积极的探索精神、坚持真理的态度，以及培养搜集和处理信息的能力、获取新知识的能力、分析和解决问题的能力、交流与合作的能力，这是新时期为学生全面打好基础的基本内涵。以人为本的“双基”，关注学生的生活经验和学习兴趣，遵循学生的学习规律，体现时代发展的变化。

(2)“双基”与其他维度相结合。“双基”只是课程目标的一个维度，把“双基”孤立起来加以绝对化，最终只能走向反面，丧失“双基”自身的价值。“双基”应与其他两个维度有机结合，才能发挥其促进学生发展的价值和功能。

此外，用什么样的方法为学生打好“双基”也是需要深入研究的。在纠正以往过于偏重“双基”的做法时，也应注意不能让一种倾向掩盖另一种倾向，不能走向忽视知识和技能的极端。要防止两种倾向：一种是只重结论，忽视过程；另一种是只重过程，忽视结果。应该说，没有过程的结果是没有体验、没有深刻理解的结果；不追求结果的过程也是缺乏价值和意义的过程。专家认为，探究性学习并不是只重过程而不重结果，应当全面领会《基础教育课程改革纲要(试行)》提出的改变课程过于注重知识传授的倾向,强调形成积极主动的学习态度,使获得基础知识与基本技能的过程同时成为学会学习和形成正确价值观的过程,处理好“双基”和形成积极主动的学习态度、学会学习、形成正确价值观的辩证关系。实际上,这比打好传统意义上的“基础”更为困难,需要付出更多的努力[①]。

二、化学课程改革的基本理念和新要求

(一)化学课程改革的基本理念

本次化学课程改革,是按照国家《基础教育课程改革纲要(试行)》的要求,依据国际科学教育和化学课程改革的发展趋势,在义务教育化学课程标准和普通高中化学课程标准中,分别从不同方面提出了进行新一轮初、高中化学课程开发、实施和评价应遵循的基本理念。

1. 义务教育化学课程改革的基本理念

(1)让每一个学生以轻松愉快的心情去认识多姿多彩、与人类息息相关的化学,积极探究化学变化的奥秘,形成持续的化学学习兴趣,增强学好化学的自信心。

(2)给每一个学生提供平等的学习机会,使他们都能具备适应现代生活及未来社会所必需的化学知识、技能、方法和态度,具备适应未来生存和发展所必备的科学素养,同时又注意使不同水平的学生都能在原有基础上得到良好的发展。

(3)注意从学生已有的经验出发,让他们在熟悉的生活情景中感受化学的重要性,了解化学与日常生活的密切关系,逐步学会分析和解决与化学有关的一些简单的实际问题。

(4)让学生有更多的机会主动地体验探究过程,在知识的形成、联系、应用过程中养成科学的态度,获得科学的方法,在“做科学”的探究实践中逐步形成终身学习的意识和能力。

(5)使学生初步了解化学对人类文明发展的巨大贡献,认识化学在实现人与自然和谐共处、促进人类和社会可持续发展中的地位和作用,相信

① 李建平.课程专家解读新课程“双基”内涵[N].中国教育报,2004-03-29.

化学为实现人类更美好的未来将继续发挥它的重大作用。

(6)为每一个学生的发展提供多样化的学习评价方式。既考核学生掌握知识、技能的程度,又注重评价学生的科学探究能力和实践能力,还要关注学生在情感态度与价值观方面的发展。在学习过程中,力求使更多的学生学会反思和自我评价。

2. 普通高中化学课程改革的基本理念

(1)立足于学生适应现代生活和未来发展的需要,着眼于提高21世纪公民的科学素养,构建"知识与技能""过程与方法""情感态度与价值观"相融合的化学课程目标体系。

(2)设置多样化的化学课程模块,努力开发课程资源,拓展学生选择的空间,适应学生个性发展的需要。

(3)结合人类探索物质及其变化的历史与现代化学科学发展的趋势,引导学生进一步学习化学的基本观点和基本方法,形成科学的世界观。

(4)从学生已有的经验和将要经历的社会生活实际出发,帮助学生认识化学与人类生活的密切关系,关注人类面临的与化学相关的社会问题,培养学生的社会责任感、参与意识和决策能力。

(5)通过以化学实验为主的多种探究活动,使学生体验科学研究的过程,激发学习化学的兴趣,强化科学探究意识,促进学习方式的转变,在实践中培养学生的创新精神和实践能力。

(6)在人类文化背景下构建化学课程体系,理解化学课程的人文内涵,发挥化学课程对培养学生人文精神的重要作用。

(7)积极倡导学生自我评价、活动表现评价等多种评价方式,关注学生个性的发展,激励每一个学生走向成功。

(8)为化学教师创造性地进行教学和研究提供新的平台,在课程改革的实践中引导教师不断反思,促进教师的专业发展。

(二)化学课程改革对教师的新要求

《基础教育课程改革纲要(试行)》明确提出,改变课程内容"难、繁、偏、旧"和过于注重书本知识的现状,加强课程内容与学生生活以及现代社会和科技发展的联系,关注学生的学习兴趣和经验,在学习方式上,寻求以学生主体对知识的建构为基本的教与学的理念。这些理念对教师提出了新要求和新挑战,新课程标准呼唤具有创新观念和多种能力的新型教师①。

1. 教师应成为学生全面发展的促进者

新课程目标下的教育是以学生为中心的教育,主张"教"要服从于"学",为"学"服务,以促进学生的发展为教学的根本宗旨。这就要求教师从"权威""主宰"的神坛上走下来,从促进学生全面发展的角度重新审视并找到自己的位置。同时,教师在教育学生学会学习的同时,必须教会学生如何做人。

2. 教师应成为课程结构的构建者、开发者

新课程特点是开放性、均衡性、综合性、选择性。教师应从课程的从属者、被动执行者的身份,变为课程的主体,乃至课程的构建者、开发者,具有创设校本综合实践活动课程的能力和开发校本教育资源的能力。教师也应具有构建课程计划,实事求是地调整、组织课程结构的能力。新课程改革出现了许多新的教育理念,如教室是实验室,课程是经验,教材是范例,教学是对话、交流与知识构建的活动,教师是研究者,学生是知识的构建者,家长是教育伙伴,学校是科学探索的中心等,这就要求教师从课程忠实的执行者向课程的开发者和研究者转变。只有这样,课程的开放性、均衡性、综合性和选择性才能得以真正落实。

3. 教师应成为知识更新的研究者、实践者

新课程的教学内容体现"三贴近"原则,即贴近学生生活、贴近现代社会、贴近科技发展。教师应根据学生的发展要求,结合现代社会发展的实际,将课程内容生活化,注重学生的最近发展区,以提高学生的学习兴趣和经验,使课堂教学更富有生活情境。教师也必须根据实际情况重新设计与生活以及现代社会科技发展相联系的教学内容。因此,新课程目标下的教师必须具备设计课堂教学的能力、教学实践能力和教学科研能力。

4. 教师应成为培养学生能力的合作者、指导者

新课程的教学更注重的是学生学习策略的运用。在教学过程中,教

① 孙小媛,郑长龙.教师教育课程改革与基础教育改革[J].辽宁教育研究,2006(2):79-80.

师只是指导和帮助学生主动参与、亲身实践、独立思考、合作探究。因此新课程的教学过程是师生交往、共同发展的过程。此过程体现了人道的、和谐的、民主的、平等的师生关系。

三、化学课程改革的实施概况

改革开放以来，我国基础教育的改革与发展取得了巨大的成就，基础教育课程体系随着社会的进步也在不断发展。当前，随着科学技术的迅猛发展，尤其是信息技术的广泛应用，对教育提出了前所未有的挑战。现行课程在许多方面已不能完全适应时代的发展。为此，新世纪伊始，国家决定开展新一轮的基础教育课程改革，构建中国特色的现代基础教育课程体系，全面推进素质教育。化学课程作为义务教育阶段的科学启蒙课程，从学生和社会发展的需要出发，将科学探究作为课程改革的突破口，进行了全方位的改革。

（一）课程改革的实施进程

综合有关文献资料，我国中学化学新课程改革的实施进程如表1-1所示。

表1-1　化学新课程改革的实施进程

时　间	主要内容
1999年8月	成立包括化学在内的各学科课程标准研制组，开展大范围的课程国际比较研究、化学学科发展研究、学生发展研究和社会发展需求的调研等4项基础研究
1999年10月至2001年4月	研制并颁布义务教育阶段各学科课程标准
2000年10月至2001年4月	编写、出版义务教育阶段各学科课程标准实验教科书
2001年9月	首批38个国家级新课程实验区开始实施义务教育新课程
2001年底	成立普通高中化学课程标准研制组
2001年至2003年	研制普通高中课程方案和各学科课程标准
2003年至2004年	编写普通高中课程标准实验教科书

续表

时　间	主要内容
2004年	山东、广东、宁夏、海南4省(区)成为首批高中新课程实验区
2005年到2009年	江苏、福建、安徽、浙江、辽宁、湖南、黑龙江、吉林、天津、北京、陕西、山西、河南、江西、新疆、新疆建设兵团、云南、河北、湖北和内蒙古依次进入高中化学新课程实验区
2006年9月	全国进入义务教育新课程实施阶段
2007年	启动义务教育阶段各学科课程标准征求意见和修订工作
2010年至2011年	全国进入高中新课程实施阶段

(二)课程改革的成效与不足

1. 课程改革的成就与影响

课程改革以来,我国基础教育的改革与发展取得了一定的成就,基础教育课程体系得到进一步发展。据21世纪教育研究院与中国教育在线合作的《2010年教师评价新课改的网络调查报告》显示:新课改最重要的成效之一,是新的教育理念已经深入人心,74%的教师认同新课改“合作、自主、探究”的理念。而且,新课改正在实际地改变中小学的教学面貌,63%的中小学教师认为新课改在自己所在的学校得到积极的开展;83%的教师认为自己的课堂教学发生了不同程度的改变,其中32%的教师认为有“很大”和“较大”的改变;在主要教学方式的采用上,以启发式教学为主的为52%,以小组讨论为主的为26%,以讲授式为主的仅为2%,启发式教学的比例明显提升,学生的主体作用受到重视和体现①。

《全日制义务教育化学课程标准(实验稿)》于2001年颁布以来,对全国的初中化学课程建设、教材研发、课堂教学、考试评价以及教师的专业发展等都产生了非常大的影响。教育部在2007年至2008年,针对义务教

① 杨东平.关于深化新课程改革的若干思考[J].基础教育课程,2011(12):13-14.

育化学课程标准进行了问卷调查和系列座谈调研。在座谈、访谈和问卷调查中,广大教师高度评价化学课程标准实施后带来的新变化:化学教材内容更贴近学生生活和社会发展,科学探究已经走进初中课堂,学生化学学习的兴趣有所增强,化学学习评价方式正在发生变化,初中化学教师的专业素养水平整体提升。

王磊教授调查结果显示,广大一线教师认为新课程实施以来初中化学课堂教学已经发生了一系列积极的变化。例如,与实施新课程之前相比,现在教师在教学实践中给予学生更多的发言、解释、质疑的机会(71.45%,28.00%)(注:括号中前面的数据代表认为“有很大变化”的教师占比,后面的数据代表认为“有一些变化”的教师占比,下同);化学课堂中学生开展实验活动的机会多了(62.38%, 35.04%);化学课堂中学生通过小组合作完成学习任务的机会多了(65.94%,31.79%);化学课堂中教师更重视讨论生活或生产中的化学问题(68.04%,30.5%);教学中重视化学问题解决的过程与方法的教师多了(70.56%, 28.41%);日常教学中,对学生采用多元评价的教师多了(51.87%,41.25%)。此外,48.46%的教师平均每周至少开展一次探究活动,33.64%的教师平均每个月至少开展一次探究活动,11.31%的教师平均每个学期开展3~4次探究活动。初中化学新课程实施十年来,广大教师的教学观念和教学行为发生了可喜的积极变化。例如,在备课时认真从三维目标出发思考教学问题的教师多了(59.88%,37.20%);认真做学情分析的教师多了(62.51%,35.02%);能够努力思考学生的认识障碍点,并努力在课堂中予以突破的教师多了(66.24%,32.17%);教学中重视化学问题解决的过程与方法的教师多了(70.56%,28.41 %);重视学生利用化学知识解决社会问题的教师多了(67.13%,30.79%);对学生采用多元评价的教师多了(51.87%,41.25%);感觉化学教学有意思的教师多了(43.80%,45.67%);努力进行教学研究的教师多了(56.74%,39.19%)。教师还感觉到教研活动多了(64.07%, 32.40%),听课、评课活动多了(68.15%, 28.74%);整体感觉教师的教学能力增强了(61.45%,36.91%)。

王祖浩教授调查结果显示:通过实验区多年来大规模的实践,广大化学教师总体上赞同课程标准,对标准的具体内容和实施效果很满意。表1-2是对化学课程标准各个部分的作用调查后得到的统计数据,“完全肯定”(好)或

“基本肯定”（较好）所占比例很高；持否定意见（“不太认同”“完全不认同”）的教师比例很低[①]。

表 1-2　教师对义务教育化学课程标准各部分作用的认识

调查内容		完全或基本肯定	否定意见
基本理念体现改革纲要		90.5%	0.5%
课程理念和设计思路对教学有指导意义		77.6%	1.2%
课程三维目标合理	知识与技能	87.9%	1.0%
	过程与方法	81.0%	0.9%
	情感态度与价值观	82.5%	1.0%
内容标准的主题结构		95.9%	0.5%
化学课程内容的重组		81.6%	1.0%
化学课程的实施建议		79.5%	0.2%

2. 课程改革的问题与不足

然而，新课改不足的是，教师对新课改实效的评价却没有那么高。只有约 1/4 的教师表示满意，表示很满意的仅为 3.3%。教师们认为小学阶段的新课改开展最好，其次是初中，高中的成效较差。在对课程内容“繁、难、偏、旧”的改变上，有 25%的教师认为课程内容比过去更难了；有 47%的教师认为新课改之后学生的课业负担反而加重了。教师对新课改成效的总体评价较低，这与基础教育缺乏良好的外部环境和配套机制相关。教师们认为制约新课改实施的最大瓶颈，是高考和评价制度并没有实质性的改变，应试教育现象仍然十分严重。同时，教师培训不足和培训缺乏针对性、农村教育资源缺乏、新课改推进过快等，都是影响改革实效的原因[②]。

（1）学生的学习兴趣正被高考逐渐埋没。就目前的现实情况来看，无论课程如何修改，在我国现今的应试制度下，高考是无论如何也逃脱不了的最终教学大检测。既然摆脱不了同高考的关系，那么在课程教育中自然也就不可避免地要采取应对措施。因此，教学模块的制定也需要结合高考方案，但如此一来就制约了学生对学习模块的自主选择权。调查表明，大多数学生认为自己所感兴趣的学习模块往往都是与高考所需要的

① 王祖浩. 化学课程标准修订：依据和视角[J].基础教育课程，2012（1-2）：76-81.

② 杨东平.关于深化新课程改革的若干思考[J].基础教育课程，2011（12）：13-14.

模块相悖的。

(2)师资力量不足对模块开设的制约。选修模块同必修模块相比专业性更强,因此对教师的专业性要求更高。但就目前的师资力量来看,许多学校尚且达不到此种条件。选修模块中实验化学、物质结构与性质等模块都有着相对较大的难度,这要求教师具有更高的专业水平,学校在无法引进专业教师的前提下只有定期地对现有教师进行培训,但是繁重的教学任务给教师带来的压力是显而易见的。

第二节　化学课程标准的作用与特点

一、化学课程标准与化学教学大纲的区别

新的化学课程标准(简称"标准")同过去的化学教学大纲(简称"大纲")相比,在很多方面都发生了相当大的变化,不仅表现在名称上的不同和框架上的区别,更重要的是二者在理念上的差异。孙小媛、郑长龙教授对化学课程标准与化学教学大纲在理念上的差异进行以下比较①。

(一)课程观的差异

课程观是指人们对有关课程的本质、功能、价值、内容及其组织等一系列问题的基本看法。课程观决定着课程的编制,因而,以不同的课程观为指导会编制出不同的课程。从课程的发展历史来看,主要有三种课程观一直在影响和左右着课程。

1. 三种经典课程观

(1)学科中心课程观。这种课程观认为,课程应当重视学科的逻辑体系,突出学科知识的系统性。因此,以这种课程观为指导编制的学科课程,其最突出的优点是课程内容的系统性强,最大的问题是容易导致课程脱离学生实际、生活实际和社会实际,使学生被动地学习。

(2)学生中心课程观。这种课程观认为,课程应当重视学生的兴趣、

① 孙小媛,郑长龙.化学课程标准与化学教学大纲在理念上的差异[J].教育科学,2006(3):30-32.

爱好和发展,突出学生的直接经验,使学生在自主的活动中、在亲身的实践中获得对自然和社会的认识。因此,以这种课程观为指导编制的课程,其最突出的优点是重视学生学习的主动性和实践性,其最大的问题是容易导致学生的学习不够系统,不能形成对学科的一个相对完整的认识。

(3)社会中心课程观。这种课程观认为,课程应当重视和关注社会实际问题,突出知识在社会实际中的价值和应用。因此,以这种课程观为指导编制的课程,其突出的优点是课程内容与实际联系紧密,使学生在认识和解决社会实际问题的过程中综合性地学习科学知识,最大的问题同样是容易导致学生的学习不够系统,不容易建立起学科知识的逻辑联系。

这三种课程观都有其突出的优点,也有其显著的不足。为此,人们提出了“融合论”和“整合论”的课程观,以吸收每一课程观的优点,弥补各自的不足。

2. 化学课程所依据的课程观

(1)化学教学大纲以“学科中心课程观”为指导。化学教学大纲过于强调化学科学知识的系统性,过于注重使学生牢固地、系统地掌握化学基础知识和基本技能,强调为升入高级学校的学习打基础,与大学内容相衔接。在这种课程观指导下,学生是知识的容器,是课程内容的接受者,教师是课程的说明者、解释者,教学评价过于关注学生的认知结果,且以有多少考分来衡量。其实,绝大多数学生承认:在这种课程观指导下学的化学知识,并没有多少可用来决策生活和工作中的思路和行为。

(2)化学课程标准以“融合论”为指导。化学课程标准考虑了制约课程发展的知识、社会、学生这三个基本要素,从关注学生未来生活的需要或升学准备转向重视现实的实践与实验,关注体验,实现知识与现实社会、生活的沟通,突出强调学生尽可能通过各种科学探究活动来直接获得有关物质及其变化的知识与技能,达到在科学素养各个方面的全面发展;从“什么知识最有价值”转向“谁的知识最有价值”。同时,化学课程标准注意反映化学学科的核心概念(物质、结构和反应),注意课程内容在社会实际中的应用和价值。因此,化学课程标准所依据的课程观,首先是一种“融合”的课程观;其次,这种课程观侧重于以学生主动、全面的发展为中心。所以,化学课程标准力图以学生发展为主旨,将学科、社会和学生这三者有机地结合起来。

(二)课程目标的差异

1.“大纲”与“标准”目标构成要素

教学大纲中,化学基础知识与基本技能、能力和德育被作为化学教学目的的重要内容,但由于没有一整套完成或实现化学教学目的的体系,尤其是评价体系,结果使得“能力”和“德育”这两方面的目的,在实际的化学教学中很难得到有效的落实,从而出现了过分强调掌握“双基”的局面。为此,化学新课程标准十分鲜明地提出“以提高学生的科学素养为主旨”,从知识与技能、过程与方法、情感态度与价值观三个方面来支撑和展开培养学生科学素养的课程目标,使得学生能够主动学习并从课程内容的选择与组织、化学学习方式、化学教学评价和化学课程资源的利用与有效开发等方面,与化学课程目标相匹配,从而达到促进学生科学素养全面发展的目的。“大纲”与“标准”目标构成要素如表1-3所示。

表1-3 “大纲”与“标准”目标构成要素

	化学教学大纲	化学课程标准
构成要素	基础知识和基本技能(“双基”)	知识与技能
	能力	过程与方法
	德育	情感态度与价值观

2.“大纲”与“标准”课程目标的差异

(1)“双基”与“知识与技能”所包含的内容及侧重点不同。“大纲”中的“双基”明显只侧重基础知识和基本技能这两个方面,而“标准”中的“知识与技能”中,既有最基本的化学知识技能方面的要求,又有联系实际、联系社会和技术方面的要求。知识之所以有价值,是因为我们可以运用它们推动社会发展和科技进步,从而丰富人类生活,加速人类文明的进程。就这一点来说,了解知识的用途及其对技术发展和社会进步所能作出的贡献,要比掌握知识本身更有价值,“学有所用”才是目的。

(2)“能力”与“过程与方法”重视程度不同。这次改革从培养学生的科学素质出发,把“过程与方法”目标作为课程目标的一个重要组成部分,使之处于和“知识与技能”同等重要的位置上，并发展了“大纲”对能力培养上的要求，抓住了时代的脉搏，提出了人际交流及信息获取、处理等方面的目标，这必将十分有利于学生未来学习能力的发展。

(3)“德育”与“情感态度与价值观”重要性不同。“大纲”关于“德育”方面的要求虽然提到了不少，但并没有得到应有的重视，这可以从“大纲”的具体教学要求中根本没有体现这方面的要求上窥见一斑。“标准”中之所以把“情感态度与价值观”提高到和“知识与技能”“过程与方法”同等重要的位置上来，一方面是因为它是培养学生科学素养的要素之一；另一方面也是学生能够得以发展成为“完整的人”的要求。“标准”在这方面的目标既提到了怎样对待自然、物质及科学，又涉及了如何对待社会和自身发展，它们的实现同“知识与技能”和“过程与方法”两个方面目标的实现相辅相成，必能达到提高学生科学素养的目的。

（三）目标价值取向的差异

“标准”与“大纲”在课程目标的价值取向上有着本质的区别。

1.“大纲”定向于培养“精英”

以学科为中心的化学课程，首先关注的是课程内容的系统性和学术化，科学知识居于化学课程内容的中心地位。课程设置是大学化学课程设置的翻版，内容是大学化学课程内容的浓缩，教学模式和教学方法也沿袭大学教学的一整套做法，对学生化学学习情况的衡量标准，就是能否通过升学考试升入大学。而升入大学的，只占中学生的少数，这使得化学课程成为“少数尖子学生的化学”，化学课程的目的变成了为少数“精英”学生升入大学、为成为未来的化学科学专家打基础、做准备。学习化学课程可以升学并有可能成为未来的科学家等想法具有很强的吸引力和诱惑力，很容易被社会、学校、教师、家长和学生认同，并被认为是天经地义的事情。

2.“标准”定向于培养“公民”

以学生发展为中心的化学课程，首先关注的是课程对培养未来的社会公民——学生的科学素养的价值。因为科学、技术与社会相互作用的结果，使得科学技术渗透到社会的各个领域，改变了人们的生产、工作、学习和生活方式。适应未来社会发展的每个人，都应具有一定的科学知识和科学技能，都应该正确认识科学的本质和价值，积极主动地参与和科学技术有关的社会问题的讨论和决策，也就是说要具有一定的科学素养。为此，化学课程标准非常关注每一个学生的发展，“让每一个学生……”“给每一个学生……”“为每一个学生……”成为此次化学课程的一个重要理念。这表明化学课程的价值取向发生了根本性变化，从定向于“精英”的化学转变为定向于“公民”的化学。

（四）课程内容的差异

“大纲”与“标准”在化学课程内容的选择和要求上有较大的不同。

1. 选择科学知识的视角

“大纲”是从化学学科的角度来选择和组织科学知识的，虽然也涉及一些与其他学科相关的知识，也注意到化学与社会、生活的联系，但总体上仍有脱节之感，在实践中常被作为辅助性、可有可无的内容。

“标准”更多的是从“科学”甚至更大的视角，如从科学、技术与社会（Science, Technology and Society，简称STS）的视角来看待和选择科学知识。按照这样的视角来审视“标准”中的科学知识，主要应包括以下三方面内容：

化学学科知识——如化学科学中的核心概念、物质、结构和反应等。

技术知识——如自然物质与人造物质的区别、技术设计的一般方法、风险与效益、科学技术的局限性和两重性等。

跨学科知识——如资源与能源、材料、健康、环境等方面的内容。

2. “基础”的价值取向

基础教育阶段的科学知识应当是基础知识，这是人们的共识，也是我们长期坚持的一条基本经验。但化学课程与教学实践促使我们不得不反思“基础”的含义问题，即“基础”是谁的基础。“大纲”中所指的“基础”，主要是从化学科学的角度来说的科学基础知识；“标准”中所指的“基础”，主要是从公民的角度来说的科学基础知识。有些知识，从科学的角度看是基础知识，但从公民的角度看未必是基础知识。

3. “要求”重心的转移

“大纲”主张学生应比较系统地掌握化学基础知识和基本技能，强调学生不仅要知道科学知识“是什么”(What),还应理解“为什么”(Why)。虽然也倡导“应用”,但更多的是应用科学知识解决科学问题,因而常陷入枯燥的“题海”中,既无味又费时,远离学生的生活实际和社会实际,这也是造成厌学和辍学的重要原因之一。

“标准”认为,对科学知识的要求,知道“是什么”“为什么”固然不可缺少,但更重要的是知道这一知识“能用于做什么”,如何用于解决个人和社会中的实际问题。为此,化学新课程倡导要为学生的化学学习提供较为充分的学习背景和情景,倡导学生在探究、解释和解决个人和社会实际问题的过程中学习和应用科学知识。

(五)课程实施的差异

以学科为中心的化学课程,在实施中虽然也注意强调开展启发式教学,但在实际的化学教学中,“注入式”仍有着巨大的市场。学生的学习方式主要以接受式为主,尤其是被动接受式——教师讲、学生听的学习方式,限制了学生的思维发展和创新能力的发挥,学生的学习主体能动性没有被调动起来,造成“学得苦、教得累”的不良局面。

“标准”将科学探究作为课程改革的突破口,从三个维度进行了定义:重要的实践活动、重要的学习方式、重要的内容。科学探究是一种实践活动,意味着让学生直接接触科学,积极动手和动脑;重要的学习方式意味着知识不是以定论的方式直接告诉给学生,而是需要学生与学习对象直接接触,通过独立的探索发现过程才能获得;科学探究是一种重要的学习内容,意味着科学探究的过程、方法等都是学习内容,科学探究要求学生达到的目标也转变成了教学目标。作为新课程目标体系的三个目标之一,“过程与方法”能激发学习化学的兴趣,强化科学探究的意识,促进学习方式的转变,由被动接受的学习方式向主动接受、主动探究、自主合作的学习方式转变,主张在化学教学中应让学生有更多的机会主动地体验探究过程,在知识的形成、联系、应用过程中养成科学的态度,获得科学的方法,在“做科学”的探究实践中逐步形成终身学习的意识和能力,努力营造“我想学”“我要学”“我能学”“我会学”的氛围和环境。

(六)课程评价的差异

"大纲"对学生的评价比较单一,只注重学习结果的评价及评价的甄别功能,形式以纸笔测验为主。"标准"在重视学习结果评价的同时,强调评价过程的诊断、激励与发展功能,建构评价主体多元、评价内容全面、评价手段多样的多元化评价体系(表1–4)。

表1–4 "大纲"和"标准"在课程评价上的差异

比较	"大纲"	"标准"
评价主体	教师	管理者、教师、家长、学生
评价目的	了解学生化学基础知识与技能的掌握情况	促进学生科学素养的发展
评价功能	(1)检查学生化学知识与技能的掌握情况,并加以区分或甄别 (2)作为教师获取教学反馈的手段	(1)对学生科学素养的发展情况作出判断 (2)使学生了解自己在科学素养发展方面的进步情况,明确进一步提高的方向
评价方式	书面作业 书面测验和考试 实验操作考核	学生成长记录 活动表现评价 纸笔测试

通过上述论述,与化学教学大纲相比,化学课程标准在理念上的转变可概括如表1–5:

表1–5 化学课程标准在理念上的转变

项目	化学课程理念的转变
课程观	从"以学科为中心"的课程观向"以学生发展为中心"的课程观转变
课程目标	从过分强调"双基"的化学课程向促进学生科学素养主动、全面发展的化学课程转变
目标取向	从面向少数人的化学课程向面向全体学生的化学课程转变
课程内容	从过分注重学科系统知识的化学课程向贴近社会、贴近生活、体现STS教育思想的化学课程转变
课程实施	从以接受式学习为主的化学课程向以探究式学习为主的化学课程转变
课程评价	从注重学习结果和知识获得的化学课程向既注重结果又关注过程,既注重知识的获得又关注科学过程与方法的掌握,关注科学态度、情感与价值观的形成的化学课程转变

二、化学课程标准的地位与作用

化学课程标准作为国家编制、管理和评价化学新课程的基准性文献，它的价值体现在化学课程的方方面面,包括课程实施的全部过程,即包含于课程设置、课程开发、课程实施、课程评价的完整过程中。化学课程标准对于化学教材编写者、化学教学实施者和各地化学教研工作人员等都有着非常重要的价值和意义。魏壮伟对化学课程标准的作用进行了如下研究①。

(一)化学课程标准对化学教师适应新课程具有促进作用

1. 化学课程标准可以帮助教师认识和理解化学新课程

对化学新课程的认识和理解,是化学教师创造性实施化学新课程与科学指导学生自主选择化学新课程模块的前提和基础。自主研读化学课程标准是化学教师认识、理解、熟悉化学新课程的主要途径之一。通过仔细研读化学课程标准,化学教师可以更进一步认识和理解新课程,解决一系列与化学新课程相关的问题。

2. 化学课程标准可以为教师检验和更新化学学科知识提供依据

与传统课程相比,化学新课程在内容上发生了许多新变化,增加了部分新内容。因此,如何尽快检验、更新化学学科知识是化学教师适应新课程、胜任新课程教学的前提条件。对广大一线化学教师而言,虽然其化学学科知识可以通过系统的教师培训来获得,但以化学课程标准为依据分析、比较新旧化学课程的具体内容并进行查缺补漏无疑是他们检验、更新化学学科知识的最有效途径。

(二)化学课程标准对化学教学具有全方位的指导作用

作为化学教学的基本依据,化学课程标准对于化学教师的最大价值就在于其对化学教学的全方位指导作用。这种指导作用在具体化学教学实践过程中可分为宏观和微观两个层面。

① 魏壮伟.化学课程标准对化学教师的价值[J].教育理论与实践,2011(9):36-37.

1. 化学课程标准对化学教学的宏观指导作用

化学课程标准宏观层面上的指导作用主要是指对化学教师的教学起作用的化学情感、化学教学理念、学段教学目标、高考化学考试方向等方面的有效提升、形成或把握。

(1)化学课程标准可以帮助教师形成积极的化学情感。

(2)化学课程标准可以帮助教师形成先进的化学教学理念。

(3)化学课程标准可以帮助教师从总体上把握每一学段化学的教学目标。

(4)化学课程标准可以帮助教师把握高考化学考试的方向。

2. 化学课程标准对化学教学的微观指导作用

化学课程标准微观层面上的指导作用主要是指对具体化学课堂教学起作用的教学方式、学习方式、教学活动、教学资源等内容的针对性把握。

(1)化学课程标准是教师选择和组织化学教学内容最主要的依据。

(2)化学课程标准可以为教师组织课堂教学提供很多有价值的建议和信息。

(3)化学课程标准可以为教师反思课堂教学提供基本参照点。

三、化学课程标准的主要特点

(一)《全日制义务教育化学课程标准(实验稿)》的主要特点

2001年7月,《全日制义务教育化学课程标准(实验稿)》正式颁布,其主要特点有[①]:

1. 基础性

为适应21世纪公民科学素养的要求和社会发展的需要,课程提供给学生最基本的化学知识、技能和方法,删减了繁难的内容,努力使每一个学生在现行基础上得到发展,获得更多的真正有用的化学知识。

2. 现实性

结合学生熟悉的生活情景和已有的实际经验提炼学习素材,从丰富、

① 研制《化学课程标准》项目组.《化学课程标准》的特点及其与现行《教学大纲》的比较[J].中小学教学研究,2003(1):19-20.

生动的现实生活素材中设计学习主题,激发学生学习化学的兴趣,使学生逐步认识化学对日常生活和社会发展的重要影响。

3. 实践性

改革传统的以"教材为中心""教师为中心"的化学教学模式,提倡在实践活动中学习知识、技能和方法,培养积极的情感、科学的态度和价值观。力求创设生动、真实、多样的科学探究和实践活动情境,让学生体验探究过程,在丰富多彩的活动中培养学生的创新精神和实践能力。

4. 综合性

《全日制义务教育化学课程标准(实验稿)》反映化学在实现人与自然和谐相处过程中的重要作用,注意学科间知识的综合,从科学、技术互相联系的角度引导学生认识材料、能源、健康、环境与化学的关系,逐步培养学生形成综合的科学观。

5. 发展性

在内容选择、目标设置中力求体现学生未来发展的需要,特别重视学生探究能力的培养,使学生在交流、讨论和评价过程中学习科学的方法,养成科学的态度和价值观;培养学生初步的分析和解决实际问题的能力,强化学生的社会责任感和适应未来社会发展的能力。

(二)《普通高中化学课程标准(实验)》的主要特点

2003年4月教育部颁布了《普通高中化学课程标准(实验)》。新课程标准对课程理念、课程目标、评价方式等方面进行了较为全面的诠释,为我国化学教育绘制了一幅崭新的蓝图。《普通高中化学课程标准(实验)》的主要特点有[①]:

(1)在前言部分,对化学学科的含义、特点与作用较大纲有更明确的描述,对化学课程的定位准确,明确了化学学科在高中教育中的地位和作用,有利于调动化学教师的教学积极性。

(2)课程的基本理念体现了《基础教育课程改革纲要(试行)》的基本精神,课程设计思路清晰,课程结构合理。将高中化学内容分为必修、选

① 李致华.《普通高中化学课程标准》的实施调研[J].新课程(教研),2010(11):30.

修两类，设计为八个模块，并确定每个模块的学分，具体地提出了课程模块选择建议，为化学学科适应未来高中教育整体改革奠定了基础。

(3)内容标准打破了传统的六大块模式，以“学有用的化学”为基本思路，突出化学与生活、社会和技术的密切联系，突出物质结构决定物质性质的理念，与义务教育化学课程标准很好地相衔接，有利于调动学生学习化学的内在动力，发展学生学习化学的兴趣。新课程为学生提供了多样的课程模块，给学生的学习以较大的选择空间，有利于发展学生的个性，发掘学生的潜能。

(4)新课程力求打破传统的“以教材为中心”“以教师为中心”的教学模式，倡导以科学探究为主的多种学习方式；倡导引导学生通过实验、观察、调查、资料搜集、阅读、讨论、辩论等多种形式学习，让学生在实践活动中学习知识、技能和方法，在获取知识的过程中培养科学探究能力，在探究中学会表达与交流，学会与他人合作，较好地体现了人文精神与自然科学的整合，有利于引导教师在教学实践中转变观念。

(5)新课程从三个维度提出了化学课程的总体目标，较大纲更具体、更全面，有利于学生的全面发展和个性的张扬，体现了自然科学与人文精神的整合。

(6)新课程标准从五个方面提出的教学建议，内容详尽、全面，反映了当前高中教学改革的主流，能很好地引导教师拓宽视野、转变观念、改进教学行为，有利于反映学生需求，调动学生学习化学的兴趣，促进学生自主探究、合作学习、改变学习方式，是今后高中化学教学改革的指南。

(7)新课程标准从评价方式、评价策略、学分管理三个方面提出了评价建议，为今后化学学科评价改革指明了方向，有利于建立以学生发展为本的新的评价体系。特别是对纸笔测验的命题提出了具体可行的建议，提供了很好的案例，对纸笔测验命题工作的改进具有良好的导向作用。

四、初、高中化学课程标准简介

(一)义务教育化学课程标准

1. 义务教育化学课程标准简介

在国内中学化学教学现状调研和国际化学课程比较研究的基础上，

体现国家基础教育课程改革指导纲要精神的《全日制义务教育化学课程标准（实验稿）》已于2001年7月正式出版，这是21世纪初我国义务教育阶段化学课程改革的一个重要文献。课程标准从提高未来公民科学素养的高度阐述了义务教育化学课程的价值，构建了新的课程目标体系，打破了按学科体系组织化学教学内容的传统框架，立足于学生学习方式的转变，大力倡导科学探究，有针对性地培养学生的创新精神和实践能力。

与原初中化学教学大纲（试用修订本）相比，义务教育阶段的化学课程标准在课程理念、教学内容、教学要求、学习方式等方面均有较大的变化和调整，在结构和内容方面表现出明显的特点[①]：

（1）涉及的内容全面而详尽；

（2）确立了新的化学课程目标；

（3）重新构建化学课程的内容体系；

（4）规划了具体的学习内容和结果；

（5）突出了学生学习方式的变革。

2. 义务教育化学课程标准文本内容的修订

在义务教育化学课程标准实施十年后重新审视和修订课程标准，不仅仅是为了对文本做文字改动，也不是要求简单地回归教学实践经验，而是在充分考虑化学学科发展、学生化学学习的认知特点和化学教学过程的基础上，从未来公民科学素养的要求上对义务教育化学课程进行全面的评估，提炼经验，发现不足，以此进行发展性设计。有关义务教育化学课程标准文本内容的修订（2011版）情况，王祖浩教授从六个方面进行了概括说明[②]：

（1）弘扬化学课程的基本价值。义务教育化学课程标准的修订着眼于从学生发展、社会需求和化学发展的视角，重新审视学科价值和课程理念，不仅观点阐述力求更严谨，更符合中国的教育实际，在课程理念、课程目标的文字组织上也凸显了对学生未来发展的实际指导意义。

① 在“前言”部分，修订时明确阐述了化学学科的发展以及化学教育面临的时代挑战、改革与发展的趋势；阐述了化学教育对于促进学生发展

① 王祖浩.关于义务教育化学课程标准的若干问题[J]. 化学教育，2002(7-8)：15-18.

② 王祖浩.化学课程标准修订：依据和视角[J].基础教育课程，2012(1-2)：76-81.

的独特作用和深远意义。

② 在“课程性质”部分，修订时更清晰地突出了化学课程三方面的功能，即课程的启蒙性和基础性、化学实验对学生科学探究能力的影响、化学学习对学生情感态度与价值观的发展。

③ 在“课程基本理念”部分，增加“培养终身学习的意识和能力，树立为中华民族伟大复兴和社会进步而勤奋学习的志向”(理念1)“培养学生的创新精神和实践能力”(理念4)“为学生创设体现化学、技术、社会、环境相互关系的学习情境”(理念5)。

④ 在课程总目标中，增加“培养学生的民族自尊心、自信心和自豪感；引导学生学会学习，学会生存，能更好地适应现代生活”。

⑤ 在“过程与方法”目标中，增加“增进对科学探究的体验”；在“情感态度与价值观”目标中，增加“安全意识”“可持续发展观念”“敢于质疑”等重要观点。

(2)调整“科学探究”的内容要求。在积极倡导科学探究的同时，根据化学课程改革实践和各地对科学探究的建议，修订者对标准中涉及科学探究的内容进行了仔细的梳理，不仅从化学学科角度进一步论证其可行性，而且根据学生的可接受性调整活动水平，修改探究与活动建议，使科学探究的教学要求更合理，更具有实际操作性。

① “科学探究”主题的内容和目标要求更为具体。为保证科学探究学习的顺利进行，具体内容进一步细化，由三方面扩展到四方面，增加了“(四)完成基础的学生实验”，要求“积极创造条件，通过多种途径，安排和组织学生至少完成下列实验活动”(表1-6)。

表1-6 课程标准规定必做的八类学生实验

实验序号	实验名称	实验序号	实验名称
1	粗盐中难溶性杂质的去除	5	燃烧的条件
2	氧气的实验室制取与性质	6	一定溶质质量分数的氯化钠溶液的配制
3	二氧化碳的实验室制取与性质	7	溶液酸碱性的检验
4	金属的物理性质和某些化学性质	8	酸、碱的化学性质

② 强化实验安全和实验中的环境保护意识。与课程目标相呼应，在科

学探究主题的内容之三“学习基本的实验技能”中，修订时增加了“化学实验应高度关注安全问题，避免环境污染”。在“教学建议”中，也明确提出“应重视培养学生的实验安全和环境保护意识，形成良好的实验习惯”。

③ 增强科学探究学习实例内容的准确性和指导性。对于科学探究学习实例的修订，不仅在文字上进行了仔细的审订，而且删去了难度较大的活动“例3 空气中二氧化碳的含量会改变吗？”；修改了“例2 反应前后各物质的质量之和会发生变化吗？”，提出“①变化，大于；②变化，小于；③不变，等于”三种假设，并对三种实验方案作了更为详细的描述，使探究活动的指向更为明确，要求更为合理。

④ 删去“活动与探究建议”中部分内容，或降低其要求。在课程标准中，“活动与探究建议”虽不要求硬性执行，但作为一种导向，也直接影响教材的编写和教师的教学过程。本次修订力求降低实验探究活动的难度，使之更适合初中教学实际，删去了一些操作难度较大的实验（如观察在水中加入少量盐后凝固点和沸点的变化；观察并记录实验现象：氯化铜溶液用石墨电极通电分解、在加热条件下氢气与氧化铜反应等），降低了一些实验活动的要求［如将当地农村常用化肥的鉴别改为常用铵态氮肥的检验，将设计实验推断孔雀石（或碱式碳酸铜）分解的产物改为设计实验证明加热碱式碳酸铜有新物质生成等］，从而起到合理安排科学探究活动但不弱化探究要求的效果。

⑤ 增加“活动与探究建议”，提高针对性和可操作性。如增加了“主题四（二）　①实验：镁条燃烧、高锰酸钾加热分解；②设计实验证明：氢氧化钠与盐酸能发生化学反应”。

（3）降低内容标准的学习水平要求。内容标准涉及初中化学的全部知识，在修订时严格控制内容的深广度：微观知识主要限于对分子、原子的认识，对离子、电子的具体作用不作要求；元素化学以生活中常见的简单物质为主，不要求建立复杂的知识系统；化学定量要求只涉及有关公式含义的理解和最简单的计算。在修订时，降低了一些核心知识对应标准条目的水平要求（如将了解从铁矿石中将铁还原出来的方法改为知道可用铁矿石炼铁，将认识催化剂的重要作用改为知道催化剂对化学反应的重要作用等）。

(4)进一步明确基础知识的学习要求。在内容标准中,对一些基础知识和基本技能的要求做了更为准确、具体的描述:有的将综合的内容分条目具体阐述,有的对学习内容做了一定的限制,使学习的目标更为明确,符合学生的认知特点。

(5)更新主题(单元)的"学习情景案材"。根据化学学科的发展和教师建议,本次修订从四个视角考虑学习情景素材的更新,即化学、技术与社会的联系,化学在日常生活中的应用,元素化学知识,化学实验情景。每个主题(单元)增加的学习情景素材不仅与时俱进地体现了化学的发展和应用,而且更贴近了实际教学内容,有助于学生更好地理解知识。同时,删去某些针对性不强的情景素材,如红墨水的纸上层析、服装干洗、制造自来水管材料的变迁、照相底片的感光、光化学烟雾等。

(6)加强对课程实施过程的具体指导。

① 教学建议。根据课程实施的经验和问题重写教学建议,确立新的框架结构,充实有关教学目标设计、科学探究活动、教学过程优化等方面的内容,更贴近现实教学中的问题,提出了更明确的教学要求;针对教学实际,提供解决问题的具体思路,从实践中选择典型实例(例4、例5)并辅以扼要的说明,使教学建议更具有针对性和指导性。

在修订后的教学建议中,明确提出的观点有:全面体现三维目标;整体规划教学目标;科学设计单元或课时教学目标;精心设计科学探究活动,加强实验教学;优化课堂教学过程,提高课堂教学的有效性;灵活运用多样化的教学方式和手段等。

② 评价建议。根据课程评价指导的过程性要求重写评价建议,确立评价建议新的框架结构,包括评价目标的确定、评价方式的选择、评价标准的设计和使用、评价工作的实施、评价结果的解释与反馈等方面,增加了具体的实例(例6、例10、例11、例12),进一步完善了例7、例8、例9,更好地突出了评价过程的实践操作性。

③ 教材编写建议。对原有的建议和要求进行重新审核,特别是结合了近几年来义务教育化学教材使用和资源利用的特点,调整"建议"的框架结构,提出新的更具有针对性的要求。在修订时吸取了实验区教材使用的经验,调整了有关实例。

④课程资源开发与利用建议。根据现实教学中资源开发与利用情况进行修改,调整了“建议”的框架结构,突出了化学实验仪器和试剂使用、实验与科学探究实践活动组织、教与学经验的总结等,增加了有关课程资源开发与利用的一个完整的实例“山中之宝——石灰石”,使之具有更强的针对性、有效性和前瞻性。

(二)高中化学课程标准

高中化学课程标准由前言、课程目标、内容标准和实施建议4个部分组成。其课程内容包括必修课程(含2个课程模块)和选修课程(含6个课程模块)两部分,计8个课程模块。

高中化学课程标准规定,全体高中学生都必须学习必修课程;课程实行学分管理,每个模块2学分;学生要达到高中化学课程学习的毕业要求,最少要修满6个学分,即必须完成必修课程和任一选修模块的学习。

1. 体现三位一体的课程功能

高中化学课程标准的内容更加丰富全面,力图在课程目标、内容标准和实施建议等方面全面体现知识与技能、过程与方法以及情感态度与价值观三位一体的课程功能,更有利于指导化学教学的进行。

2. 体现继承与发展的课改方向

高中化学课程标准是在总结和反思高中化学教学大纲的基础上提出来的,继承了高中化学教学大纲的优点,同时也给予了发展与创新,改变了高中化学教学大纲在某些方面对教师创造性的限制,呈现出一个开放性体系,为教师的教学、学生的学习及学业评价提供了较为广阔的发展空间。

目前,对高中化学课程实施情况的调研正在进行,不久将会颁布新版《高中化学课程标准》。

第三节　化学课程的三维目标

一、化学课程目标结构与呈现方式

化学新课程立足国际科学教育改革的大背景,着眼于学生适应现代生活和未来发展的需要,以全面提高学生的科学素养为宗旨,构建了知识与技能、过程与方法、情感态度与价值观三位一体的化学新课程目标体系。

(一)化学课程目标的结构

1. 化学课程三维目标的概念界定

三维目标是基础学力的一种具体表述。第一维目标(知识与技能)意指人类生存所不可或缺的核心知识和基本技能;第二维目标(过程与方法)的"过程"意指应答性学习环境与交往体验,"方法"指基本学习方式和生活方式;第三维目标(情感态度与价值观)意指学习兴趣、学习态度、人生态度以及个人价值与社会价值的统一。在学校教学中,既不能离开了过程与方法、情感态度与价值观去求得知识与技能,也不能离开了知识与技能去空讲过程与方法、情感态度与价值观的发展。三维目标是一个整体,不可分割。三者是融为一体的。有人反对三维目标,说"三维目标是虚化知识,因此是轻视知识的表现"。这是形而上学思维方式的典型表述。三维目标恰恰是基于现代的"学科"概念的界定,因此恰恰是重视知识的表现①。

2. 化学课程三维目标的构成

(1)知识与技能。人类总是以已有的知识作为基础和背景,去从事认识、建构新知识,并在此基础上开展新的学习活动。离开了一定的知识与技能,学生的学习与发展将成为一句空话。以培养学生科学素养为旨向的知识与技能是学生获得进一步学习与发展所必需的那些基础知识和基本技能,是为学生的终身学习和适应现代社会生活打好基础所必需的。其他课程目标的落实需要通过基础知识和基本技能这一重要载体,才能得以顺利、有效地展开。知识与技能中除了认知的学习外,还特别强调要重视实验技能的学习,也就是说实验不仅是提供化学事实的工具,而且是学生学习的重要内容,该维度还要求学生在学习中掌握一些化学计算的技能,以及与化学学习有关的认识感受和体验的表达技能。

---

① 钟启泉."三维目标"论[J].教育研究.2011,(9):62-67.

(2)过程与方法。过程与方法中提出了两方面的要求:一是掌握化学学习的方法和培养自主学习的能力,具体要求学生在化学学习中能够学会运用多种手段获取信息并对信息进行加工,对学习内容、过程和方法进行反思和调控,提高自主学习化学的能力。二是认识科学探索的方法和培养问题意识,要求学生经历化学知识形成的探究过程,进一步掌握化学探究中常用的、有效的实验和手段,提高化学探究的能力,并在此过程中强调问题意识的培养和独立学习能力的提高。

(3)情感态度与价值观。在传统的化学课程中,情感态度与价值观并没有作为一个独立的维度体现在课程目标体系中,而往往作为德育内容融合于其他课程目标维度当中。化学新课程凸显情感态度与价值观的教育价值,把其与其他两个维度并列,期望学生在化学学习中能够获得深刻的内心体验,培养丰富的情感、积极的态度和正确的价值观,将激发学生学习化学的兴趣和发展学生化学学习的能力放在首位,让学生体验到化学学习的乐趣,逐步激起探索物质世界的兴趣,还要求在化学教学中培养学生的科学精神和科学态度,关注与化学有关的人类面临的可持续发展问题①。

(二)化学课程目标的呈现方式

新课程下的化学课程目标是以课程标准的形式呈现,主要包括义务教育和高中两个阶段。

1. 义务教育化学课程标准

为具体体现课程改革的理念和对义务教育阶段学生科学素养的要求,吸取国际理科课程改革的成功经验,继承和发扬我国基础教育的优良传统,义务教育化学课程标准明确指出:义务教育阶段的化学课程以提高学生的科学素养为主旨,激发学生学习化学的兴趣,帮助学生了解科学探究的基本过程和方法,培养学生的科学探究能力,使学生获得进一步学习和发展所需要的化学基础知识和基本技能;引导学生认识化学在促进社会发展和提高人类生活质量方面的重要作用,通过化学学习培养学生的

① 刘华萍.论化学课堂教学中的三维目标[J].科学教育.2008(4):14-15.

合作精神和社会责任感，提高未来公民适应现代社会生活的能力。

义务教育化学课程标准从知识与技能、过程与方法、情感态度与价值观三个维度构建了课程的总目标。与初中化学教学大纲(试用修订本)规定的教学目的相比，课程目标不再是一些抽象的术语，其操作性更强，更全面地体现了科学素养的要求，尤其突出了后两个维度的目标在学生发展过程中的重要作用。

2. 高中化学课程标准

为体现国家对学生学习高中化学课程的要求，高中化学课程的总目标明确指出:课程以进一步提高学生的科学素养为宗旨，激发学生学习的兴趣，尊重和促进学生的个性发展；帮助学生获得未来发展所必需的化学知识、技能和方法，提高学生的科学探究能力；在实践中增强学生的社会责任感，培养学生热爱祖国、热爱生活、热爱集体的情操；引导学生认识化学对促进社会进步和提高人类生活质量方面的重要作用，理解科学、技术与社会的相互作用，形成科学的价值观和实事求是的科学态度；培养学生的合作精神，激发学生的创新潜能，提高学生的实践能力。

为实现总目标，高中化学课程标准又从知识与技能、过程与方法、情感态度与价值观这三个维度计十二条对课程目标做了详细、具体的规定。所提的目标是比较低的、有限的、普遍能达到的，注重为所有学生今后的发展和终身学习打下良好的基础。既有知识、技能的，又有情感、观念、行为的，既有行为结果的，又有过程、表现、体现的；在表述方式上注意创新，体现课程的理念。特别是过程与方法、情感态度与价值观这两个维度，对于当前教学中“重知识轻方法”“重结论轻过程”“重科技教育轻人文教育”的做法是很有针对性的。

二、化学课程三维目标的有机统一

三维目标既是三个维度，又是三种目标。三个维度主要从人的发展的统一性着眼，意在说明人的发展是由多个棱面构成的完整统一的发展，三维目标统一在人的素质建构中；三种目标是指每一种目标都有自己相对完备的内涵，都有自己的建构方式、表现水平和功能价值。在教学实践中，既要看到它们的内在统一性、相互关联性，又要看到它们各自的内涵、特质和价值[①]。

1. 化学课程目标体系

化学课程目标是一个系统,具有一定的体系。既然是一个体系,就该有一个“灵魂”来统摄。有了“灵魂”,体系才是一个有机整体,才能发挥整体效应。没有这个“灵魂”,系统就会成为一盘散沙。传统的由“双基”“能力”和“德育”构成的化学课程目标体系,虽然每一个要素都有其明确的价值与功能,但往往不能形成合力,结果使得“双基”目标占主导,“能力”和“德育”目标成了“陪衬”,化学课程目标体系实际上成为化学“双基”目标体系。造成这一局面固然与应试教育密切相关,但从目标体系自身来看,与缺少统摄“双基”“能力”“德育”三个方面的“灵魂”有很大关系。

义务教育和高中两个阶段的化学课程标准都开宗明义地说明课程的主要目的是进一步提高学生的科学素养。这是在课程实施时必须牢记的。科学素养的内涵主要包括以下三个方面:科学知识(科学术语和科学基本观点)、科学方法、科学技术对社会及个人所产生的影响。课程总目标的这一规定,体现了科学精神与人文精神的统一,把情感态度与价值观的培养放到了十分重要的位置,同时,强调学习化学的兴趣是探究化学科学、学习化学不可或缺的前提。

因此,化学新课程目标体系(见图1-1[②])用科学素养作为该体系的“灵魂”,知识与技能、过程与方法、情感态度与价值观都只是从不同侧面、不同维度为科学素养这个“灵魂”服务。这样的一个目标体系能更协调、更有效地引导中学化学教学。

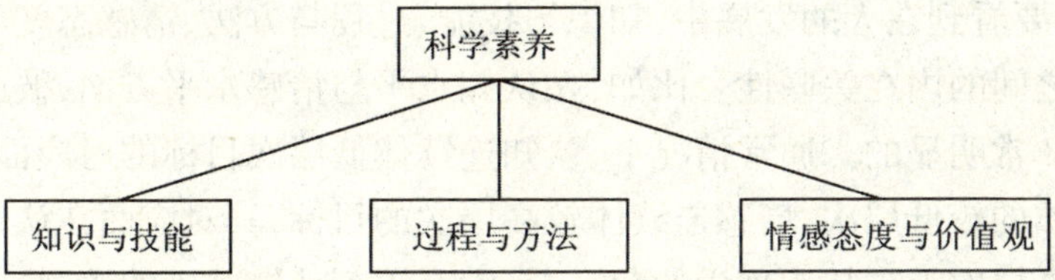

图1-1　化学新课程目标体系

① 黄伟.教学三维目标的落实[J].教育研究,2007(10):56-57.

② 郑长龙.初中化学新课程教学法[M].长春:东北师范大学出版社,2004.

2. 化学课程三维目标之间的关系

三维目标是从课程功能层面提出的，是整个课程实施后所要达到的目标，因此不能将其简单地分解到每节课中①。三维目标中，知识与技能是载体，过程与方法是核心，是学习方式的体现，情感态度与价值观是结果。在实施过程中以知识与技能为出发点，在过程与方法中寻求突破，精心设计展现知识形成过程的探究活动，在探究知识的形成过程中获取信息，培养健康、正确的情感态度与价值观，最终实现学习方式的转变。因此，教师要根据教学内容和学生基础，科学、合理地制定每节课的三维目标。

3. 化学课程三维目标的统一

对于化学课程三维目标理解上的困难可能来自于我们所采用的相互割裂的方法。三维目标在教学层面一旦被相互割裂开来，分别加以设计，教师们往往也就会不知所措，并最终采用非常生硬的方法对课堂教学进行肢解。因此需要把握三维目标的内在一致性。

(1)要把“人”作为出发点。本次课程改革的目标首先是促进人的发展而不是学科知识的传递，改革的意图十分清晰，“超越学科知识”的改革理念也很容易引起教育工作者的共鸣。三维目标的实质就是要求我们把学生当作完整的人来对待，只有在人的个性的完整性层面，才能准确把握三维目标的统一性和内在一致性。三维目标的统一性和内在一致性对教学工作的启示表现在：教学是培养人的活动，而不是完成三项任务的过程。

(2)要看到在人的发展中，知识与技能、过程与方法、情感态度与价值观三者之间的内在关联性。比如，在认知水平与情感水平方面，彼此的关联性是非常明显的。通常情况下，认知连续体低层次目标的对应面，在情感连续体的较低层次；情感连续体较高层次的目标，其对应面在认知连续体的较高层次上。从心理学的角度看，没有深刻认知基础的情感，其发展的程度也是有限的。同样，认知、情感与价值和信念体系之间的发展也是互为基础的。

① 刘华萍.论化学课堂教学中的三维目标[J].科学教育.2008(4):14-15.

既然三者之间的发展总是内在关联的,那么我们在教学中是不是只要关注其中的一个方面就能实现改革的全部目标?和知识与技能相比,过程与方法、情感态度与价值观更加具有内隐的特点,很难用外显的行为方式呈现出来。因此有人认为,三维目标的逻辑结构寓于学科知识与技能的结构之中,三维目标教学的特点也蕴涵于学科知识与能力的特点之中,应该把知识与技能作为三维目标中的主线,贯穿于学科教学的始终,这样就可以为三维目标的落实提供一个实在的"抓手"。这样的理解包含了某些合理性因素,但是其中存在着危险:关注人的完整个性的改革又重新回到单纯注重知识与技能的老路。那么,知识与技能应该以一种什么样的方式呈现出来?大量的研究结果给我们带来的启示是:知识与技能必须寓于活动之中,教学多重目标的实现必须以活动或经验为载体。只有在活动的过程中,学生的知识与技能、过程与方法、情感态度与价值观才能得到多方面表现和发展的机会[①]。

三、化学课程目标与教学目标的区别与联系

化学课程目标与教学目标是关系十分密切的两个概念,既有区别,又相互联系。但在中学化学教学中,较长时间以来,不少教师将教学目标与课程目标混为一谈,其实,教学目标不等于课程目标[②]。三维目标理解上的困难首先来自于目标层次上的混乱。事实上,在课程总体目标、学科课程目标和教学目标之间,存在着很大的抽象程度上的差异,看不到这种差异,把总体目标直接拿来作为教学目标,课堂教学目标就无法得到具体的表达。

(一)化学课程目标与教学目标的涵义

1. 化学课程目标

课程目标是指特定阶段的课程所要达到的预期结果。广义的课程目标就是教育意图,它的涵义定位于教育与社会的关系,是一个比较大的视角,涵盖面是全层次的,包含了教育方针、教育目的、培养目标、课程教学

① 杨九俊.新课程三维目标: 理解与落实[J].教育研究,2008(9):40-47.

② 明海. 化学课程标准(2011年版)的教学目标设计[J].实验教学与仪器,2012(4):3-5.

目的和教学目标。各学科课程目标的确定必须接受课程总体目标的规范,但同时又更加具体。学科课程目标分为学科课程总体目标和学科课程具体目标两个层次,以课程标准的形式呈现,在学科层面体现改革目标的要求。事实上,各学科课程标准在具体体现三个维度的目标要求时,彼此之间并不完全一致。比如,义务教育阶段化学课程的总体目标是全面发展学生科学素养,具体包括知识与技能、过程与方法和情感态度与价值观三个方面,而义务教育阶段数学课程的总体目标具体包括知识与技能、数学思考、解决问题和情感与态度四个方面。除了这种总目标上的差异外,各学科课程的具体目标更加丰富多样。这样的差异正是总体目标在学科课程当中具体化的结果。

2. 化学教学目标

对于教学目标,按照美国教育学家布卢姆的观点,它指的是明确阐述通过教学过程使学生得以变化的方式,即学生改变其思维、感情和行动的方式,是作为教育经验结果的个体所发生的变化。即教学目标是指教学活动预期达到的结果,是教育目的、教育目标和课程目标的具体化,也是教师完成教学任务所要达到的要求和标准。教学目标与具体的课堂教学相关联,体现教学的时空差异和个体差异。布卢姆的教育目标分类体系为教学目标的形成提供了一个详细的参照体系,但这个体系本身不是教学目标。教学目标总是某一堂课(或几堂课构成的单元)希望实现的目标,它与特定的环境因素与师生因素密不可分。教学目标是用学生的行为方式来描述的,是具体教学内容规定的行为目标,这些行为能表示主要的教学结果,是能够观察和描述的。因此,教学目标比课程目标更具体,是课程目标在具体的教学过程中的体现。

(二)化学课程目标与教学目标的区别

1. 课程目标是抽象的,而教学目标是具体的

从层次上看,课程目标属于较为抽象的层次,它与国家的课程观念及其改革相关。课程目标制约课程内容的选择和组织,影响课程的实施与评价,是指导整个课程编制过程最为关键的准则,表现出较强的概括性、规定性、整体性和基础性。它是国家教育目的和各级各类学校培养目标在课程上的具体化,具有学科特色。而教学目标与教学的具体环节相关,是课程目标的进一步具体化,是指导、实施、评价教学的基本依据,主要为教师的“教”和学生的“学”提供依据。教学目标的确立除了要结合学科特点和社会需求外,还要充分考虑教学班级的具体情况和学生的发展水平及特点。因此,与课程目标相比,教学目标显得更加灵活、更富有实践性和操作性,它是整个教育目标体系的终点和关键。

2. 课程目标是宏观的,而教学目标是微观的

从实践主体看,课程目标的实践主体一般是国家行政部门、专家学者,从更加广泛的意义看,还可以包括教师;教学目标则一般只与教师相关。课程目标不是宏观教育目的和培养目标简单递减和缩小的目标范围,它主要是由教育行政部门及课程工作者在对学生、社会和学科研究的基础上制定的。课程目标的确立是一项复杂而慎重的工作,一旦被确立,便具有相对的稳定性和方向性,所以它需要各方人员的参与和理解,包括来自一线教师的建议。教学目标的制定主要由教师完成,教师在合理的课程内容和结构确定后,要潜心研究学生特点,要确实把教学方法由适应教师的“教”向适应学生的“学”方面转变。

另外,从内容的着眼点看,课程目标主要是国家针对学生的发展和某一科类的全局而提出的基本标准和要求,而教学目标则常常只是关注学生发展的某一方面或具体某一学科中某一阶段的教学。课程目标对教材的编写提供依据,对具体的教学和评价做出规定,但并不详细说明教材、教学和评价的细目和具体环节;而教学目标更主要为教师的教学提供指南①。

3. 课程目标是既定的,而教学目标是动态的

化学课程标准制定后,化学课程目标是既定的,但化学教学的具体目标却具有生成性。所谓生成性就是说既定目标要在教学实际过程中动态变化,是师生在教学过程中相互交流逐步形成的。教学是一个动态过程,随着课堂教学的进展情况对教学目标进行适当的调整是完全正常的,其正确与否取决于是否符合学生实际,取决于有没有最大限度地调动学生

① 邱细荣,刘家访.课程目标与教学目标辨[J].教育导刊,2008(7):30-35.

自主探究的兴趣与热情。

(三)化学课程目标与教学目标的联系

1. 教学目标要依据课程目标而设计

教学目标的制定要以化学课程标准中的课程目标为依据,是课程目标的进一步细化,同时要结合学生的实际情况来设计,而且设定的过程固然应该考虑教科书提供的内容及其所能训练的能力体系,但是更应该考虑学生的状况,学生也是设计目标的主要依据之一。我们必须充分了解学生,准确掌握学生的心理动态和认知水平,尤其要紧紧围绕有利于学生的终身发展而设定目标。

2. 课程目标要通过教学目标而实现

课程目标是由国家和课程专家制定的偏重于制度层面的、静态的学生发展要求,表述课程目标的术语具有抽象性、概括性、总体性特点。而教学目标是对学生具体行为的陈述,是教师在教学实践中制定的、希望学生从课堂中应该学到的东西。课程目标要通过教学目标而实现,它是由一系列大小不等的,但具有递进关系的教学目标组成的系统。

可见,"教育目的→培养目标→课程总体目标→学科课程目标→教学目标",是教育者关于人的素质发展不断具体化的理解过程。确定课程改革的三维目标,就是要使我们在制定具体的学科课程目标、教学目标时,保持方向上的合理性。

四、落实化学课程目标的要求

落实课程目标是实施新课程的关键,其途径是将课程目标转化成具体的、可操作的教学目标,师生通过一系列教学目标的达成而最终实现课程目标。因此,课程目标向教学目标的转移是否成功、教学目标的确定是否科学合理等,直接关系到整个课程目标的实现。

(一)三维目标需要做到"三化"

新课程明确提出了三维目标,但直到现在,三维目标如何在具体学科教学中恰当分层、陈述、呈现、落实等问题一直是一个至关重要而又没能很好解决的问题。从课程目标到具体的课堂教学目标并不是一个简单移植的过程,从理论层面的、较为抽象宽泛的课程目标到具体的、可操作的课堂教学目标,其中应该有一个理论向实践“着陆”的中介和链接。因此,课程标准的三维目标需要做到细化、系列化、学科化。

1. 细化

细化是指在课程与教学实践领域,将教学目标分为三个层次:第一层次是课程总目标,它描述的是在某一教学阶段课程设置所要实现的总目标,并为安排各种类型的课程和领域提供依据,在我国往往体现在课程纲要和培养方案中;第二层次是相对具体的目标,根据某一具体学习领域或学科和学生发展阶段与状况,描述一门课程所要达到的目标,简称学科目标或课程目标,这一层次的目标体现在学科或领域的课程标准中;第三层次是具体的、情境化的、可操作的教学目标,是对某一门学科或课程的具体内容进行教学所要达成的目标的描述,是对上一级目标进行具体的分解和层层落实,一般称之为课堂教学目标,具体体现在教师的课堂教学设计中。在三级目标中,前两级目标由课程决策者和课程专家制定,第三级目标由教师设计并实施。

2. 系列化

系列化是指理清三维目标在学科中的逻辑层次和相互关系,是对三维目标的各个目标在学科中纵向展开的深度和横向拓展的联系性,以及它们之间的相互影响和互动关联作出描述。只有这样,才能指导学科教学对三维目标追求的螺旋上升。

3. 学科化

学科化是指描述三维目标在学科中如何体现,如何因应学科的特点而体现出自己的具体内涵和方法,对三维目标的学科特性和相关特性作出区别与界定,为理论通向实践搭建桥梁。在此基础上,引导并通过教师实现三维目标教学的情境化、操作化[①]。

(二)课堂教学目标的制定

课程改革的终极目的是促进学生全面、和谐、持续的发展,而这种发

① 黄伟.教学三维目标的落实[J].教育研究,2007(10):56-57.

展必须落实到每一堂课具体的教学目标上。教学目标既是教学的出发点,也是教学的归宿。所以,教学目标是否得当,是决定课堂教学成败的关键。那么,应如何确定恰当的教学目标呢[①]?

1. 课堂教学目标制定的方法

(1)明确教学目标制定的主要依据。化学课程标准充分体现了化学新课程改革的精神,特别是体现了国家规定的基础教育培养总目标的要求,所以课程标准是制定教学目标的主要依据。在制定具体的教学目标时,一定要吃透课程标准的精神和要求,并把它当作思考教学目标的重要原则,然后根据具体内容以及学生学习的实际来确定教学目标。

(2)教学目标要贴近学情,难易适中。制定教学目标首先要了解学情,即对学生的学习做深入细致的调查,对学情了如指掌。其次,要对教学内容作认真分析,了解知识的前后联系,以及学生已知和未知的情况,熟练把握其深广度,提高教学目标的针对性。否则,如果目标过高,学生经过努力也无法达到,同时还会使学生产生惧怕学习的心理,进而丧失了信心。

(3)克服形式主义,提高目标的可操作性。制定教学目标,既要明确重点,又要防止过于笼统,缺乏可操作性。同时,还要注意不能机械地逐一对照、生搬硬套三维目标,把教学目标搞成了千篇一律的固定模式和死板的教条,而关键看是否体现了三维目标的精神。例如,人教版必修教材《化学1》第四章第三节“硫和氮的氧化物”(第2课时),如果设计成:①知道NO、NO_2、SO_2都是大气污染物,以及它们对人类和大自然造成了哪些危害;②通过会书写N_2+O_2、$NO+O_2$、NO_2+H_2O反应的化学方程式,了解氮的氧化物的性质及硝酸制备等,能设计实验使NO_2尽可能被水全部吸收;③知道酸雨的形成原因和防治酸雨的措施;④根据自己的亲身经历,能说出大气污染的成因,并与同学相互讨论,这样的设计既把三维目标融合为一体,且更具有可操作性,同时还便于检查教学目标的落实。

(4)挖掘教材之外的课程资源,充实教学目标。教材是课程最基本的

① 刘成坤.高中新课程落实三维目标的方法研究[J].中学化学教学参考,2005(11):11-13.

资源,但不是唯一的资源。制定教学目标时,不要仅局限于教材之内。其实,除教材以外,还有许多课程资源可以利用,关键看教师能否去挖掘。在设计教学目标时,教师要挖掘自身备课的潜力,从只备教材内容转向备教材、备教法、备学生、备学法上来。要充分利用化学实验对学习化学的有利条件,设计教学目标时要充分挖掘实验的优势条件。设计教学目标时,要结合具体的教学内容,充分考虑采用多媒体辅助教学,包括投影、电视、电脑课件等辅助教学。开发课堂以外的课程资源,如充分利用图书阅览室、报纸杂志、音像资源、电视和网络等信息化课程资源辅助教学,也是设计教学目标时需要考虑的重要因素。

2. 课堂教学目标设计的原则

课堂教学目标设计一般有以下几项原则作为指导①:

(1)主体性原则。学生的主体性,是指在课堂教学中,作为主体的学生在教师引导下处理与外部客观世界的关系(主要是课程和教材)时所表现出的功能特征。课程目标的对象定位是"学生学习",它既反映出教学应以"学为主体,教为主导""一切为了学生的发展"等新的教育理念,也要求教学目标设计应更加关注学生已有的发展水平以及将要获得的发展。教学目标是教师预期通过教学活动使学生发生的变化,它是以学生为中心并以学生的行为方式来描述的。因此,要变"带着知识走向学生"为"带着学生走向知识",授之以"渔"。

(2)渐进性原则。教学目标具有一定的层次性。目标层次越低,越容易在较短的时间内达成,相反,高层次的教学目标,需要的达成时间较长。就其可操作性而言,时间尺度大的教学目标要比小尺度的教学目标更笼统、更模糊。最小尺度的教学目标,即课时教学目标具有最大的可操作性。例如,对"酸的概念"的学习,就可整体设计为4个阶段:在"二氧化碳的性质"学习中,要求"知道碳酸能使紫色石蕊试液变红";在"金属与酸的反应"学习中,要求"了解铁、铝与稀硫酸反应";在"常见酸的性质和用途"学习中,要求"定性认识酸的性质";在"溶液酸碱性"学习中,要求"了解用pH试纸检验溶液酸碱性的方法",从而达到对"酸的概念"的初步认

① 明海.化学课程标准(2011年版)的教学目标设计[J].实验教学与仪器,2012(4):3-5.

识。因此,课堂教学目标也有一个由低到高、循序渐进、分类实施的过程。

(3)动态性原则。教学目标是通过综合考虑各因素在上课之前制定的。课堂上,在师生双边活动中,常出现偏离原来教学目标的情形,此时,把课时目标作些微调,关注学生即时表现,加以适当影响、引导,既能帮助学生增长知识、提高能力,又能保护学生积极参与、主动探究的自主精神,真正体现了学生的主体地位。因此,课堂教学目标不是刻板的东西,适时调整,便是一种灵动、一种机智。

(4)可测性原则。教学目标是全体学生在教学过程结束后应达到的基本标准,必须具有可测性,否则就不能充分发挥教学目标的评价功能。编写具体目标时,要求目标陈述精确、标准、具体、规范。教师必须清楚地意识到它们将被用于编制检测项目,如果不能根据这些目标测出预期行为,则表明所制定的目标笼统、含糊。因此,应尽可能地用可观察到的外显行为来描述,或用可测量的(笔试、口试、动作测验、心理测验)语句来陈述目标。例如,"初步掌握化合物的书写"这样的教学目标就显得模糊,若改为"初步学会利用化合价书写简单化合物的化学式"就更显教学目标的可测性。

(三)建立与教学目标相匹配的教学

立体化、整体性的教学目标需要多样化的教学方式与之匹配。三维教学目标从人的全面发展、建构和谐与可持续发展的高度赋予了课堂教学的多重价值与功能,相应地,必须有新的教学方式与模式来担当使命。因此,新课程积极倡导自主、探究、合作、体验、感悟、反思、对话、问题解决等教学方式。只有运用多种教学方法才能形成多样化的学习结果,达成多维教学目标;只有综合多种教学方式才能促成人的综合素质的整体性发展,由教学目标驱动的课堂教学改革才能真正打破以往课堂教学改革那种技术化的修修补补,实现质的飞跃和文化再造①。

1. 共性学习与个性化学习相统一

在班级授课制的组织形态下,全班同学肯定会有共性的学习过程,

① 黄伟.教学三维目标的落实[J].教育研究,2007(10):56-57.

但学习是具有个性化色彩的,知识对于每一个个体来说,都有其特别的意义。因此,怎样让学生进行有个性的学习,怎样让共性的学习与个性化的学习相关联、相协调、相统一,这是需要认真考虑的。在教学实践中,可以有意识地关注三个方面。第一,让所有学生都参与到学习过程中,防止部分学生被边缘化;第二,注意不同层次学生的学习,让知识基础处于同一层次的学生得到"面"上的照顾;第三,帮助一些特殊学生制定个别化的学习方案,"上不封顶,下要保底",使他们在原有基础上都得到较好的发展。

2. 接受学习与探究学习相统一

转变学习方式是新课程的重要特点之一。但这种转变,更多的是强调从被动到主动,从一元到多元。如果用对立、割裂的思维讨论不同的学习方式,认识和实践都会陷入僵局。第一,要从教学为学生发展的目的意义上统一认识,建立学习方式群的概念,用关系性思维理解学习方式。第二,要在学习方式的根本价值取向上寻求包容。自主、合作探究共同的价值取向主要包括解放主体、互助合作、走向开放、学会探究,这些思想应当影响、引导化学的教与学,以及所有学习方式的应用。第三,学习方式的运用要有整合意识。这种整合可能是兼容渗透的,也可能是在不同学习阶段中互为转换的。

3. 个体学习与合作学习相统一

合作学习是新课程倡导的重要的学习方式,课堂教学应当提倡"多向互动"的合作文化。这里包含理念形态上合作主体的相互尊重、合作者的责任感和合作精神;组织形态上的师生合作(师个合作、师组合作)、生生合作(组个合作、组组合作);结果形态上成果的形成与共享。但个体学习是基础,没有高质量的个体学习,就没有高质量的合作学习;合作学习是提升,高质量的合作学习使个体学习的困惑得以消解、问题得以解决。在某种意义上,课堂教学就是个体学习与合作学习相互促进的螺旋上升过程[①]。

综上所述,三维目标是对传统"双基论"的一种超越,是对传统"学科

① 杨九俊.新课程三维目标:理解与落实[J].教育研究,2008(9):40-47.

观"的一种扬弃,是荡涤"应试教育"的一帖解毒剂。三维目标集中体现了以学生发展为本的新课程基本理念,集中体现了素质教育在学科课程中培养的基本途径,集中体现了学生全面和谐发展、个性发展和终身发展的客观规律。在教与学的过程中,师生心中都要有目标,特别是教师,心中不仅要有目标,还要目标明确,只有这样,师生才能形成合力,调控教与学的行为,向预设的目标努力。因此,化学课堂中如何贯彻新课程的目标理念,把三维目标落实到具体的教学目标中,将是化学教学研究中永恒的主题之一。

第二章　教什么：课程改革与化学课程内容

基础教育课程改革对中学化学教育产生了较大的影响，给化学课程带来了诸多方面的变化。在中学化学教学中，应该教什么，不应该教什么，哪些内容现在能教，哪些内容暂时不能教，教师都要做到心中有数，这样才能把握化学课程教学内容。因此，在掌握化学课程标准内容后，化学教师要研究化学课程内容变化和各种版本化学教材内容变化，同时还要利用好教学中的生成内容，这样才能使化学教学更有效。

第一节　课程改革与化学课程内容的变化

一、课程改革对化学课程内容的影响与改变

始于新世纪初的基础教育课程改革，迄今已有十余年了，课程改革的基本理念也已深入到教育的各个方面。课程改革对我国中学阶段的化学教育产生了较大的影响，给化学课程带来了诸多方面的变化。

（一）课程改革对初中化学课程内容的影响与改变

1. 课程内容以提高学生的科学素养为主旨

本次化学课程改革明确提出以培养学生的科学素养为主旨，并据此制定了义务教育阶段化学课程的具体目标。《全日制义务教育化学课程标准（实验稿）》明确指出，义务教育阶段的化学课程以提高学生的科学素养为主旨，激发学生学习化学的兴趣，帮助学生了解科学探究的基本过程和方法，培养学生的科学探究能力，使学生获得进一步学习和发展所需要的化学基础知识和基本技能；引导学生认识化学在促进社会发展和提高人

类生活质量方面的重要作用，通过化学学习培养学生的合作精神和社会责任感，提高未来公民适应现代社会生活的能力。

以培养学生科学素养为主旨的化学课程改革，就是要引导教师和学生改变传统课程过于注重知识与技能传授的倾向，强调科学过程与方法，重视情感态度与价值观的教育，使学生获得化学知识与技能的过程成为理解化学、进行科学探究、联系社会生活实际和形成科学价值观的过程。

2. 建构了全新的课程内容体系

现在的《全日制义务教育化学课程标准(实验稿)》与《九年义务教育全日制初级中学化学教学大纲(试用修订版)》相比，在课程理念、课程目标、教学内容、教学要求、学习方式等方面均有较大的变化和调整，在结构和内容方面表现出明显的特点。具体表现在:更清晰的课程观念、更完整的科学素养、更具体的行为目标、更明确的基础要求、更丰富的学习内容、更生动的学习情景、更多样的学习方式、更合理的评价体系(参见表2-1)。

表2-1 初中课程标准与教学大纲的结构和基本内容的比较[1]

结构		基本内容
课程标准	前言	1.课程改革的背景;2.课程性质;3.课程的基本理念;4.标准的设计思路;5.关于目标要求的说明
	课程目标	1.知识与技能;2.过程与方法;3.情感态度与价值观(共14条,针对性较强)
	内容标准	含5项一级主题,18项二级主题,共100条
	课程实施建议	1.教学建议(7项);2.评价建议(4项);3.教材编写建议(9项);4.课程资源的利用与开发建议(10项)
教学大纲	前言	对课程性质的简单说明
	教学目的	共4条,比较笼统
	教学内容	1.确定内容的原则;2.教学内容和教学要求
	课程实施建议	1.课时安排;2.教学中应该注意的几个问题(4项);3.考核与评价(5条);4.附录

新化学课程从多个方面构筑内容体系，如“理论知识+元素知识”“定性知识+定量知识”“宏观知识+微观知识”“学科知识+社会应用知识”等。这

① 袁孝凤. 义务教育化学课程标准的特点[J]. 网络科技时代，2007(9):34-35.

些内容以“科学探究”“身边的化学物质”“物质构成的奥秘”“物质的化学变化”和“化学与社会发展”5个一级主题统整在一起，而5个一级主题又具体包含18个二级主题、79条内容标准、65条活动与探究建议，这些就形成了学生终身学习和适应现代社会生活所必需的化学基础知识体系。

通过对课程的内容标准做进一步分析可知(参见表2-2):

表2-2 初中化学课程目标、内容主题和内容标准的比较①

	课程目标	内容主题	内容标准
课程标准	1.知识与技能(化学基本知识和重要的实验技能,化学与技术、社会发展相关的知识) 2.过程与方法(知识的形成,科学探究的基本过程与方法、思维能力、信息获取和加工能力、交流和合作能力、实践能力等) 3.情感态度与价值观(学习和探究兴趣、科学态度、社会责任感、爱国主义、创新精神等)	1.科学探究 2.身边的化学物质 3.物质构成的奥秘 4.物质的化学变化 5.化学和社会发展	1.知识、技能、观念等目标100条 2.活动与探究建议65条 3.学习情景素材建议(联系学生生活实际和科学、技术、社会发展、科学史实等)
教学大纲	1.学习一些化学基本概念、原理、基础知识、基本技能,初步认识化学在实际中的应用 2.激发兴趣,培养科学态度、科学方法、关心自然和社会的情感 3.培养能力和创新精神,初步学会运用化学知识解释简单现象,解决简单化学问题 4.进行辩证唯物主义和热爱社会主义祖国的教育	1.化学基本概念和原理 2.元素化合物知识 3.化学基本计算 4.化学实验	1.知识条目108个 2.实验技能20项 3.演示实验和学生实验44个 4.选做实验和专题调研活动16个

(1)与教学大纲相比,课程标准要求的知识内容总量减少,删除了过于繁难或陈旧的内容,降低了化学计算的技能要求,增加了可供师生选择的活动与探究内容,增补了化学与社会、技术、生活相联系的学习内容和

① 研制《化学课程标准》项目组.《化学课程标准》的特点及其与现行《教学大纲》的比较[J].中小学教学研究，2003(1):19-20.

探究性的学习素材，注重内容的基础性、现代性和实践性。

（2）课程标准不再单纯依据化学学科的知识系统来描述内容目标，而是结合学生已有经验、社会生活实际、人与自然的关系和学科的发展来选取和建构最基础的、学生发展最需要的化学知识。这些知识又是学生情感态度与价值观教育的重要载体。

（3）课程标准在内容标准部分设置了两个栏目：一是着眼于学习过程和学习结果的学习目标，除知识、技能目标外，还含有方法、观念方面的目标；二是与本单元目标相应的活动与探究建议，更全面地体现了过程与方法、情感态度与价值观方面的要求。

（4）课程标准中的内容标准更重视学生学习的主体性和学习过程的开放性，不仅从学习者角度叙述内容目标，还列出了可供选择的活动和学习情景素材，所建议的探究性学习内容丰富多彩并具有开放性，为学生自主解决问题提供了广阔的空间。

3. 倡导以科学探究为主的多样化学习方式

《全日制义务教育化学课程标准（实验稿）》提出，将科学探究作为改变学生学习方式的突破口，并强调：科学探究是重要的学习活动和实践过程；是一种使学生体验探究过程和探究乐趣的学习经历；是一种有效的学习方式。科学探究是科学家探索科学问题、发现科学规律的基本活动。学生的科学探究与科学家所进行的科学探究在本质上是一致的，是指学生用类似于科学家探索科学问题的方式以获取科学知识与技能，领悟科学思想观念，学习科学研究方法而进行的各种活动①。

在《全日制义务教育化学课程标准（实验稿）》中，将“科学探究”列为一级主题，并在每一主题的内容标准中又列出了探究活动的具体形式（如观察、调查、搜集资料、实验验证等）和课题。例如，探究氯化钠、硝酸铵、氢氧化钠3种物质在水中溶解时的温度变化；小组协作完成当地土壤酸碱性测定的实验，提出土壤改良的建议或适宜的种植方案；通过实验探究酸溶液、盐溶液分别跟金属发生置换反应的规律；调查当地燃料的来源和使用情况，提出合理使用燃料的建议；实验探究化学反应中的质量关系；

---

① 毕华林. 新理念 新课程 新挑战——国家化学课程标准与中学化学教学改革[J]. 山东教育，2002(8)：26.

设计实验,探究农药、化肥对农作物或水生生物生长的影响等[①]。上述课题,内容丰富,探究的形式灵活多样,学生通过亲身经历和体验科学探究活动,不仅可以获得相应的化学知识与技能,更重要的是能激发学生学习化学的兴趣,掌握科学探究的方法,理解科学的本质,培养科学精神和科学价值观,从而提高学生的科学素养和全面落实化学课程目标。

4. 课程内容突出了STS教育思想

我国的这次课程改革突出了STS(科学、技术、社会)教育思想,《全日制义务教育化学课程标准(实验稿)》在基本目标中提出STS教育的目标是:提高学生的科学素养,引导学生认识化学在促进人类社会发展和提高生活质量方面的重要作用,通过化学学习培养学生的社会责任感,提高适应现代社会生活的能力。在知识与技能领域的STS教育目标是使获得化学知识和技能的过程也成为联系社会生活实际、形成科学价值观的过程,还提出了"了解化学与社会和技术的相互关系,并能以此分析有关的问题"的目标[②]。在情感态度与价值观领域提出,感受并欣赏化学对改善个人生活和促进社会发展的积极作用,关注与化学有关的社会问题,初步形成主动参与社会决策的意识;逐步树立珍惜资源、爱护环境、合理使用化学物质的观念。

课程标准中不仅单列出"化学与社会发展"内容主题,以突出和加强STS教育,而且在"活动与探究建议"栏目中提出了一系列有关STS的具体要求和建议。例如,了解或实地调查饮用水源的质量和水净化处理的方法;利用互联网或其他途径搜集有关新型合金的成分、特性和用途的资料;调查当地金属矿物的开采和金属利用情况,提出有关的建议;当地农村常见化肥的鉴别;调查或搜集有关酸雨对生态环境和建筑物危害的资料;查找常见食品的元素组成,并列表说明;调查"白色污染"形成的原因,提出消除这类污染的建议;从报刊、电视或其他媒体上搜集一段时间以来当地空气质量周(日)报或相关信息,分析这一时段空气质量变化的原因等。

通过上述多种活动使学生从化学与技术、社会相互联系的角度来理解现实生活中的实际问题,正确认识化学对技术和社会发展的积极作用和造成的不利影响,以及社会和技术的进步对化学科学发展的促进作用;

① 孟庆宏. 义务教育化学课程内容标准特点分析[J]. 化学教育, 2003(10):9.

② 孙树萍, 阮文举. 化学新课程中STS教育目标的设计与思考[J].化学教育, 2008(5):4-8.

引导学生认识化学在环境保护和资源开发中的作用，初步形成保持人类和环境的和谐关系即可持续发展的价值观念；培养学生以正确的态度，有理有据地参与社会决策的意识[①]。

（二）课程改革对普通高中化学课程内容的影响与改变

1. 调整课程内容，突出模块化和主题性

教育部于2003年4月正式颁布的《普通高中化学课程标准（实验）》作为国家对基础教育课程的基本规范，由前言、课程目标、内容标准、实施建议四个部分构成。这与以往的《全日制普通高级中学化学教学大纲》由教学目的、课时安排、教学内容和教学要求、教学设备和设施、教学中应该注意的几个问题、教学评价等六个部分构成的结构有较大的差异。通过表2-3可以清晰地看出此差异。

课程标准结构和基本内容的变化与调整，带来了普通高中化学课程内容的变化。本次课程改革的一大特色就是课程内容构成的模块化和主题性。高中化学新课程的课程内容是按照2个必修模块、6个选修模块共25个一级主题进行组织的。这25个主题又包含135个二级主题，而且每一个二级主题的教学要求上，又给出了可供采用的“活动与探究建议”共计161项。2个必修模块、6个内容主题与义务教育阶段化学新课程的5大内容主题在内容取向上是一致的，共同构成普通公民应该具有的与化学相关的科学素养的内涵；6个具有不同特点的选修模块考虑到学生个性发展的多样化需要，为具有不同潜能和兴趣的学生设置了不同的化学学习主题线索和学习领域，同时也反映了化学科学的主要研究领域。这种模块化和主题化的内容构成是过去的化学课程不曾有过的。按照模块和主题来组织课程内容，更加凸显出内容的学习领域属性和学习价值。同一模块或同一主题的内容具有更多的共同属性，有更强的内在结构和联系，更具概括性的观念和认识方式。表2-4列出了中学化学课程内容标准一级主题[②]。

---

① 毕华林. 新理念 新课程 新挑战——国家化学课程标准与中学化学教学改革[J]. 山东教育，2002(8)：26.

② 王磊.普通高中化学课程分析与实施策略[M].北京：北京师范大学出版社，2010.

表2-3　普通高中课程标准与教学大纲的结构和基本内容

结构		基本内容
课程标准	前言	1.课程性质;2.课程的基本理念;3.课程设计思路;4.关于目标要求的说明
	课程目标	1.知识与技能;2.过程与方法;3.情感态度与价值观
	内容标准	1.必修课程:化学1(主题1、主题2、主题3);化学2(主题1、主题2、主题3) 2.选修课程:(1)化学与生活;(2)化学与技术;(3)物质结构与性质;(4)化学反应原理;(5)有机化学基础;(6)实验化学
	课程实施建议	1.教学建议;2.评价建议;3.教科书的编写建议;4.课程资源的开发与利用建议
教学大纲	前言	对课程性质的简单说明
	教学目的	1.知识技能;2.能力方法;3.情感态度
	教学内容	对知识内容分为四个层次:1.对所学知识有大致的印象;2.知道“是什么”,能根据所学知识的要点识别有关的材料;3.懂得“为什么”,能够领会概念和原理的基本涵义,能够理解一些简单的化学问题;4.能够“应用”,能够分析知识的联系和区别,能够综合运用知识解决一些简单的化学问题
	课程实施建议	1.教学设备和设施;2.教学中应注意的几个问题;3.教学评价

表2-4　中学化学课程内容标准一级主题

化学课程		内容标准一级主题
初中化学课程		科学探究、身边的化学物质、物质构成的奥秘、物质的化学变化、化学与社会发展
高中必修模块	化学1	认识化学科学、化学实验基础、常见无机物的性质与应用
	化学2	物质结构基础、化学反应与能量、化学与可持续发展
高中选修模块	实验化学	化学实验基础、实验探究
	有机化学基础	有机化合物的组成与结构,烃及其衍生物的性质与应用,糖类、氨基酸和蛋白质,合成高分子化合物
	物质结构与性质	原子结构与元素的性质、化学键与物质的性质、分子间作用力与物质的性质、研究物质结构的价值
	化学反应原理	化学反应与能量、化学反应速率与化学平衡、溶液中的离子平衡
	化学与技术	化学与资源开发利用,化学与材料的制造、应用,化学与工农业生产
	化学与生活	化学与健康、生活中的材料

2. 保证课程内容基础性的同时，适当拓展课程内容的深广度

《普通高中化学课程标准（实验）》在“课程的基本理念”中指出，要结合人类探索物质及其变化的历史与化学科学发展的趋势，引导学生进一步学习化学的基本原理和基本方法，形成科学的世界观。这说明课程内容不仅要从科学的角度体现基础性，也要从培养公民科学素养的角度体现基础性。教学中在使学生掌握基础知识、基本技能的同时，也要形成基本的化学思想。例如，化学反映客观事物本质及其规律；化学以实验为基础，以实验为主要研究方法；物质的结构决定物质的性质，物质的性质体现物质的结构；变化是相互联系的、有条件的、可控制的；化学与人类社会和谐、可持续发展，等等。

必修课程的目标定位是基础性，而选修模块更多的是体现多样性、选择性。高中化学新课程的基础性是由必修和选修共同来保证的。高中化学新课程的基础性主要由必修学分来体现。必修学分包括两个必修模块和任意一个选修模块，所以必修模块不等于必修内容，必修模块的要求不等于学生的整体化学学习水平。

本次课程改革在保证课程内容基础性的同时，也对课程内容的深广度进行了适当的拓展。选修模块中新增了不少学科知识内容，其中化学与生活、化学与技术属于应用性模块，知识基础性强，难度相对较低，但也涉及一些教学大纲中没有的内容，如维生素的来源及摄入途径等；化学反应原理、有机化学基础、物质结构与性质等属于学术性模块，是为对化学感兴趣的理科倾向学生而设计的，在体现基础性的同时，更体现化学学科的发展。每个模块中都包含了一些新增内容（如表2-5）。

表2-5　课程标准学术性选修模块中新增的内容①

模块	新增内容
化学反应原理	活化能及其对反应速率的影响；能用焓变和熵变说明化学反应的方向；平衡常数及利用它计算反应物的转化率；沉淀溶解平衡及沉淀转化的本质

① 王磊.普通高中化学课程分析与实施策略[M].北京：北京师范大学出版社，2010.

续表

模块	新增内容
物质结构与性质	原子核外电子的排布方式及能级分布;元素的电离能、电负性及其应用;晶格能大小及其意义;共价键的主要类型——σ键和π键;等电子原理
有机化学基础	有机物结构的测定;有机物分子中基团间的相互影响

3. 将科学探究作为重要的课程内容

《普通高中化学课程标准(实验)》在课程性质中提出,普通高中化学课程是与九年义务教育阶段《化学》或《科学》相衔接的基础教育课程;有利于学生体验科学探究的过程,学习科学研究的基本方法,加深对科学本质的认识,增强创新精神和实践能力。在课程的基本理念中进一步强调通过以化学实验为主的多种探究活动,使学生体验科学研究的过程,激发学生学习化学的兴趣,强化科学探究的意识,促进学习方式的转变,培养学生的创新精神和实践能力。从课程标准中可以看出,首先,科学探究是中学化学课程的一种重要的学习方式,这种学习方式有利于激发学生化学学习兴趣、增进对科学的情感、理解科学本质,促进学生科学素养的发展。其次,科学探究是中学化学课程的重要内容,也有明确的内容标准和学习要求。最后,高中阶段的科学探究是对初中科学探究学习的继承和发展,在中学化学学习过程中,学生的科学探究能力应不断提升。

为使学习方式的转变真正得到落实,《普通高中化学课程标准(实验)》在"活动与探究建议"中设置了大量的探究课题,明确列出了活动的具体形式,如观察、实验(设计实验或实验探究)、调查、参观、观看影像、查阅文献、资料搜集、阅读、讨论、交流、制作模型、辩论、制作展版、举办报告会、撰写小论文等。

《普通高中化学课程标准(实验)》强调探究学习不仅仅是表述方式的变化,更重要的是为变学生被动的接受式学习为主动的探究式学习,为切实培养学生的创新精神和实践能力提供可实现的具体途径。强调探究学习,不仅不能忽视知识的作用和影响,而且要把知识作为探究的重要内容。强调探究学习,并不排斥其他的学习方式。中学生的知识水平、学习和探究能力以及现有的教学时间、资源等毕竟是有限的,全部的教学内容都采用探究的方式去实施,显然是不现实的。课堂教学耗用的资源少、信息密度大,教师若能用科学探究的原理精心进行教学设计、开展教学活动,也能获得很好的效果。但应注意的是,在讲解、设问、演示、观察等过程中,要避免出现教师积极灌输、学生被动接受的局面①。

4. 课程内容突出科学与人文的整合,构建了科学人文性课程文化观

《普通高中化学课程标准(实验)》在课程的基本理念中提出,在人类文化背景下构建高中化学课程体系,充分体现化学课程的人文内涵,发挥化学课程对培养学生人文精神的积极作用。这说明课程改革既重视了对自然科学知识等客观知识体系的掌握,又认识到了人文社会学科知识的多元性、内在性和境域性,而且把科学精神和人文精神统一于课程的"文化内涵"之中,使科学和人文走向融合,科学人文性成为普通高中化学新课程文化精神的一个重要特征。

《普通高中化学课程标准(实验)》要求通过各种学习活动对学生进行科学、化学史、美学、哲学、语言学、伦理学等的教育,提高学生的思想道德、科学素养、智力、精神文明和审美等水平。如在"知识与技能"方面要求:了解化学科学发展的主要线索;形成有关化学科学的基本观念;重视化学与其他学科之间的联系等。在"过程与方法"上要求:理解科学探究的意义,学习科学探究的基本方法;具有较强的问题意识(敢于质疑、勤于思索),能够发现和提出有探究价值的化学问题,善于与人合作,具有团队精神等。在"情感态度与价值观"方面要求:乐于探究物质变化的奥秘,体验科学探究的艰辛和喜悦,感受化学世界的奇妙与和谐;有参与化学科技活动的热情;有将化学知识应用于生产、生活实践的意识;赞赏化学科学对个人生活和社会发展的贡献,关注与化学有关的社会热点问题,逐步形成可持续发展的思想;树立辩证唯物主义的世界观,养成务实求真、勇于创新、积极实践的科学态度,崇尚科学,反对迷信;热爱家乡,热爱祖国,树立为中华民族复兴、为人类文明和社会进步而努力学习化学的责任感和使命感等。这些都体现了科学精神与人文精神的统一。

① 蒋良. 略谈《普通高中化学课程标准(实验)》的特点[J]. 课程·教材·教法, 2003(11):22-23.

在课程内容中,不少主题也都蕴涵浓厚的人文色彩,如认识化学科学、化学与可持续发展、化学与生活、化学与健康、生活中的材料、化学与环境保护、化学与工农业等。课程内容在融入人文元素的同时也必然会贴近生活、贴近社会、贴近自然,也就进一步继承和发展了初中STS教育的思想。

二、课程理念对化学教材内容的影响与改变

(一)课程理念对初中化学教材内容的影响与改变

本次课程改革给义务教育阶段带来了许多变化,主要体现在义务教育化学课程标准中提出的诸多基本理念上。这些理念具有鲜明的时代气息,为义务教育阶段的化学教材注入了更多的生命力,也带来教材内容与展现形式上的种种变化。下面就以《义务教育课程标准实验教科书——化学》(人教版)为例来说明课程理念对初中化学教材内容的影响与改变。

1. 教材内容重视学生的生活经验和对科学过程的感受,不过分强调知识的逻辑顺序

本次课程改革的基本理念指出,让每一个学生以轻松愉快的心情去认识多姿多彩、与人类息息相关的化学,积极探究化学变化的奥秘,形成持续的化学学习兴趣,增强学好化学的自信心;要注意从学生已有的经验出发,让他们在熟悉的生活情景中感受化学的重要性,了解化学与日常生活的密切关系,逐步学会分析和解决与化学有关的一些简单的实际问题。可见新教材重视学生的生活经验和对科学过程的感受,不过分强调知识的逻辑顺序,且结合学生已有经验、社会生活实际、人与自然的关系和学科的发展,选取和构建最基础的、学生发展最需要的化学知识。这就使教科书在一定程度上体现生活性、实用性以及初中学生的年龄特点。

教学资源来自于生产、生活及社会的各个领域,注意体现化学与社会发展的关系及化学发展的新成果,突出科学—技术—社会(STS)思想,具有鲜明的时代气息。教科书在编写时不过分强调学科知识的逻辑顺序,而是更多地以学生对科学过程的感受为基础,采用化学理论与

化学事实相结合的编写方法，将知识的学习与过程、方法、价值观等培养结合起来，促使学生全面达到教学目标①。在教材中，第一单元从学生亲身感受的日常生活实际出发，从学生的角度提出了饶有趣味并带有一定想象力的问题，引导学生走进化学世界，营造绿色化学氛围，进行实验探究，立志使世界变得更加绚丽多彩。以“走进化学世界”“走进化学实验室”为课题，对初中生进行化学启蒙教育。以人们生命必不可少的空气、水为主题，进行循序渐进的科学教育，引导学生探讨物质构成的奥秘；又从碳、燃料、金属、溶液、酸碱盐、化学肥料入手，进一步激发学生去探求化学知识，激发学生遨游化学知识海洋的兴趣。最后，又让学生将所学的化学知识应用到日常生产、生活中去，紧密联系社会实际，丰富自己的生活常识，激励学生运用化学，造福人类。新教材紧密结合社会的发展和学生的生活实际，贴近生活，首尾呼应。

2. 初中化学教材内容呈现方式的变化

(1)教材栏目设计多样化。栏目是教材的重要组成部分，起着提纲挈领的作用，教师和学生都应充分重视教材栏目的重要作用，按栏目要求组织好教与学的活动。同时，教材栏目又是课程观的载体，栏目的内容、形式等都体现着深层次的教育理念。按照科学探究训练的基本模式和学生的认识规律，课标版教材设置了活动与探究、调查与研究、讨论、化学·技术·社会、资料、课堂练习、拓展性课题、家庭小实验、习题等丰富多彩的栏目，提出大量有待学生思考和解决的问题，引导学生积极思考、学会提问、主动探究、参与讨论、充分发表见解，体现了新教材与学生的“对话”功能，有利于改善学生的学习方式②。

上述这些是都是大纲版教材《九年义务教育三年制初级中学教科书——化学》(人教版)所不能比拟的。从表2-6可见，新教材比旧教材栏目设计的数目增加了4个，使教学内容显得丰富、活泼，也更具有全面性、时代性和包容性。而且对学生学习活动的指导更为详尽、具体，语言风格更为亲切，易于被学生接受。

---

① 胡美玲.《义务教育课程标准实验教科书·化学(九年级)》的设计思想和特点[J].化学教育，2002(3)：9.

② 陈欣葵.初中化学新旧教材的比较研究与现实启示[D].重庆：西南师范大学，2004.

表2-6　课标版教材与大纲版教材的栏目设计比较

	课标版教材	大纲版教材
栏目总数	12个	8个
栏目名称	活动与探究	讨论
	讨论	习题
	调查与研究	复习题
	演示实验	演示实验
	资料	分组实验
	化学·技术·社会	选学
	课堂练习	家庭小实验
	拓展性课题	本章小结
	学完本课题你应知道	—
	家庭小实验	—
	习题	—
	本单元小结	—

(2)教材插图丰富、生动。作为传播学习信息的一种重要媒体，图画已不再是可有可无的点缀，而是表达学习内容和学习方法的重要组成部分。课标版教材为适应初中生的心理需要，运用大量的精美插图进行直观教学。图的形式有彩色照片、彩色三维立体绘图、彩色平面绘图；图的内容包括化学家及其研究成果，古代化学的成就和化学发展的最新成果，与化学相关的生产、生活、自然实景，化学实验装置、操作、现象和物质的照片、物质的用途、物质结构示意图等，情景交融、形象生动，有助于学生开阔视野，领悟更多的化学道理。大纲版教材只在封二罗列了10幅彩图，文中各图全是清一色的黑白插图，显得比较呆板。而课标版教材编绘了目录彩图12幅，每单元的标题又都出现在彩图之中。另外，还编绘了标有序号的插图，由大纲版教材的85幅增加到284幅(上册171幅、下册113幅)，还有16幅(上册14幅、下册2幅)未标序号的插图和数幅栏目图。许多内容是以图代文，寓知识于插图之中，有利于培养学生的学习兴趣，拓展学生的形象思维，激发学生的学习欲望。丰富多彩的图片和广阔的背景素材将科学精神教育和人文精神教育进行了有机的融合，大大加强了教材的人文性和艺术性，增加了教材的素质教育内涵。

3. 教材内容通过实验精心创设活动与探究情境，丰富学生的学习方式

课标版教材强化了其作为学生学习工具的功能，注意学生主动参与、乐于探究、勤于动手的学习情境的创设，精心编制了一定量的“活动与探究”内容。大纲版教材以教师演示实验为主，约占实验总数的80%，而演示实验又以验证性实验为主。这种单一的实验教学形式强调教师的主导地位，忽视学生学习的主体性。课标版教材在实验方式上与大纲版教材有较大的改变，具体情况见表2-7。

表2-7　课标版教材与大纲版教材实验方式比较①

实验方式	大纲版教材(个)	课标版教材(个)
演示实验	85	54
活动与探究	—	33
学生分组实验	9	—
家庭小实验	15	12
调查与研究	—	19
实验习题	1	—
选做实验	12	—
总计	122	118

从上表可见：课标版教材进一步强化了实验教学，注重学生动手能力的培养，将大纲版教材中的10个学生分组实验(包括实验习题)和12个选做实验删去，更改为33个“活动与探究”专题，分编在12个单元，掺插在各个课题研究之中，并且把以往大纲版教材的85个教师演示实验缩减为54个教师演示实验，省出更多的时间留给学生自己去探究，自行提出问题、猜想假设、制订计划、进行实验、搜集数据、解释并得出结论、反思与评价、表达与交流。这样，学生在自己创设的情境中学习，有利于开拓思维、获取科学信息、丰富所学知识。课标教材增强了实验的探索性，将科学探究作为课程改革的突破口，把化学实验作为进行科学探究的重要方式贯穿在整个教材之中，激发学生的主动性和创新意识，培养学生的互助协作精神，有力地促进学生培养学习兴趣，钻研化学知识，解决化学疑难，使课堂教学气氛活跃，教学质量也会得到有效的提高。同时也丰富了学生的学

① 陈欣葵. 初中化学新旧教材的比较研究与现实启示[D]. 重庆：西南师范大学，2004.

习方式,使学生形成以探究学习为主的自主性、合作性学习等学习方式。

(二)课程理念对普通高中化学教材内容的影响与改变

根据高中课程标准的指导,本次课程改革产生的教材是以模块化的形式呈现的,分为必修模块和选修模块。必修模块的知识以基础性为主,选修模块则具有更多的多样性、选择性和拓展性。下面就主要从这两个模块来探讨课程理念对普通高中化学教材内容的影响与改变。

1. 普通高中化学教材内容必修部分的变化

(1)必修模块元素化合物内容的变化。大纲版教材第一册、第二册中的元素化合物内容共包括碱金属、卤素、氧族元素　环境保护、碳族元素　无机非金属材料、氮和氮的化合物、几种重要的金属等6章,包含了碱金属、卤族、氧族、碳族、氮族5个元素族,重点介绍了钠、铝、铁、铜、氯、氧、硫、氮、碳、硅等典型元素及其化合物的性质。旧人教版无机元素化合物知识特点是"系统全面,内容多且深"。但是,由于旧教材过于强调书本知识的"系统""严谨",脱离学生的生活经验以及与社会发展的联系,较少关注学生的学习需要,使元素化合物知识成为旧教材"繁、难、偏、旧"的典型代表,无法激发学生的学习兴趣①。

人教版课标版教材元素化合物内容主要分布在《化学1》中,包括金属及其化合物和非金属及其化合物两章,包含钠、铝、铁、铜、氯、氮、硫、硅等8种元素及其化合物知识。人教版课标版教材弱化了按照元素自然族来介绍元素化合物知识的传统做法,而是以元素化合物为例,从元素分类的角度,从与我们生产、生活密切相关的角度呈现。此外,《普通高中化学课程标准(实验)》中有关《化学1》主题3"常见无机物及其应用"的内容标准共6条,其中将物质的分类、氧化还原反应和离子反应以及酸、碱、盐的电离等概念原理归入这一主题,并在研究方法上明确提出,要从物质分类和氧化还原这两个角度来指导元素化合物知识的学习。这样做有利于学生更好地学习元素化合物知识,也有利于打破将元素化合物知识与概念原理知识学习截然分开的传统做法,有利于学生实现知识的整合。

(2)必修模块概念原理内容的变化。由于高中化学新课程课程结构

① 陶春敏. 新旧版高中化学教材中元素化合物知识的比较研究[D]. 苏州:苏州大学,2010.

的变化，概念原理内容在内容编排上分为必修和选修两个学段。那么，与大纲版的旧教材相比，必修模块概念原理知识必然会在内容点、深广度、教学理念等方面发生变化。人教版新教材必修部分的概念原理知识主要分布在《化学1》的“从实验学化学”“化学物质及其变化”，及《化学2》的“物质结构 元素周期律”“化学反应与能量”中。新课程必修模块概念原理内容和旧课程概念原理内容的差异如表2-8所示。

表2-8 人教版新旧课程概念原理内容比较

课程	新课程必修模块	旧课程概念原理内容
概念原理内容	物质的量（化学1）	物质的量（高一）
	物质的分类（化学1）	离子反应（高一）
	离子反应（化学1）	氧化还原反应（高一、高二）
	氧化还原反应（化学1）	原子结构（高一）
	原子结构（化学2）	元素周期律、元素周期表（高一）
	元素周期律、元素周期表（化学2）	化学键（高一）
	化学键（化学2）	化学反应速率（高二）
	化学反应速率（化学2）	化学平衡（高二）
	化学平衡（化学2）	原电池（高二）
	原电池（化学2）	—

新课程必修模块概念原理内容的处理在以下几个方面和传统课程相比有明显的变化①：

①概念原理教学不是一步到位，而是分段教学；从必修到选修，概念原理知识螺旋发展。例如，《化学2》中主题1“物质结构基础”和主题2“化学反应与能量”分别对应着《物质结构与性质》和《化学反应原理》两个选修模块。

②概念原理内容切入点的变化。例如，新课程标准对“化学能与电能的转化”要求学生能够通过实例说明，对“化学反应速率和限度”强调通过实验形成感性认识。

③教学理念及教学方式的变化。新课程概念原理教学强调观念（元素观、分类观、微粒观、比较观等）的建构，改变原来概念原理教学中存在的过多关注具体概念辨析和概念的识记，忽视概念原理的认识功能和指

① 王磊.普通高中化学课程分析与实施策略[M].北京：北京师范大学出版社，2010.

导作用,导致学生只记得具体的概念知识,不会应用概念分析、解决问题和现象的误区。因此,概念原理教学要重视学生观念的建构,重视概念在学生认识中的作用。概括地说,就是要从具体知识的教学转化为以概念建构为核心的教学,最终目的是要在这些事实性知识基础上通过不断的概括提炼而形成深层的、可迁移的观念或观念性知识。

2. 普通高中化学教材内容选修部分的变化

高中化学教材选修模块的设立,体现了基础性、多样性和选择性相统一的高中课程改革特点。选修教材共有六本,分别为《实验化学》《化学与技术》《化学与生活》《化学反应原理》《有机化学基础》《物质结构与性质》。根据这些教材的内容可将它们分为应用性选修模块和学术性选修模块。下面就从这两个方面探讨课程理念对普通高中化学选修教材内容的影响与变化,每本教材的具体内容会在后面的"初高中化学教材内容简介"部分提及。

(1)应用性选修模块的内容变化。这部分内容主要包含《实验化学》《化学与技术》《化学与生活》三部分。这三部分有很多内容具有创新性,并且密切联系学生实际。根据新课程要求,这部分内容的变化主要体现在使学生得到以下几方面发展:①通过实验探究活动使学生掌握基本的化学实验技能和方法,体验实验探究过程,认识实验在化学科学研究和化学学习中的重要作用;②深入学习有关化工生产的知识,应用所学的化学知识对化工生产技术方面的问题做出合理的分析和解释,强化对化学知识的应用意识和实践能力;③认识化学在人类生活中所起的重要作用,能应用所学的化学知识来分析、解释生活中的现象,判断生活中一些做法是否正确,应该怎么做,为什么这么做,并在通过这些提高学生科学素养的同时转变学生的生活态度和生活方式,使学生生活得更科学。

(2)学术性选修模块的内容变化。这部分内容主要包含《化学反应原理》《有机化学基础》《物质结构与性质》。这部分内容在课程改革中的主要变化体现在新增的内容上。

在《化学反应原理》中增加了下列内容:化学反应发生可能性的判据;用动态平衡的观点研究弱电解质的电离、盐类的水解、沉淀的生成和溶解;定量研究反应的速率与限度,定量研究盐类水解平衡、沉淀的溶解平衡等。

在《有机化学基础》中,加强了有机化合物结构与性质关系的讲述,增加了有机合成基础知识的介绍,反映了有机化学的发展与价值。例如,介绍了利用实验方法通过波谱测定研究有机化合物结构的知识;补充了顺反异构、对映异构知识;粗浅介绍了与生命活动密切相关的核酸、蛋白质的结构知识等。

在《物质结构与性质》中增加了原子轨道,用量子数描述电子运动状态、核外电子排布规律、杂化轨道理论;电负性概念;氢键、配位键;等电子原理、价电子对互斥原理;定量描述化学键强弱的原子化热、晶格能、键能;手性分子等内容。

各选修模块中还运用许多和现代社会生活、社会热点问题相关的问题,创设学习情景,揭示化学学科与现代社会生活的密切关系,帮助学生从化学视角看待与分析简单的社会生活问题[①]。

3. 普通高中化学教材内容呈现方式的变化

新人教版教材注重知识的逻辑顺序和学生的生理、心理发育的次序,在内容呈现方式上不仅做好了对必修课和选修课的区分与联系,突出了各模块的结构特点,体现了教科书合理的体系,而且在图表和栏目设置上做了调整。

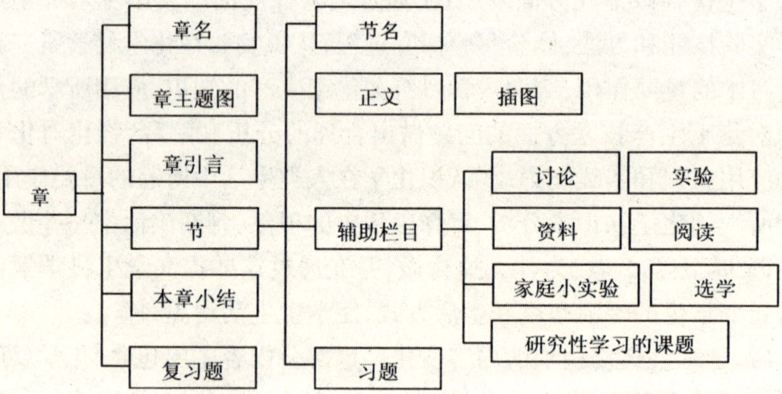

图2-1　旧人教版教材的结构体系

① 王磊,普通高中化学课程分析与实施策略[M].北京:北京师范大学出版社,2010.

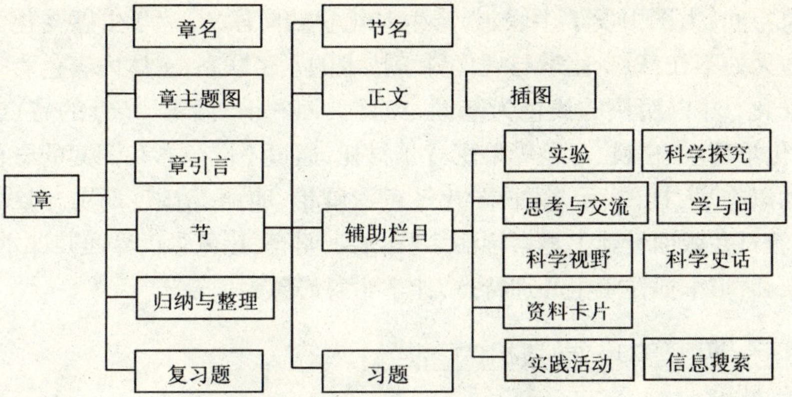

图2-2　新人教版教材的结构体系

从图2-1、图2-2可以看出,新人教版沿袭旧人教版教材的风格,仍按章节编排内容,但为了符合新课程提出的"让每个学生都能学到更加适合自己的化学"的要求,对一些部分进行了调整,尤其是辅助栏目。新教材通过设计"学与问""科学探究""思考与交流""资料卡片""科学视野""科学史话"和"实践活动"等栏目,以辅助教学,全面提升学生的科学素养。其中,"学与问"通过提出问题、启发学生发现问题,在活动中帮助学生练习思考问题并发现问题,逐步学会提出问题。"科学探究"是以探究为目的,具有思考性、探索性。教材给出探究课题,学生或师生通过共同创设学习情境、参与探究过程,体验知识的获得过程和方法。"思考与交流"通过提出一些带有思考性、启发性的问题,引发学生思维,而后学生可选择讨论或辩论等方式进行沟通和交流。"资料卡片""科学视野"和"科学史话"主要选择了一些科普知识与科学史实,通过一系列科学故事对学生的熏陶,培养学生的科学精神与态度。"实践活动"则是一些与社会课题结合的活动,如调查、研究、课外小实验等,鼓励学生积极参与到实践中去①。可见栏目内容新颖活泼、类型丰富多样、功能极具探究性。

新人教版教材内容呈现方式的另一大特色是图片的处理。新人教版教材封面彩印,各模块教材封面配图分别选取化学与生活、生产、环境、科技、社会、能源、自然等相关的内容,涉及面广,给予读者更宽阔、更活跃的

① 鲁忠洁. 高一学段人教版化学新旧教材的比较研究[D]. 重庆:西南大学,2011.

想象空间，力图引发学生联想，产生对化学的向往，并让学生感受化学的魅力无处不在，感受化学与现代科学技术的紧密联系；主体内容色彩呈现多样化，并以明快的浅色为基调，突显页面和谐、温馨、亲近的特点；标题、化学反应、栏目、习题等采用背景衬托，通过不同色彩和图案的彩色衬底加以突显；插图、示意图、图片等色彩鲜艳、明丽、清晰、真实。整体而言，教材在版面设计上显得艳丽多彩、清晰明亮，让色彩世界回归课本，自然亲和，牢牢抓住学生心理特点，让学生身心感到愉悦[①]。

三、初、高中化学教材内容简介

综观当前世界各国课程改革的发展趋势，教材改革成为课程改革成败的关键因素之一。在化学课程改革中，化学教材改革是其重要的组成部分，化学教材的改革必须切实贯彻化学课程改革的基本要求。化学教材对化学课程理念的体现，对化学课程内容的落实，并不是只有一种逻辑体系，也并不是只有一种呈现风格。也就是说，化学课程内容可以按照多种逻辑关系加以具体化，从而形成多种版本的化学教材，这就是化学新课程倡导的"一标多本"的基本涵义，也就是说，前所未有的教材多样化的时代已经来临。下面简单介绍一下初、高中教材不同版本的情况，并以人教版教材为例介绍初高中教材的内容。

（一）初中化学教材内容简介

1. 初中化学教材不同版本简介

我国的化学新课程倡导"一标多本"，可以根据国家化学课程标准编写不同特色和风格的化学教科书。目前，经国家中小学教材审定委员会审查通过的化学教材共有五套（见表2-9）。五种版本的教材都是依据《全日制义务教育化学课程标准（实验稿）》编写，虽然在编写线索、切入方式、呈现方式方面各具特色与风格，但化学新教材的编写都以全面提高学生的科学素养为主旨，重视科学、技术与社会的密切联系，倡导以科学探究为主的学习方式，重视引导学生进行自我反思评价。对于五种教材的

① 邹洪涛，张义江.人教版高中化学课程标准教材与全日制教材的比较研究[J].黔南民族师范学院学报，2009(6)：75.

选择使用教育部没有硬性规定,而是由各地教育行政部门决定。

表2-9 五种版本的新课标初中化学教材

简称	主编	出版单位	册次
人教版	胡美玲、何少华	人民教育出版社	九年级上册 九年级下册
沪教版	王祖浩、王磊	上海教育出版社	
鲁教版	毕华林、卢巍	山东教育出版社	
沿海版	化学教材编委会	科学出版社、广东教育出版社	
湘教版	北京市仁爱教育研究所	湖南教育出版社	

2. 人教版初中化学教材内容简介

(1)人教版《义务教育课程标准实验教科书·化学:九年级上册》内容简介。人教版初中化学教材采用"单元—课题"编写体系,九年级上册基本内容体系如表2-10所示。

第一单元通过对物质的变化与性质的介绍,对蜡烛燃烧和人体吸入、呼出气体的探究及化学实验仪器的认识和操作,让学生知道了"什么是化学""化学有什么用""怎样学化学",感受了学习化学的乐趣。

第二单元从学生熟悉的空气入手,介绍了空气、空气中的氧气及氧气的制取,具体地从化学角度学习、研究物质(组成、性质、制法),并掌握一些最基本的化学概念(化合物、混合物、化学反应、氧化反应、催化剂等),为后面的学习打基础。

第三单元从社会实际和学生的生活实际出发,展现水与人类的关系,以水为载体,将单质、化合物、物质的组成、原子、分子等化学基本概念,以及沉淀、过滤、吸附、蒸馏等化学实验操作技能的学习贯穿其中。

第四单元包含的内容有原子的构成、元素、离子、化学式与化合价四个课题,基本概念较集中。这些概念是中学化学中最核心的一些概念,所以本单元是全书(甚至是整个中学段)的一个重心,是基础。

第五单元开始引入对反应的定量研究,包含质量守恒定律,化学方程式的写法、读法、意义、计算。所学原理、技能是基础化学中最基本的,是今后学习化学反应及各种规律的基础。

表2-10 人教版《义务教育课程标准实验教科书·化学：九年级上册》内容体系

册次	单元	课题
九年级上册	第一单元 走进化学世界	课题1 物质的变化和性质
		课题2 化学是一门以实验为基础的科学
		课题3 走进化学实验室
	第二单元 我们周围的空气	课题1 空气
		课题2 氧气
		课题3 制取氧气
	第三单元 自然界的水	课题1 水的组成
		课题2 分子和原子
		课题3 水的净化
		课题4 爱护水资源
	第四单元 物质构成的奥秘	课题1 原子的构成
		课题2 元素
		课题3 离子
		课题4 化学式与化合价
	第五单元 化学方程式	课题1 质量守恒定律
		课题2 如何正确书写化学方程式
		课题3 利用化学方程式的简单计算
	第六单元 碳和碳的氧化物	课题1 金刚石、石墨和C_{60}
		课题2 二氧化碳制取的研究
		课题3 二氧化碳和一氧化碳
	第七单元 燃料及其利用	课题1 燃烧和灭火
		课题2 燃料和热量
		课题3 使用燃料对环境的影响

第六单元是初中化学元素化合物知识中的重要组成部分，是后期学习相关化学反应的基础。本单元还重点学习二氧化碳的实验室制法，并通过碳和一氧化碳还原反应的实验，了解了还原反应。

第七单元的主要内容有：燃烧和灭火、燃料和热量、使用燃料对环境的影响三个课题，学科性知识点不多，以联系生活、社会的实用知识、观念性问题为主，体现了化学与生活、社会、人类的关系和作用，体现科学、技术、社会的相互关系。

(2)人教版《义务教育课程标准实验教科书·化学：九年级下册》内容

简介。人教版初中化学教材九年级下册基本内容体系如表2-11所示。

第八单元主要介绍了铁、铝、铜等重要金属和合金。主要内容包括金属的物理性质(导电性、导热性等)、金属的化学性质(与氧气、盐酸等反应),以及反应的规律性知识(金属活动性顺序)、金属资源的利用(铁的冶炼以及冶炼时有关杂质问题的计算)、金属资源的保护(金属的腐蚀和防护、废旧金属的回收利用)等。

第九单元的教学内容与学生的生活实际有密切联系,分三个课题。第一课题从定性的角度初步认识溶液,其中涉及溶解过程,包括溶液的形成,溶质、溶剂、溶液的概念,溶解过程中的吸热和放热现象等。第二课题从定量的角度研究物质溶解的限度,是以物质的溶解度为核心展开的。第三课题主要围绕溶液的浓、稀,即一定量的溶液中含有多少溶质这一问题展开,引出溶液中溶质质量分数的概念,并结合这一概念进行一些简单计算,初步学习配制溶质质量分数一定的溶液。三个课题密切相关,逐步深入,比较符合学生的认识规律。

第十单元分为两部分,第一部分从生活和实验中常见的酸和碱出发,介绍了几种常见酸和碱的性质及用途,并说明酸和碱各有其相似性质的原因;第二部分在酸和碱性质及用途的基础上,进一步介绍了酸和碱之间发生的反应——中和反应以及中和反应在实际中的应用、溶液的酸碱度等。

第十一单元由于盐的概念已经在第十单元酸、碱的化学性质中提出,故本单元是对盐的相关知识作进一步拓展:课题1是从生活中的食盐拓展到化学意义上的盐类化合物,指出即使在生活中,人们常见的盐也不止食盐一种;课题2通过介绍化肥拓展盐在生产和生活中的应用。两课题都是从学生身边的事物出发,通过实际例子展现化学的魅力。

第十二单元是一个突出体现新课标面向社会生活的学习单元,着重介绍了三方面内容,即人类重要的营养物质、化学元素与人体健康和有机合成材料。从知识内容上看,它们不是初中化学的核心内容,属于知识的扩展与应用范畴。因此课程标准对它们的教学要求不高,多属于“知道”“了解”层次。但是这些知识有利于联系社会实际,丰富学生的生活常识，能引起学生的学习兴趣。

表2-11　人教版《义务教育课程标准实验教科书·化学：九年级下册》内容体系

册次	单元	课题
九年级下册	第八单元　金属和金属材料	课题1　金属材料
		课题2　金属的化学性质
		课题3　金属资源的利用和保护
	第九单元　溶液	课题1　溶液的形成
		课题2　溶解度
		课题3　溶质的质量分数
	第十单元　酸和碱	课题1　常见的酸和碱
		课题2　酸和碱之间会发生什么反应
	第十一单元　盐　化肥	课题1　生活中常见的盐
		课题2　化学肥料
	第十二单元　化学与生活	课题1　人类重要的营养物质
		课题2　化学元素与人体健康
		课题3　有机合成材料

（二）高中化学教材内容简介

1. 高中化学教材不同版本简介

与初中教材一样，高中教材也是“一标多本”。目前，经国家中小学教材审定委员会审查通过的《普通高中课程标准实验教科书·化学》共有三套（见表2-12）。三种化学新教材在编写上都依据基础教育课程改革纲要和高中化学课程标准，着眼于提高全体学生的科学素养和终身学习能力，较好地体现了教材的基础性、时代性。但三种教材由于编写线索、切入方式、侧重点不同，教材的深度、广度也不相同，探究课题的设计方式和应用的素材也有差别，各具自己的特色。对于三种教材的选择使用教育部也没有硬性规定，而是由各地教育行政部门决定，体现了较大的灵活性。

表2-12　三种版本的新课标高中化学教材

简称	主编	出版单位	册次	
			必修	选修
人教版	宋心琦	人民教育出版社		
苏教版	王祖浩	江苏教育出版社	《化学1》 《化学2》	《化学与生活》 《化学与技术》 《物质结构与性质》 《化学反应原理》 《有机化学基础》 《实验化学》
鲁科版	王磊	山东科学技术出版社		

2. 人教版高中化学教材内容简介

(1)人教版高中化学必修教材内容简介。

①《化学1》简介。《化学1》的基本内容体系如表2-13所示。第一章有物质的检验、分离、提纯和溶液的配制等内容。对于检验、分离、提纯等基本操作,以初中学习过的粗盐提纯操作为主要线索,复习、深化;对于溶液的配制,以有关物质的量等概念作为基础知识,在此基础上学习溶液配制的方法和操作。第二章则是从化学学科内容方面展开化学科学。把化学反应与物质分类编排在高中化学的第二章,使学生对物质的分类、离子反应、氧化还原反应等知识的学习,既源于初中又高于初中,既有利于初、高中知识的衔接,又有利于学生运用科学过程和科学方法进行化学学习。第三章在第一章"从实验学化学"和第二章"化学物质及其变化"的基础上学习金属及其化合物的知识。第四章主要讨论硅、氯、硫和氮等典型元素及其重要化合物的性质,安排在第三章"金属及其化合物"之后,是学习常见无机物及其性质的继续[①]。

②《化学2》简介。《化学2》的基本内容体系如表2-14所示。第一章"物质结构　元素周期律"以元素周期表和元素周期律为框架,教材将原子结构与元素性质的关系以及元素周期律作为重点内容。以碱金属和卤族元素为代表介绍同主族元素性质的相似性和递变性,以第三周期元素为代表介绍元素周期律,将元素性质、物质结构、元素周期表等内容结合

① 陈莉丽. 建构主义视角下的人教版《普通高中课程标准实验教科书·化学》分析[D]. 武汉:华中师范大学, 2008.

起来,归纳总结有关的化学知识。第二章内容分两个部分——化学反应与能量、化学反应的速率和限度,都属于化学反应原理范畴,是化学学科最重要的原理性知识之一。本章内容既是对初中化学相关内容的提升与拓展,又为选修《化学反应原理》奠定必要的基础。第三章主要是选取典型代表物,介绍其基本的结构、主要性质以及在生产、生活中的应用,较少涉及有机物的概念和它们的性质(如烯烃、芳香烃、醇类、羧酸等)。第四章作为高中必修模块的结尾,以金属矿物、海水和化石燃料等为例,了解利用化学变化实现物质间的转化,以及这些过程和产物在我们日常生活和社会发展中的重要作用。①

表2-13　必修模块《化学1》的内容体系

模块	章	节
化学1	第一章 从实验学化学	第一节　化学实验基本方法
		第二节　化学计量在实验中的应用
	第二章 化学物质及其变化	第一节　物质的分类
		第二节　离子反应
		第三节　氧化还原反应
	第三章 金属及其化合物	第一节　金属的化学性质
		第二节　几种重要的金属化合物
		第三节　用途广泛的金属材料
	第四章 非金属及其化合物	第一节　无机非金属材料的主角——硅
		第二节　富集在海水中的元素——氯
		第三节　硫和氮的氧化物
		第四节　氨　硝酸　硫酸

(2)人教版高中化学选修教材内容简介。

①《化学与生活》简介。人教版《化学与生活》模块采用“章—节”编写体系,包括4章、13节。教材通过“关注营养平衡”和“促进身心发展”两章分别介绍了糖类、油脂、蛋白质、维生素和微量元素的基本知识,并将合理选择饮食、正确使用药物和建立健康文明的生活方式有机地组织在一起;通过“探索生活材料”引导学生认识生活中的基本材料;通过“保护生态环

① 陈莉丽. 建构主义视角下的人教版《普通高中课程标准实验教科书·化学》分析[D]. 武汉:华中师范大学, 2008.

境”介绍了改善大气质量、污水处理和实现垃圾的资源化等过程中的化学方法及其原理,引导学生认识化学和环境保护密切关系的同时,树立人与环境应该和谐相处、可持续发展的观念。

表2-14　必修模块《化学2》的内容体系

模块	章	节
化学2	第一章 物质结构 元素周期律	第一节　元素周期表
		第二节　元素周期律
		第三节　化学键
	第二章 化学反应与能量	第一节　化学能与热能
		第二节　化学能与电能
		第三节　化学反应的速率和限度
	第三章 有机化合物	第一节　最简单的有机化合物——甲烷
		第二节　来自石油和煤的两种基本化工原料
		第三节　生活中两种常见的有机物
		第四节　基本营养物质
	第四章 化学与自然资源的开发利用	第一节　开发利用金属矿物和海水资源
		第二节　资源综合利用 环境保护

②《化学与技术》简介。人教版《化学与技术》模块采用“单元—课题”编写体系,包括4个单元、9个课题。教材以“硫酸生产”“合成氨”“纯碱的生产”为例说明化学生产过程包括的反应原理、反应发生的条件、原料的选择、“三废”的处理以及能量的利用等一些基本问题,以及化学工艺的发展和完善的过程。并通过水资源、化石燃料的综合利用,社会生产、生活所需各种材料和化工产品的介绍,引导学生思考与生产过程相关的能源、环境、经济和社会等方面的问题,体会实际生产过程的复杂性,培养分析、评价、决策和解决问题的实际能力。

③《物质结构与性质》简介。人教版《物质结构与性质》模块采用“章—节”编写体系,包括5章、9节。教材从“原子结构与性质”“分子结构与性质”“晶体结构与性质”三方面介绍了原子轨道、核外电子排布规律、杂化轨道理论;电负性概念、共价键、键参数、等电子原理、氢键、配位键、价电子对互斥原理、相似相溶原理、手性分子;晶体的特征和晶胞的概念,分子晶体、原子晶体、金属晶体和离子晶体四大晶体的结构特征与性质差异等知识。除学科知识外,本模

块内容的选取也注意了对学生进行科学方法、科学态度的教育。

④《化学反应原理》简介。人教版《化学反应原理》模块采用“章—节”编写体系，包括4章、15节。本教材从“化学反应与能量”“化学反应速率与化学平衡”“水溶液中的离子平衡”“电化学基础”四方面入手，引导同学们研究化学反应现象，探究化学反应规律。同时，十分注重将有关原理知识与生产、生活实际联系，并对化学史及学科的发展前沿问题给予了展示。

⑤《有机化学基础》简介。人教版《有机化学基础》模块采用“章—节”编写体系，包括5章、17节。教材中，第一章介绍了有机化合物的分类、结构特点、命名及研究的一般步骤和方法；第二章是第一章内容的具体化，进一步学习烷烃、烯烃、炔烃、芳香烃和卤代烃等5类有机物的结构和性质及其应用；第三章结合烃的含氧衍生物的结构特点和性质，进一步加深认识有机化合物的加成、取代、氧化和消去反应；第四章介绍的糖类、油脂、蛋白质是生命的基础有机化学物质，是人体需要的主要营养素，也是重要的工业原料；第五章从相对分子质量大小说明高分子化合物与低分子化合物的区别、加成聚合反应与缩合聚合反应的基本特征，并以典型实例介绍了三大合成材料(塑料、合成纤维、合成橡胶)与功能高分子材料(高吸水性树脂)的合成、性能及应用。

⑥《实验化学》简介。人教版《实验化学》模块采用“单元—课题—实验”编写体系，按照化学实验方法的应用构建单元，共包括4个单元、9个课题，涉及20个实验。教材介绍了实验的基本知识、学习方法和重要性，并通过实验介绍了“物质的分离与提纯”“物质的制备”“物质的检测”方面的知识。最后一单元更是专门介绍了研究型实验，体现了本课程的最高要求与目标——通过实验可以探索新知，并学习其基本思路和方法。

第二节　关注化学教学中的生成内容

一、化学教学中的生成内容简介

美国太平洋橡树学院的教授约翰·尼莫和伊丽莎白(贝蒂)·琼斯最早提出了生成性课程，著有《生成课程(Emergent Curriculum)》一书。在书中，他们认为，生成性课程的核心乃是带有特殊背景的教师与处于一定情境中的具有个性的学生对他们面临的周围世界的问题进行共同商讨而确定课程生成的过程①。

我国学者对课堂教学生成有着不同的观点,有的学者把"课堂教学生成"看成是学习者的一种学习策略,并认为生成性是有效使用学习策略最重要的原则之一,是指在学习过程中要利用学习策略对学习的材料进行重新加工,产生某种新的东西;有的学者把"课堂教学生成"看作是一种教学方式,他们认为,课堂教学中"生成"强调的是教师、学生、文本三者之间的互动,即学生在原有认识的基础上,通过与教师、文本的对话交往,实现意义的获得及自我主体的建构。

化学教学中的生成内容既要利用科学合理的策略对学生学习的材料进行重新加工,产生新的东西,也要以真正的师生对话情景为依托,根据学生学习的情况,把教学中人的、物的、精神的诸多因素有机地结合起来,对之灵活地调控,积极引导教学活动不断更新,并针对教学活动中涌现出的许多意想不到的信息和问题,生成新的超出原计划的教学内容。对此的理解主要包括两方面。

(一)对教材内容的二次开发

中学阶段学生的主要学习材料就是教材。教材不仅是学生学习的资源,更是学生直接作用的对象,是促进学生发展的工具。但教材不是教学的全部内容,而只是为开展教学活动以使师生互动产生知识提供的一种范例和素材。既然是范例,就意味着它不是唯一的、凝固不变的,而只是诸多例证中的一部分。教材的作用在于引导学生以它所提供的范例为情景形成某种基本的观念和思想,而不是获得具体的知识结论。形成同一种观念和思想的范例有许多,途径也是多样化的。由于教师和学生的差异性,形成同样的观念可以选用不同的范例、采用不同的方式,所以教材内容不是静态的知识结论,而是不断丰富和发展的。教师也不能照本宣科地"教教材",而应创造性地开发和使用教材,设计丰富多彩的学习活动,在活动中生成教材内容的意义,促进学生的全面发展②。

---

① 赵亲水. 中学化学课堂动态生成式教学的研究[D]. 南京:南京师范大学, 2008.

② 毕华林, 刘冰. 试论化学教材内容的生成[J]. 课程·教材·教法,2004(11):74.

（二）对课堂中非预设情况的处理

对课堂中非预设情况的处理主要是指在中学化学课堂中，教师以教师与学生、学生与学生的合作、对话、交流与碰撞的过程中所产生的超出教师预设方案之外的新问题、新情况为契机，并根据自己对学生的课堂行为表现、感受、兴趣与需要等作出及时判断，对教学行为与思路进行机智性调整，引导学生深入思考，挖掘学生的学习潜能，充分发展学生的个性，使课堂充满生机活力，使教学得到有效生成的过程。

二、化学教学中的生成内容类型

化学教学中的生成内容主要包括两方面：对教材内容的生成和课堂非预设情况的生成。对教材内容的生成可以是教师在课堂以外进行的，也可以是教师在课堂中通过教师和学生的真实对话和交流产生的。而课堂非预设情况的生成则完全是在教师与学生、学生与学生在课堂上的合作、对话、交流与碰撞的过程中产生的。所以，化学教学中的生成内容往往具有动态性、灵活性和不可预期性，而这个生成的过程就是对教师的教学机智和教学艺术的考验，同时也是教师教学经验积累的过程。那么化学教学中的生成内容究竟是如何产生的呢？下面通过对化学教学中的生成内容类型分析来探寻一下其中的规律。

（一）对教材中化学史的生成

化学史的介绍有助于学生理解基本概念、原理和理论的本质，掌握化学研究的过程和方法，培养探究能力，养成良好的科学素养。但作为中学化学教材，由于受到编排体系、篇幅及课时等因素的限制，对一些化学研究和发现的重要历史以文本呈现时往往不是很完整，而这些历史却常常是了解化学重大事件和重要人物以及重要化学概念的形成、原理的提出、理论的建立等的重要途径。所以，教师要根据自己学生的实际情况和教学需要进行适当的拓展，也就是对教材中化学史的生成。

例如，对人教版高中必修教材《化学2》第一章第一节“元素周期表”进行教学时，可补充门捷列夫编制第一张元素周期表的故事，包括3个重要内容:对门捷列夫批判继承德国化学家德贝莱纳的“三元素组”、法国矿物学家尚古多的“螺旋图”、英国化学家纽兰兹的“八音律”的概述;门捷列夫以惊人的洞察力不断探索,发现规律;门捷列夫大胆预言新元素。通过补充的内容可以使学生明白:科学研究是一个不断探索、充满争论、历经曲折、继承创新的过程,科学观点会受到社会历史背景、科学技术水平、个人经验等因素的影响,科学研究需要在客观事实和研究的基础上,大胆假设与猜测,同时还需要时间的检验与实践的考验。这样做可以使学生直面科学研究过程,学会获取知识的方法,了解化学学科发展历程和重要人物的贡献,从而达到培养学生科学素养、激励学生努力学习的目的①。

(二)对教材文本内容的延伸生成

教材不是教学的全部内容,而只是为开展教学活动以使师生互动产生知识提供的一种范例和素材,教材内容不是静态的知识结论,而是不断丰富和发展的。因此,教师不能照本宣科地“教教材”,而应创造性地开发和使用教材。与过去的教材相比,新课程教材更具有弹性和张力,给教师创造性地使用教材留下了空间。教师应在现有教材内容的基础上,根据教学内容和学生能力,综合应用各种有效的教学资源,对教材进行合理的延伸。这样有利于拓宽学生的视野,激活学生的思维,加深学生对相关知识的理解。

例如,在人教版化学(九年级上册)第二单元课题3“制取氧气”中,分别介绍了过氧化氢溶液与二氧化锰、氯酸钾与二氧化锰以及加热高锰酸钾三种制取氧气的方法。教师在教学中可以在此基础上进行拓展,引导学生总结出固液不加热和固体加热型制气装置的特点和注意事项。这个过程既加深了学生对这几个实验的理解,也有利于提高学生相关知识的系统性。

再如,在人教版高中必修教材《化学2》“生活中两种常见的有机物”中“乙酸的酯化反应”实验中,教材并未对该实验的诸多细节进行解释。

① 周鑫荣.高中化学新教材的拓展与优化[J].化学教育,2011(3):13.

教师在教学中，可以对此进行拓展提问：(1)该实验为什么要加热？(2)浓硫酸在反应中有什么作用？(3)长玻璃导管有什么作用？(4)玻璃导管口为什么置于碳酸钠溶液的液面上方？(5)为什么用碳酸钠溶液收集产生的蒸气？通过学生对这些问题的思考，可以促进学生对该反应特点的认识，并且对乙酸乙酯、乙酸和乙醇三者各自的性质及区别作进一步的理解，同时也有利于提高学生综合运用知识分析问题、解决问题的能力。

(三)对教材中实验的优化、拓展生成

新课程非常重视对学生实验能力的培养，化学中的实验教学，不仅可以激发学生的学习主动性和创新意识，而且有利于学生养成严谨的科学精神。但教材中有些实验由于受到自然环境、学校所具有的硬件设施、教学环境等因素的影响，可能在中学课堂上不能顺利开展。这就需要教师对这些实验进行优化以保证实验的顺利实施。另一方面，教材提供的实验往往是最基础的，不能满足一些教师根据学生的学习情况，进一步提高学生实验能力和素养的要求。因此就需要教师根据具体的教学情况，借鉴和应用所学的化学实验方法和科学研究方法，充分发挥学生创造性思维，对实验知识进行拓展，这样才能不断提高学生的观察、分析和科学探究能力。

例如，在人教版化学(九年级上册)第一单元课题2“对蜡烛及其燃烧的探究”中蜡烛复燃的实验中，按照教材中的实验方式，点燃熄灭蜡烛产生的白烟时易受到空气流动的影响，特别是在教室中演示时，由于气流紊乱更不易点燃。因此，可对该实验进行如下优化：将废弃的塑料瓶(如矿泉水瓶)用剪刀截去底部，留下二分之一或三分之二。将去底的塑料瓶套在蜡烛火焰下方，待燃烧一段时间(火焰稳定)后，迅速吹灭蜡烛，并立即将去底塑料瓶向上提起套在蜡烛原火焰上方，用火柴点燃白烟，蜡烛复燃。经过优化的实验，有效地避免了气流的影响，效果明显。

再如，人教版高中必修教材《化学1》有关二氧化硫的性质实验中，只进行了二氧化硫的溶解性和对品红的漂白两个实验，并且没有考虑实验中二氧化硫的逸散问题。这不仅不足以使学生更深入地了解二氧化硫的性质，也不符合绿色化学的观念。因此，可对该实验进行如下优化和拓展。如图2-3所示，(1)在大试管底部加入半药匙无水亚硫酸

钠;(2)在粗玻璃管外壁从下往上依次分别贴上滴有蒸馏水的蓝色石蕊试纸环、蘸有0.1%品红溶液的滤纸环、蘸有1%高锰酸钾酸性溶液的滤纸环和蘸有30%硫化钠溶液的滤纸环;(3)将此粗玻璃管放入上述大试管内,然后沿着粗玻璃管的内壁加入1滴管浓硫酸,立即塞上带有单孔橡皮塞的球形干燥管后,让学生观察纸环上颜色变化情况。通过实验发现,湿润的蓝色石蕊试纸环变成红色,说明二氧化硫溶于水后,具有酸性;吸有品红溶液的滤纸环由红色逐渐变成白色,说明二氧化硫具有漂白作用;在实验后期,用酒精灯火焰烘烤品红溶液褪色的滤纸环处的试管外壁,并旋转试管,该滤纸环由白色逐渐变成红色,说明二氧化硫漂白作用是具有可逆性;吸有高锰酸钾酸性溶液的滤纸环由紫红色逐渐变成棕色再逐渐变成白色,说明二氧化硫能将高锰酸钾还原,具有还原性;吸有硫化钠溶液的滤纸环由白色逐渐变成淡黄色,说明二氧化硫能氧化硫化钠,具有氧化性。这样,通过该实验不仅让学生充分学习了二氧化硫的性质,还避免了过量二氧化硫的逸散①。

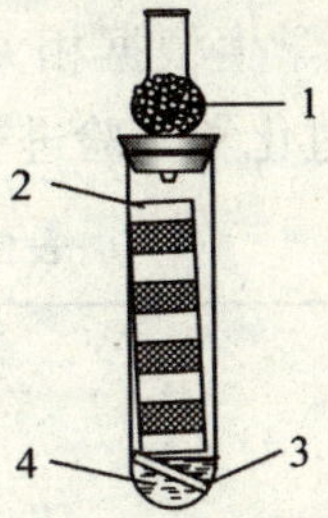

图2–3　二氧化硫性质实验的装置

1. 吸有氢氧化钠溶液的脱脂棉　2. 粗玻璃管　3. 细玻璃管　4.无水亚硫酸钠+浓H_2SO_4

(四)对教学中学生生活实际的生成

重视化学知识与社会实际应用的联系,是新课程教材的突出特点。新课程进一步加强了化学知识与学生已经历的和即将要经历的社会生活的联系,强调从当代科学的最新成果中吸取新知识、新方法,并增设了许多开放的、具有现实意义的、贴近学生实际生活的内容。在教学中教师可利用不同方面、不同层次的鲜活素材,使知识更具有生活化、实用性和前沿性特点,从而达到延长学习链的目的,让学生在学习中巩固基础知识,获取基本的科学方法和基本技能,增强学生的实践能力②。

① 熊言林.化学实验研究与设计[M].合肥:安徽人民出版社,2009.

② 周鑫荣. 高中化学新教材的拓展与优化[J].化学教育, 2011(3):14.

例如，“富集在海水中的元素——氯”（人教版）教学内容的设计如下：在教学中，首先将有关教学内容通过阅读相关新闻报道的形式呈现给学生，让学生根据相关报道去猜想并归纳氯气可能具有的物理、化学性质，再通过化学实验进行探究（见表2-15）。

表2-15 “富集在海水中的元素——氯”学案①

有关氯气的新闻报道	新华网重庆4月16日电(记者朱彬、苏海萍):15日19时左右，重庆天原化工总厂的工人在操作中发现，2号氯冷凝器的列管出现穿孔，有氯气泄漏，厂房随即进行紧急处置。到16日凌晨2点左右，这一冷凝器发生局部的三氯化氮爆炸，氯气随即弥漫。从16日中午开始，与化工厂隔江相对的重庆化龙桥片区部分居民开始疏散。氯气为黄绿色气体，有强烈的刺激性气味，高压下可呈液态。据专家介绍，氯气被人吸入后，可迅速附着于呼吸道黏膜，之后可以导致人体支气管痉挛，支气管炎，支气管周围水肿、充血和坏死。呼吸道薪膜受刺激，可造成局部平滑肌痉挛，再加上薪膜充血、水肿及灼伤，可引起严重的通气障碍。人吸入浓度为每立方米2.5毫克的氯气时，就会死亡。据消防人员讲，一旦发生氯气泄漏，应立即用湿毛巾捂住嘴、鼻，背风快跑到空气新鲜处。现场专家说，这3个氯气罐通过4根铁管将氯气排到嘉陵江边的水池中，同时注入碱水，二者融合后，不再构成危害。
根据此报道你得出氯气具有哪些性质	物理性质： 化学性质：
如何验证你的发现（实验方案）	
得出结论	

这样重组后的教学内容与学生的实际生活相联系。学生可以根据自己已有的知识经验，分析报道内化学学习材料，大胆去猜想、假设，进而设计实验进行探究验证。这样将教学内容由课内向课外拓展，既开阔了学生的视野和思路，也加深了学生对相关知识的理解。

（五）对教学中意外的转化生成

课堂教学千变万化，课前预设和课堂实际不一致的“意外”随时都可能发生，如回答意外、实验意外、提出的问题意外等。教学中的意外事件，有的确实具有破坏性，但绝大多数只要处理得当就有教育性，即使是破坏性的教学事件，也应设法跨过去而不是逃避，教育的任务不是躲避这种偶

① 赵亲水．中学化学课堂动态生成式教学的研究[D]．南京：南京师范大学，2008.

然事件,而是应充分发挥它的教育教学价值。对此,教师要机智地捕捉由意外生成的教学资源,借错启发学生进行探究,让学生在新的情景中点亮思维的火花。

例如,教师在“演示氨气的喷泉实验”时,由于没有检查收集氨气的烧瓶和橡皮塞吻合程度,导致氨气外溢,实验失败。对这一现象,学生议论纷纷,而教师这时机智地把话锋一转,提出让学生思考实验失败的原因,并引导学生从实验装置的设计、实验原理、试剂的选择以及条件的控制等角度进行思考分析,最终归纳出如下几点原因:(1)烧瓶不干燥;(2)氨气没有收集满;(3)装置漏气;(4)挤入烧瓶内的水太少。随后,教师再根据学生分析的结果,使用新的烧瓶重新收集氨气进行二次实验,效果显著。在分析实验失败原因的过程中,由于学生对实验现象充满兴趣,思考积极,而当实验结果证实他们的分析是正确的时,学生尝到了成功的喜悦,对实验的印象也更深刻。教师通过利用这个偶然的意外现象,把课堂教学引向纵深,充分发挥了学生的主体作用,使“意外”转化成了教学中的一个亮点[①]。

① 李尚松. 高中化学课堂动态生成式教学的研究[J]. 学园(教育科研), 2012(5):154.

第三章　如何教(一):课程改革与化学教学设计

教学设计是实践先进的教育教学理论的有效措施,是教学得以顺利地进行的保证。中学化学教师不仅要理解化学课程标准,熟悉化学教学内容,还要学会用先进的教育教学理论指导教学行为,才能使自己的教学更有效。因此,中学化学教师要掌握有关教学设计理论,认真研究化学教学设计的内容、特点和方法,使自己的教学行为在先进教育理念指导下进行。

第一节　课程改革以来化学教学设计的发展

1900年,美国哲学家、教育家杜威提出,应该发展一门连接学习理论和教育实践的“桥梁科学”[①]。但在当时无人可以解释桥梁是什么。经过一段时期的研究,人们发现联系教育理论与教育实践的桥梁其实是教学设计。教学设计能够把抽象的理念物化,转变成具体的教学实践,从而把学习理论和教学实践联系、结合在一起。因此,教学设计是实践先进的教育教学理论的有效措施,是教学得以顺利进行的保证[②]。

一、课程改革对化学教学设计理念的影响

随着课程改革的不断深入,以“学生发展为本”的课程理念成为改革的主旋律,“三维”发展目标、“三大”学习方式、“交往互动”的教学方式,正不断被广大学校和教师所接受。伴随着教学理念的改变,化学教学设计也受到深刻的影响。化学教学设计不断突出学生的主体地位、联系学生

① 张祖忻,朱纯,胡颂华.教学设计——基本原理与方法[M].上海:上海外语教育出版社,1992.

② 吴俊明.化学教学设计的发展和问题[J].化学教育,2012(4):4-9.

生活、注重实践以及学生学习活动方式的多样化。

(一)教学设计的内涵与外延

由于研究者在研究过程中的视角和取向不同使得教学设计的概念不能取得一致。但总的来说,教学设计有广义和狭义之分。从广义上说,教学设计是研究教学目的、指导教学决策的活动。教学设计概念的外延包括课程计划、单元教学计划、课堂教学计划、媒体教学材料等不同层次的教学设计。因此,大到课程开发,小到实验的设计以及媒体的制作都是教学设计。从狭义上说,教学设计是运用现代学习与教学心理学、传播学、教学媒体论等相关的理论和技术,分析教学中的问题和需要,设计解决方法,试行解决方法,评价试行结果,并在评价基础上改进设计的一个系统过程[①]。它既具有设计的一般性质,又必须遵循教学的基本规律。

化学教学设计是化学课程与教学的首要环节,是把化学教育的理念运用于实践中的重要实施方法。其以培养学生的科学素养为宗旨,以系统方法论和化学课程理念为指导,对教学过程进行系统的规划,以求得教学过程这一系统的整体优化[②]。在新课程理念的影响下,中学教师正积极地根据化学教学目标、化学教学内容,运用教学设计的理论和方法,结合学生的实际,在实际的教学中总结改善教学设计。

(二)化学教学设计的依据

化学新课程的课堂教学要充分体现学生的主体地位,紧紧围绕促进学生知识与技能、过程与方法、情感态度与价值观三个方面的发展来进行设计。化学新课程课堂教学设计就是为了实现一定的化学课堂教学目标,依据化学新课程理念、现代化学教育思想、化学学科及学生特点,依托化学教材的内容主题和条件,用教与学的原理来策划课堂教学资源和教学活动的系统过程[③]。

---

① 皮连生.教学设计[M].北京:高等教育出版社,2000.

② 仇晓阳.化学教学设计研究[J].沙洋师范高等专科学校学报,2012(2):74-75.

③ 王丽萍,李政.化学新课程课堂教学设计初探[J].课程·教材·教法,2005(9):70-71.

1. 化学新课程理念

化学新课程要求给每个学生提供平等的学习机会、多样化的评价方式，使每个学生都以轻松愉快的心情去认识多姿多彩的、与人类息息相关的化学。新课程教学设计面向全体学生，以全面提高学生的科学素养为宗旨，充分发挥学生的主体性，树立正确的实验教学观。化学教学设计中突出化学实验的探究作用，注重探究化学变化的奥秘，让学生自主建构知识的意义。从学生已有的经验出发，贴近生活、贴近社会、贴近学生的实际，让学生在熟悉的生活情景中感受化学的重要作用。

2. 现代化学教育思想

化学教学设计以深厚的理论作为指导。现代化学教育思想突出"以人的发展为本"，强调教育、教学过程不仅仅是传授化学知识的过程，也是人文科学与化学科学的整合过程。在尊重学生个性和想象力、拥有和谐民主的师生关系、创设激励和允许差异的课堂教学氛围、重视知识形成和方法培养的教育理念、整合学科与信息技术的教学方法的基础上，以学生的全面发展为目的，切实给学生提供参与教学活动的时空条件，使他们获取知识和技能、丰富实践体验、培养道德情操、提高创新能力。

（三）新课程化学教学设计观

新课程改革的重要任务是改变学生的学习方式，培养学生的学习能力，为学生构建一个自主探究、合作交流的学习平台。学习方式的改变期待教学模式的改变，教学模式的改变决定了教师在教学设计上的变化。不同的教学设计会带来不同的教学效果。把课程理念、教学理念落实到实处就是要建立在课堂教学上。要进行有效的课堂教学，切实落实新课程的三维目标，必须要注重课堂教学设计。

1. 以突出学生主体性为中心进行教学设计

现代化学教学设计突出以学生学习活动为中心，重视对学生学习心理的分析和研究，依据学生学习规律设计教学活动。在化学教学中，以学生为中心的教学设计就是在教学中充分考虑学生的心理特点，强调学生的认知主体作用，教学从"独白式"转向"对话式""讨论式""互动式""探究式”等,以体验、探究和意义建构为化学教学的表现形式[①]。新课程背景下的课堂教学设计更加强调培养学生的主体性、创造性、参与性和合作性,学生是学习和发展的主体,教师仅起到主导作用。课堂教学中要充分发挥学生的主动性,就必须确定学生的主体地位,充分调动学生的学习积极性。教师的主导就是要调动学生的学习兴趣和动机。

2. 以转变学生学习方式为中心进行教学设计

新课程改革目标之一是要改变课程实施过于强调接受学习、死记硬背、机械训练的现状,倡导学生主动参与、乐于探究、勤于动手,培养学生搜集和处理信息的能力、获取新知识的能力、分析和解决问题的能力以及交流与合作的能力。通过教学设计,将学生过去单一、被动、陈旧的学习方式,转变为以主动、探究、合作为主要特征的多样化学习方式。利用新课程理念对化学课堂进行有效设计并灵活运用,打造高效课堂。

3. 以转变教师教学方式为中心进行教学设计

新课程倡导以探究为核心的多样化教学方式,确立了知识与技能、过程与方法、情感态度与价值观三个维度的课程目标体系。新课程的实施、教学方式的转变以及三维目标的达成,必须建立在上实、上好每一节课的基础之上,而教学设计又是上实、上好每一节课的基石。教师在教学之前需要进行教学设计,要注重教学方式丰富多样、具有启发性、符合学生认知特点和教学规律,要面向全体学生因材施教,能够激发和调动学生的积极性与主动性,突出课堂的参与性、互动性与合作性。但在教学过程中又不可拘泥于教学设计,要对课堂教学各种变化进行综合把握,根据实际教学中学生的变化及时做出正确的判断,随时采取有效的措施调整教学,实现课堂教学的最优化。

4. 以全面提高学生科学素养为中心进行教学设计

新课标明确提出以提高学生的科学素养为主旨的课程理念,并依据科学素养的基本内涵构成,提出了旨在促进学生科学素养发展的多样化评价方式。新课程标准下,化学教学要从以学科为中心转向为以培养与发展学生的科学素养为中心。因此,化学课堂教学设计就必须正确

① 苗深花,刘一兵,闫立泽.试谈以学生为中心的化学教学设计[J].曲阜师范大学学报,2002(4):97-100.

理解科学素养构成要素间的关系并在教学中落实。

总之,化学教学设计是整个教学过程的起始阶段,是将教学的静态信息转化为动态信息的过程,是理论转化为实践的主要桥梁,对教学过程起着宏观调控的作用。只有在教学设计中落实新课程理念,才能在教学实践上转化为具体的教学行为,才能够有高效率的课堂教学。

二、课程改革以来化学教学设计的发展

(一)化学教学设计发展的简单回顾

教学设计的发展经过了一个较为漫长的时期。随着近年来课程改革的推行,教学设计有了长足的进步,化学学科的教学设计也取得了进一步的发展。20世纪50年代,工业制造模式和行为主义心理学率先在美国被引入教育,"教学设计"开始得到重视。到了70年代,在经历程序教学和计算机辅助教学两个重要阶段之后,教学设计过程逐步优化、成熟,成为一个专门的研究领域,在教育技术学中占有一席之地。1971年J.E. Kemp出版了《教学设计》一书,教学设计学开始成为一些大学教育传播与技术专业的一门重要课程。20世纪90年代初,教学设计被介绍到我国,其后,教学设计逐渐由教育技术学领域扩展到学科课程与教学论领域,学科教学设计及其形式开始受到重视。

纵观化学教学设计的发展,最初是基于教学论思考及整合教学实践经验进行设计,后来由于受到教育技术学的影响,开始注意形式。但总的来说,其理论内容仍相对贫乏。

(二)教学设计发展的系统分类

教学设计发展的系统可分为早期化学教学设计和现代化学教学设计两部分①。

1. 早期化学教学设计

(1)直观教学设计。每位教师在教学中,都会自觉或不自觉地进行教

① 王克勤.化学教学论[M].北京:科学出版社,2006.

学设计。比如制订学期教学计划、备课、写教案,这些都是教学设计的一部分。从早期教学设计到现代化教学设计,其中经历了较长时间的沉淀。早期的教学设计只是任课教师凭主观愿望和直观感觉进行的讲课准备,教师先根据教材理解教学内容,再准备问题和习题,写出教案或讲稿。在课堂上,依靠读、讲、背、练加上简单的教学组织,就完成了一节课的教学任务,这种凭直观感觉的教学设计被称为“直觉设计”。不难看出,这种教学设计是很简单的,既没有实质上的理论作为指导,又没有相应的实践经验加以辅助,因此,这种教学设计在新教师身上体现较为突出且效果没有保证。

(2)经验教学设计。随着教学实践经验的不断积累,以行之有效的教学经验为模板的经验教学设计开始盛行。以老带新、集体讨论备课,教授相同课程的教师,要统一教学要求、统一教学进度、统一教学范例、统一联系、统一试题,用经验来规范统一教学设计的教学管理模式,把经验教学正统化、规范化。经验本身的局限性和科学性的不足使这种教学设计的质量难以得到保证,也扼杀了教师的创造性和个性。

2. 现代化学教学设计

现代化学教学设计突出以学生为中心,重视对学生学习心理的分析和研究,依据学生化学学习的规律设计教学活动,从而最大限度地提高学生学习化学的效率,促进学生科学素养的全面发展。现代化学教学设计可分为试验教学设计和系统教学设计两部分。

(1)试验教学设计。在教学经验不断被总结成规律时,教师开始进行各种局部的乃至大规模的试验,并把它作为教学设计的基础。此时,教学设计进入试验设计阶段。这种设计过程比较深刻地概括了教学实践经验,使设计依据的可靠性增强,设计质量有所保证,促进教学水平的提高和成熟,但试验设计的质量受到理性认识的正确性、完备性以及试验有效性和可靠性水平的影响。

(2)系统教学设计。随着系统科学的发展,人们逐渐认识到教学是一个系统,化学教学过程是一个系统控制过程,并据此来改进教学设计,使教学设计逐步进入系统设计阶段。系统教学设计是教师在开放的教学系统中,以先进的教学理念和现代化教育理论为指导,在特定的教学环境中运用系统工程方法所进行的教学活动的总体规划和课时教学活动的构思和设计。这种教学设计能够使教学理论准确地转化为实践，使教学效果具有较强的可预见性。系统教学设计使教学设计提升到一个新的层次，代表了当今教学设计的最高水平，它的形成是教学设计质的飞跃的体现。

（三）现代化教学设计与传统教学设计的比较

传统的教学设计是教师侧重于将自己在课堂上"如何讲"和"讲什么"作为中心的经验式备课计划活动，不能算作真正意义上的教学设计。教学设计是比备课更高一层次的教学准备。化学新课程的课堂教学设计有别于传统意义的备课和教案撰写，是一个设计系统[①]。

1. 注重系统论

传统教学设计往往以教师的教学直觉或教学经验来处理教学，缺乏系统的观点，因此教学准备的思维起点相对较低。现代化教学设计以系统论的观点对待教学，从一个单元的角度构建更为合理的教学结构，组织和安排学生的探究和实践活动，为执教者主观教学意图的实现创造更有利的时空条件，因此，教学准备的思维起点相对较高。

2. 注重向单元教学设计的发展

传统教学设计只设计45分钟一节课，一课一个教案，大多拘泥于单课时内容的就课论课，教师往往不善于从一个单元教学系统的高度审视教学，以至于教学往往难以摆脱固定的模式，容易呆板僵化。现代化教学设计以一节课或一个单元教学（由内容相近的若干节课组成）为设计单位，跳出45分钟一节课的框框，教师的教学设计视野从单课时的微观范畴转向更为宽阔的单元的中观范畴，能够从单元的高度整体上把握教学目标、内容和方法，有利于宏观层面的课程目标落到实处。

3. 注重学生的"学"

受传统教学理念影响，备课一般只备教师如何教，很少顾及学生如何学，教学重心始终放在"教"上。现代化教学设计为贯彻现代教学理念和

① 解守宗.浅议化学课堂教学设计的几个问题[J].化学教学，2010(9)：1–3.

课改精神,更主动自觉地设计和安排学生如何学,设计学生验证性和探究性自主学习活动,把教学重点移到学生“学”上。

4. 注重教师专业的发展

传统的教学设计不利于教师实现从“教教材”向“用教材去教”的转变,个人的教学创意和教学体验少而狭窄,对提高教师专业素养作用小。而现代化教学设计让教师在教学中逐步尝试“用教材去教”,不断的教学创新有利于形成个人教学风格与特色,有利于教师的专业发展,使教师从教学实践者慢慢转变为教学实践的研究者。

(四)化学教学设计特征

传统意义上的教学设计过分强调预设、封闭,使课堂教学变得机械、沉闷和程序化,师生的创造性得不到充分发挥。而新课程标准明确提出了知识与技能、过程与方法以及情感态度与价值观三维目标,以实现结论与过程、认知与情感、科学世界与生活世界的统一。因此,符合新课程理念的教学设计应具有以下特征[①]:

1. 整合性

在设计课堂教学目标时,应体现知识与技能、过程与方法、情感态度与价值观的有机整合。在设计的各个教学环节中,应紧密围绕目标,让学生通过探索获得化学知识,掌握学习方法,培养学生丰富的情感、积极的态度和正确的价值观。

2. 互动性

课堂教学是教师和学生两个主体进行合作和相互作用的过程。任何一个教学目标的实现既离不开学生,也离不开教师,两者缺一不可。优秀的教学设计不仅要体现教师如何教,更重要的是应体现学生如何学,只有师生之间知识互动、情感互动、思维互动,才能焕发出新的活力。

3. 实效性

教学有法,但无定法,贵在得法,重在实效。教学设计的最终目的是为了实现课堂教学目标。所有教学内容的确定、教学情境的创设、实验教

① 覃剑军.新课程理念下的化学教学设计[J].中学化学教学参考,2002(1-2):31-33.

学的组织形式、课堂教学结构的安排等,都必须注重实效,并摒弃与现实教学目标无关的内容、方法和形式,切实提高学生的综合素质。

4. 创造性

传统的教学设计过分强调程序化,忽略了课堂是在不断发生变化的事实,扼杀了教学的创新性。而新课程使教师灵活发挥的空间增大,信息技术的发展、课程资源的丰富都为广大化学教师提供了一个发挥创造性的舞台。因此,教师教学设计的过程应成为对教学理念感悟和创造的过程。

5. 反思性

教学是一个连续的、不断改进和提高的动态过程,因此,教学设计不只是上课前的构思,而且应在课后不断地反思、补充和完善,从而使教学设计展现于具体的教学实践之中,完善于教学之后的自我矫正、自我完善的动态思考之中。

第二节　化学教学与教学设计

在化学教学中,教学设计是对教学资源及教学活动进行系统分析和规划,是对合适的教学策略、手段的选择,是对合理的教学结构的构建,是保证和提高教学效果的重要环节。

教学设计可以说是化学教学的始点,也是整个化学教学过程的总体规划,它决定了化学教学的成败。教学设计包含了整个教学过程中教师的行动、预期学生应该产生的反应,还包括可能发生的一些突发状况,使得整个化学教学过程更具有系统性,以学生为本,充分体现教师在教学过程中的主导作用及学生的主体地位。

化学课堂教学是化学教学设计实施的载体,也是教学设计的最终目的。因此,在化学教学中要充分理解运用教学设计,但又不能被教学设计所束缚,好的化学教学设计可以使教学更好地进行,流畅、生动的化学教学过程又能充分地优化教学设计。

一、化学教学的特点

(一) 化学学科的特点

人类社会不断发展进步,面对诸多学科的产生、演变,学科定位成为一个严肃的课题,因为它关系到本学科存在的必要性。对于化学学科的定位必须从化学学科发展和化学在人类社会发展中的作用和地位出发来讨论。在人类社会发展过程中,化学作为一门中心学科,其作出的贡献毋庸置疑。中国大百科全书化学卷的第一句就是:化学是研究物质性质、组成、结构、变化和应用的科学,这是大家比较熟悉的化学定义。在化学学科中我们需要形成化学的基本观念①。例如,元素观:数以千万计的化学物质是由最基本的成分"化学元素"组成的;通常我们见到的物质千变万化,只是化学元素的重新组合,在化学反应中元素不变;元素在元素周期表中的序号等于原子核内质子数。微粒观:所有的化学物质都是由原子、分子、离子等基本微粒构成的;这些微粒很小很小,是不断运动的,有间隔的;微粒之间存在着相互作用;在化学反应中分子发生变化,而原子不变。化学反应与能量:任何化学反应都遵循质量守恒定律;化学反应的本质是化学键的断裂和形成;化学反应都伴随着能量变化;通过化学反应人们可以获得或消除物质,可以储存或释放能量。物质分类:世界上的物质是多种多样的;可以从物质的组成、结构、性质等多角度对物质进行分类;物质既具有共性又具有个性。由此可见,化学学科具有不同于其他学科的特点。

1. 研究物质的组成

研究物质的组成是化学学科的元素观以及微粒观的具体体现。在化学学科的三重表征:宏观、微观、化学符号中,化学学科是从微观角度研究物质的组成。在化学学科中元素是具有相同核电荷数(质子数)的一类原子的总称。到目前为止,已经发现的元素有一百多种,但就是这一百多种元素的原子组成的物质却数以千万计。化学研究发现,这一百多种元素的原子、分子、离子通过化学键组成不同的物质,而这些粒子的质量体积极小,例如,1个水

① 王磊,毕华林.基础教育新课程师资培训指导·初中化学[M].北京:北京师范大学出版社,2003.

分子的质量约是3×10^{-26} kg，1滴水（以20滴水为1 mL计）中大约有1.67×10^{21}个水分子。分子由原子构成、分子间有间隙、分子总是在永不停息地做无规则运动……这些都是化学学科特有的对物质组成的研究。

2. 研究物质的结构

在化学学科领域，同一种元素组成可以形成不同的物质，这种不同的原因就是物质的结构不同。不同的结构决定了物质不同的性质。例如，石墨和金刚石是由碳元素组成的不同物质，其性质有着巨大的差异，造成这一现象的原因就是组成结构不同。在研究物质结构中，人教版高中化学选修5《有机化学基础》部分有着鲜明的体现。在纷繁复杂的有机世界中，物质的结构组成决定了物质的不同性质，也构成了我们充满生机的大自然，包括动物、植物等，这也是化学学科的魅力所在。

3. 研究物质的性质及其变化规律

到21世纪初，人类发现和合成的物质已超过3000万种，使人类可以享用更先进的科技成果，极大地丰富了人类的物质生活。在此过程中化学学科功不可没。面对诸多的物质，我们必须充分了解其性质才能更好地使其服务于人类生活。研究物质的性质及其变化规律是化学学科一个重要任务。“性质决定用途”，这是化学学科中常见的一个理念，也是化学研究物质性质必要性的体现。当然，这里所指的“物质的性质”多指化学性质，如物质的稳定性、氧化还原性、可燃性等，而这些物质的化学性质又具有一定的规律性。经过化学研究者的不断努力，对物质性质及其规律变化有了较为深入的研究，为人类社会发展作出了自己的贡献，这也是化学学科特点的又一个重要体现。

4. 以实验为基础

追根溯源，从化学学科产生的历史来看，化学的产生就是来自于最古老的“实验”。化学是一门建立在实验基础上的科学，实验与理论一直是化学研究中相互依赖、彼此促进的两个方面。“实践是检验真理的唯一标准”，纵观化学的产生与发展无不伴随着化学实验这一实践过程。化学学科研究物质的组成、结构、性质及其变化规律。可以说，以化学实验为基础是化学学科最基本的特点。

(二)化学教学的特点

1. 实验归纳

化学是一门以实验为基础的自然科学,在化学教学中自然少不了化学实验。在化学教学中教师通过实验使学生获得实验现象,得到经验性的事实,再通过归纳法将一些抽象的化学知识具体化,得出一般性结论进而上升为理论性认识,即化学学习中的定律或原理。这也是化学课堂中学习化学知识最基本的途径和认知方式。

2. 分解合成

化学是研究物质的组成、结构、性质及其变化规律的科学,因此,在化学教学中必须对物质进行微观的分解,研究组成化学物质的基本单元即基本粒子。教学中要从宏观入手直达微观,了解构成物质的基本单元后,在分解的基础上进一步综合构思,由最基本单元合成出所学物质,这样“分解-合成”的过程既是对化学知识的掌握,也是进一步研究物质结构和性质的重要方法和手段。

3. 直观抽象

化学教学以直观感觉作为手段或载体。例如,通过实验现象的观察、模型的展示等直观感觉所获得的认识进行科学抽象,透过现象看本质。直观教学是化学教学的一大特点,化学三重表征中的化学符号系统,如化学式、分子式、结构式、化学反应方程式等以及化学模型,如化学键模型、原子分子结构模型等都极具直观性。当然,在观察直观模型和形成理论时,抽象思维也是必不可少的。在化学教学中形象思维和抽象思维都是最基本的化学学习思维方式,二者统一于化学学习思维过程中,化学教学过程中培养学生的思维能力离不开这两种思维方式。

二、化学教学设计

20世纪90年代初期,教学设计才渐渐进入我国教育工作者的视线,化学教学设计也在此时逐步成长。经过长久以来的发展,化学教学设计取得了较大的发展。在中学化学教学中,教师通过教学设计,对教学资源及教学活动进行系统分析和规划,选择合适的教学手段,构建合理的教学结构，保证和提高了教学效果。新课程标准要求教学设计要突出以学生发展为本的理念，重视对学生的学习方法、学习态度、学习习惯、学习能力等内在素质的培养，为学生终身发展打好坚实的基础。

(一)教学设计理论在化学学科中的体现

一个系统化的教学设计必须完整地体现出教学活动的全过程，而不是仅限于课堂教学活动。美国教育学家哥莱斯认为，所有的教学活动都包括四个部分，即教学目标、起点行为、教学活动和教学评价。为此他提出了教学的一般模式(又称基本教学模式)，如图3-1所示。

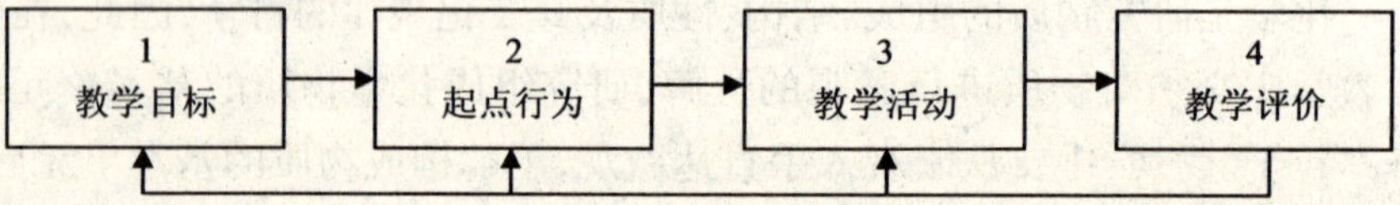

图3-1　哥莱斯提出的基本教学模式

图中“1”为教学的目标和方向，“2”“3”为达成教学目标的手段，“4”是对教学目标达到程度的评价①。模式中的各个部分在教学系统中都应该有所体现，只有这样，才能保证教学活动有一个良性循环、高效率进行，因此教学设计中要充分体现这些内容。

从化学教学设计操作实践的角度考虑，化学教学设计可分为分析阶段、决策生成阶段、评价阶段。在分析阶段要求设计者对学生学情进行分析，包括对学习背景、学习需求、学习任务以及学习者本身进行分析把握。在决策生成阶段，对教学目标、教学策略、教学资源、教学媒体以及设计的方式方法做出选择和决定。在最后的评价阶段就是对整个设计方案进行评价和修正②。

上述三个阶段的运作程序如图3-2所示。

---

① 毕华林，亓英丽.化学教育新视角[M].济南：山东教育出版社，2004.

② 杨承印.化学教学设计与技能实践[M].北京：科学出版社，2007.

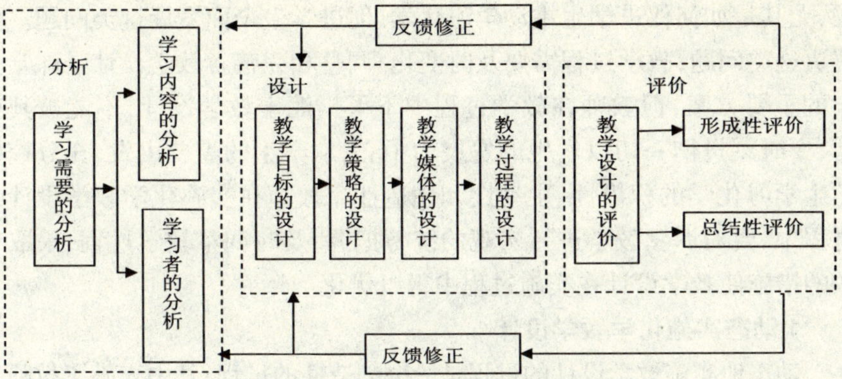

图3-2　化学教学设计过程模式流程图

作为学科教学设计,在设计过程中要充分考虑学科特点,主要体现在:化学教学设计要体现化学味儿,以实验为基础,以科学探究活动为手段。必要的演示实验或探究实验可以很好地激发学生学习化学的兴趣,分组讨论可以增强学生的合作意识,通过实验现象总结归纳得出相关理论知识也是对学生思维能力很好的锻炼。这些在化学教学设计中都要有适当的体现。同时,在化学教学设计过程中,要执行课改理念,贯彻落实知识与技能、过程与方法、情感态度与价值观三维目标。以学生的发展为目的,突出学生的主体地位;以化学用语为工具,体现化学符号表征;以科学方法为指导,同时紧密联系生活和社会实际。由此可见,化学教学设计就是化学教师运用系统科学方法,根据正确的教育思想和化学教学原理,分析教学问题和教学目标,针对具体的教学对象、教学内容和教学目标,对化学教学的总体结构、整个程序及其具体环节所拟定的行之有效的教学系统方法和技术[①]。

(二)化学教学设计的实施

化学课堂教学是一个动态的、开放的系统,而化学教学设计是教师课前的准备,它是一种固态的形式。由此可见,一份优秀的化学教学设计要通过优化的课堂教学实施策略才能充分发挥效能。当教学设计进入真实的课堂教学过程中,不可避免地会遇到一些设计过程中无法预料的新问

① 赵福岐,董丽花,刘一兵.化学教学设计的概念、对象和理论基础[J].临沂师范学院学报,2003(6):116.

题，尤其是如何促进学生主动学习化学、促进学生全面发展这类问题。要解决这类问题，教学过程需要及时变化、调整和完善。教学设计是课堂教学的重要方案，但教师在教学过程中不可拘泥于教学设计，不能被其束缚，要时刻贯彻一切以学生的发展为中心，从学生的需要出发，充分挖掘学生学习化学的积极性、主动性和创造性。教师在实施化学教学设计的过程中，要对课堂教学进行宏观的统筹把握，及时调整教学过程，采取有效的措施使教学设计在实施过程中得以优化。

1.动态实施化学教学设计

动态地实施教学设计的过程是一个创造性的过程，其中充满了教师的教学智慧，体现了教学的创新性和生成性①。教学过程充满了未知性，教学设计对教学过程的规划是一种总体的概括，而不是真正的课堂教学的文本展现。因此，教师在执行教学设计时，不能机械执行，要根据课堂、学生情况的变化灵活选择教学策略。在教学设计的基础上，采取富有针对性的措施，创造性地生成教学内容，不墨守成规，应动态实施教学设计。

2.以学生为本实施化学教学设计

在教学中学生的主体地位不容忽视。作为化学教师，在化学教学过程中要让学生成为学习的主人，只有当学生成为学习的主人，发挥学生的自我调节、自主控制权和意识，才能实现教学促进学生发展的目标。因此，在实施化学教学设计的过程中要充分调动学生的学习兴趣，触发学生的内在学习推动力。在整个教学设计实施过程中，教师要做好角色定位，以一个引导者的身份引导学生学习，尽量在每一个教学环节中让学生以主人翁姿态投入其中，重视教学过程中的探究部分，让学生亲历探究过程，享受探究过程，使整个知识的掌握成为学生自己的亲身体验，这样也更加有利于学生化学知识的掌握。

（三）化学教学设计的不足及优化策略

1.化学教学设计的不足

化学教学设计发展至今，取得了一定的进步，但仍有其不足之处：今天

① 毕华林，亓英丽.化学教育新视角[M].济南：山东教育出版社，2004.

的化学教学设计依然徘徊于学科内容与人的高级认知机制及设计理论融合之边缘,并没有成为促进学习者化学学习与发展的有力工具。理念的落后、理论的枯竭、概念的混淆、方法与策略的匮乏等,是存在于我国化学教学设计研究领域的老问题[①]。而在这些问题的影响下,无数化学教师无法冲破传统课堂文化中诸如备课等的桎梏,这些也就造成了我国化学教学设计的发展与当今世界化学学科与化学教育的发展极不相称的局面。

2.化学教学设计的优化策略

面对化学教学设计发展中的不足,作为化学教育工作者应该积极思考,打破桎梏,清楚地认识到现今化学教学设计的不足之处,不断地予以完善。

(1)充分把握课程改革理念。化学教学设计作为整个化学教学过程中的重要组成部分,在教学设计中化学教师就要充分理解和把握课程改革的理念,把理念融入其中,让教学设计真正成为联系理论与实践的桥梁。课程改革理念强调化学课程应面向全体学生,尊重学生的人格,关注个体差异,满足学生的学习需求,培养学生掌握知识和运用知识的态度和能力,重视学生认识化学的价值和实际用途,深刻理解化学与社会的联系等。因此,化学教师在教学设计中要从学生已有的经验和将要经历的社会生活实际出发,帮助学生认识化学与人类生活的密切关系,关注人类面临的与化学相关的社会问题,培养学生的社会责任感、参与意识和决策能力。

(2)最优化的指导思想。化学教学设计是设计者根据教学过程所需,即学生学习所需制定的最佳方案,是为了使教学效果达到最优化的系统决策过程。在教学设计过程中,为了达到教学目标,要对教学活动的各种要素进行最优的选择与组合,包括情境的创设、教学媒体的正确使用等。

(3)科学性与艺术性相结合。教学设计的发展是建立在科学的理论基础之上的,化学教学设计的优化同样离不开科学理论,这些理论以综合的方式在教学设计过程中得到不同的体现。教学设计体现科学性毋庸置疑,但是作为运用于课堂教学的化学教学设计不仅要具备科学性,更要具备艺术性。教学既是一门科学,也是一门艺术。在设计过程中,不能有种

① 裴新宁.面向学习者的化学教学设计[D].上海:华东师范大学,2003.

种僵化的、凝滞的模式，要注重教学设计中情境创设的艺术性，语言运用的准确性、艺术性，不要让化学教学设计成为呆板的固定模式，要提升其品质，注重其独特、变化、创新和生成的艺术性。

三、典型案例分析

元素化合物知识是化学教学内容的重要组成部分。它不但是学习化学概念、理论的载体，还承载着体验科学探究过程、学会科学研究方法、加深对科学本质认识、增强创新精神和实践能力等教育功能。关于此类知识的教学设计对化学学科及化学教学的特点有着突出的体现。下面是“二氧化硫的性质和作用”教学设计①。

“二氧化硫的性质和作用”教学设计

(一)设计思想

本节课教学设计以SO_2的“烦恼”为主线，以拟人求助的方式发挥学生的主观能动性。通过思考SO_2的两个烦恼——“为什么人们不喜欢我？我真的一点用都没有吗？”和“怎样才能实现自我价值，让人们不讨厌我呢，谁能帮帮我？”，让学生在帮忙减轻烦恼的过程中突破学习的重难点。整个教学设计以“烦恼”和“减轻烦恼”为线索，以生活中SO_2的用途为起点、SO_2的性质探究为核心、酸雨的形成与防治为落脚点，中间穿插一系列小问题驱动，引导学生学以致用，提高环保意识和社会责任感。教学中各环节自然串联、环环相扣，采用启发式与探究式教学相结合，但以探究式为主的教学方式，突破教学重难点，实现教学的三维目标。

(二)教学目标

(1)了解生活中SO_2的用途以及危害；

(2)掌握SO_2的主要性质：酸性氧化物、漂白性、还原性；了解其氧化性；

(3)通过阅读文本——酸雨的形成、危害和防治，增强查阅

① 王森森.“二氧化硫的性质和作用”教学设计[J].化学教学，2012(7)：40-42.

资料、获取信息、运用所学知识解决实际问题的能力;

(4)通过对SO_2性质的推测和探究,进一步强化科学探究思维和能力;

(5)学会辩证地分析问题、科学全面地看待化学;体会化学对人们生活、环境保护的重要意义,培养学以致用的意识、解决问题的能力和关心社会可持续发展的积极态度,感受社会责任感和历史使命感。

(三)教学过程

[引入]来自一种重要的化学物质SO_2的委托信:为什么人们都不喜欢我?我真的一点用都没有吗?怎样才能实现自我价值,让人们不讨厌我呢,谁能帮帮我?

设计意图:以拟人求助的方式发挥学生的主观能动性,激发学生的学习热情。

[问题情境Ⅰ]帮助SO_2解决第一个烦恼:为什么人们都不喜欢我?我真的一点用都没有吗?

学生任务1:回想、讨论并回答生活中SO_2的存在及用途——火柴、烟花、硫熏、酸雨……

教师补充:展示葡萄酒,其辅料一栏注有"含有微量的二氧化硫"。

设计意图:让学生通过交流与讨论了解生活中的SO_2,旨在说明只要留心,生活中处处皆化学,SO_2就在我们身边,也为后面研究SO_2的性质做铺垫。

过渡:可见SO_2并不是一点用都没有。用途是由性质决定的,那么SO_2有怎样的性质呢?

学生任务2:展示一瓶SO_2气体,让学生仔细观察,并尽可能多地说出它的物理性质。

设计意图:学生通过视觉、嗅觉等多种感官进一步确认了SO_2是一种无色、有刺激性气味的气体,旨在培养学生的观察能力。由于受到CO_2等气体一般都能不同程度地溶于水这一性质的启发,自然地想到SO_2是否也具有水溶性的实验探究。

教师演示：在事先收集满SO_2气体的塑料瓶中迅速注入少量水，旋上瓶盖，并轻轻振荡，可观察到塑料瓶变瘪。

学生任务3：SO_2的溶解只是简单的溶解吗？请设计实验证明。

设计意图："学生任务3"紧扣"学生任务2"，它既是"学生任务2"合理的延伸又是其自然且必然的深入。学生利用已经获得的知识（如CO_2的性质）来建构新知识，实现知识的正迁移的难度并不大。他们一致认为SO_2易溶于水并与水反应生成H_2SO_3。学生通过讨论很快设计出下列方案以证明H_2SO_3的存在。

方案①：用pH试纸测定SO_2水溶液的pH。

方案②：在SO_2的水溶液中滴入紫色石蕊溶液，观察溶液颜色的变化。

学生任务4：动手实验，验证假设。

设计意图：学生通过自己动手完成上述实验，不仅明确SO_2具有酸性氧化物的通性，还为后续学习酸雨的知识埋下了伏笔。

学生任务5：分析硫的原子结构示意图，猜猜SO_2还有哪些化学性质。

教师引导：从组成元素出发：SO_2是一种什么氧化物？具有什么性质？从化合价出发：得出S的化合价-2、0、+4、+6，SO_2具有氧化性还是还原性？从用途出发：SO_2还有哪些性质？

学生：讨论得出结论。

设计意图：引导学生从元素组成出发与CO_2做类比，落实SO_2作为酸性氧化物的其他性质；从化合价出发，推测SO_2的氧化性和还原性（适当引导本节课的重点——对SO_2还原性的研究，对于其氧化性先不作要求）；从用途出发，推测SO_2的漂白性，旨在引导学生从研究物质性质的多个角度去推测SO_2的性质，培养学生的化学学科思想——类别观和价态观。

学生任务6：要探究SO_2的性质，需要什么试剂？思考、交流讨论并得出结论。

设计意图：这个任务的设置是本节课的探究重点。为证明

SO_2的还原性,学生设计了较多的方案,充分反映了学生思维的灵动。方案主要有下面几种:

方案①:将SO_2的水溶液滴入酸性$KMnO_4$溶液中,观察溶液是否褪色。

方案②:将SO_2的水溶液滴入溴水中,观察溶液是否褪色。

方案③:将SO_2的水溶液滴入$BaCl_2$溶液中观察是否有白色沉淀,然后加入H_2O_2溶液,再观察是否有白色沉淀。

对于SO_2的漂白性,学生的设计思路是基于对新制氯水漂白性的认识,因此要借用教材引导学生注意同中求异的比较,防止类比定势,并自然地引出品红试剂。通过介绍SO_2使品红褪色,再加热褪色后的溶液又能恢复到原来的红色,说明生成的无色物质不稳定,即其漂白具有"暂时性",对比HClO与Na_2O_2的漂白具有"永久性";SO_2能使石蕊溶液变红而不会褪色,证明其漂白性又具有"局限性",对比HClO与Na_2O_2的漂白具有"广谱性"。这些都是因为SO_2与有色物质发生了化合反应而非氧化还原反应。至于SO_2能迅速使酸性$KMnO_4$溶液和溴水等褪色,均是SO_2作还原剂体现强还原性而不是漂白性。

学生任务7:动手实验,验证假设。

设计意图:在推测的基础上进行实验,力求培养学生的实验能力和合作能力。

过渡:其实,即使SO_2存在一定的用途,但人们依然不喜欢它,因为它是形成酸雨的元凶之一。请大家利用它的性质解释SO_2是如何转变成酸雨的。

学生任务8:先交流讨论,再阅读课本P89,得出结论。

教师总结:科学是一把双刃剑,错不在于SO_2,而在于人。当我们用她漂白报纸和草帽时,她是好的;当我们用她硫熏药材时,她就是坏的了。当我们把她收集并科学利用,她就是良好的化工原料;当我们对她失去控制,她就会肆意妄为变成酸雨……

设计意图:从性质解释现象,引导学生通过查阅教材得出结论,增强查阅资料、获取信息、运用所学知识解决实际问题的能力，并学会辩证地看待科学。

［问题情境Ⅱ］我们要学会辩证看待问题，正确认识科学、合理利用科学。让我们带着这个想法一起面对SO_2的下一个烦恼：怎样才能实现自我价值，让人们不讨厌我呢，谁能帮帮我？

学生任务9：角色分工，小组讨论。如果你是科学家，如何从源头上控制SO_2的产生？如果你是工厂技术员，如何在保证正常生产的前提下减少SO_2的排放？如果你是农科员，如何指导农民治理酸雨造成的伤害？如果你是外交官，如何开展全球环保？……你只是你自己，又可以做些什么？

设计意图：本环节的设计旨在引导学生将所学知识与解决生活、社会等实际问题结合起来，让学生在不同角色的担当中感受社会各界在酸雨防治方面可以做的努力。结合教材，学生通过讨论不难得出：作为一个科学家可以通过研究开发能代替化石燃料的新能源，如氢能、太阳能、核能等；开设科普讲座普及环保知识，提高全民的环境保护意识，从源头减少SO_2的产生。作为工厂技术人员，在生产必须进行的前提下，利用SO_2与碱性氧化物以及碱反应的性质减少SO_2的排放；研究开发更好的脱硫技术是关键，如对含硫燃料预先进行脱硫处理以减少SO_2的排放；对燃煤、工业生产中释放的SO_2废气进行处理并回收利用，用氨水法吸收硫酸厂废气生产化肥，变废为宝等。作为一个农科员，可以指导农民用科学的方法减轻酸雨对树木和土壤的危害，如在土壤中撒石灰、往树木上喷洒碱性物质等方法。作为一个外交官，要建立环境外交，加强国际合作，号召全人类共同努力以减少酸雨的产生。而作为一名高中生，应该学好本领，提升自己的科学素养，向身边的人传播科学知识，提升全民环保和节能意识，将来成为能为可持续发展作更大贡献的杰出人才。通过这样的设计引导学生逐步树立良好的环保和可持续发展意识，为培养学生成为未来有责任心的社会公民做好铺垫。

［结尾］学好化学知识，造福人类，日后你的作为定会让我们的家园、让我们的生活更美好！

在教学过程中关注学生的主体性,就是关注学生的思维灵活性与深度,关注学生的可持续发展,注重学生科学素养的培养与提升。本节课通过设置两个大问题,中间串联九个任务链,将课堂内容创设成彼此关联、由易到难、富有层次性的问题驱动和行为实现。在这样的教学过程中激活学生的思维,引导学生自主参与探究学习,通过探究使学生亲历知识的生成过程,在有理有据的性质推测和实验探究的过程中培养学生的科学探究能力。科学探究的一般过程为:发现问题—提出猜想或假设—验证猜想和假设—得出结论。上述九个任务链的设置都隐含在这一流程中,使学生通过自主学习、探究学习和合作学习获得知识和情感体验、建构知识、掌握解决问题的方法,从而使“知识与技能、过程与方法、情感态度与价值观”三维教学目标得到整合与实现。

整个教学设计主旨明确,设计新颖,可以充分激发学生学习化学知识的兴趣,同时也充分体现了化学学科的特点。拟人化的设计引人入胜,问答间体现化学知识,学生不会觉得无趣;生活化的情境可以让学生更好地体会“从生活走进化学,从化学走进社会”。同时,在教学设计中充分体现了学生的主体性,教师引导学生自己掌握所需的化学知识,学生自己设计实验,自己动手操作实验,对SO_2的性质在愉快的、充满趣味的氛围中有了深入的了解,这正是化学教学所需要的模式。

第三节　化学实验教学与设计

化学实验教学是指化学教师按照化学教学的需要,将化学实验的内容进行适当的组合与设计,依据化学教学理论组织起来的化学实验完整体系[①]。化学实验教学设计是指化学教师在实施化学实验之前,根据一定的化学实验目的和要求,运用有关的化学知识与技能、科学过程与方法,对化学实验的仪器、药品、装置、步骤和操作方法所进行的一种规划。

① 郭同宽. 基础化学实验教学[M]. 西安:陕西人民教育出版社,1991.

一、化学实验教学的特点

化学是以实验为基础的科学,实验教学对于实现"知识与技能、过程与方法、情感态度与价值观"三维教学目标具有独到的作用。实验不仅能为学生的自主学习、科学探究打下基础,而且提供物质的保证,在学生智能结构的发展中占有重要的地位。这几年新课程标准实践的实施,在实验教学开展方面表现出了不同于以往的一些新特点。研究新课程标准背景下化学实验教学的特点,将有助于更好地贯彻和落实化学教学的三维目标。

(一)实验的数量大

作为自然科学基础学科之一的化学,其基本知识和基本原理必然以一定的系统性加以呈现,即化学教学中学生获取的知识是系统的,而不是零散的。这种系统性知识和原理的获得,必须依赖于足量的实验,这是化学学科本身崇尚实证经验的特点所决定的。例如,物质的鉴别,若不增加"给定试剂鉴别""无试剂鉴别""自选试剂鉴别"等各种情景进行相应的实验,学生则很难形成物质鉴别的实验技能。"黑板实验"虽然有时候也可以使某些学生很好地完成纸面考试,但是在实验技能的形成和培养方面是不健全的,会影响学生对化学规律的掌握。

新课程标准提倡学生尽可能多地从事家庭实验。教师有必要在教学中针对实验原理、过程、方法等方面对学生加以引导,而这种引导也需借助于一定数量的实验。因此,在教学中实际完成实验的数量,往往比教科书所列实验的数量大。同时,增加了教师和实验员的工作量。

(二)实验的选择余地大

化学实验教学在实验内容、实验方法、实验实施的方式上,都有较大的选择空间。如"化学变化的条件",初中化学教科书先后涉及的且为学生熟悉的有加热、点燃、催化剂、通电等。作为一个完整的教学内容,上述几个条件实在过于单薄。可以设计补充"放电"条件:将电灭蚊拍平放在鼻孔下方30 cm处,按下电灭蚊拍开关,听到嗞嗞声,嗅到刺激性的腥味,这种腥味是臭氧气体的气味,那么臭氧从何而来?整个实验虽然耗时不过半分钟,但使教学内容变得更为丰满。

实验方法的选择空间很大。一个具体的实验,不管是侧重现象还是实质,改变一下做的方法,可能会更好地说明问题。例如,将"向紫色石蕊试液中通入二氧化碳"改为"向蒸馏水中通入二氧化碳,再滴入紫色石蕊试液";将"向澄清石灰水中通入适量二氧化碳"改为"向蒸馏水中通入二氧化碳,再滴入适量的澄清石灰水"。虽然每组实验中不同的做法所产生的现象相同,但改进后的实验更能说明反应的本质。

此外,"演示实验"和"分组实验"的界限变得模糊。实验活动常常以全员参与的方式展开,以往教师完成的演示实验有的变成了分组实验,而有的实验仅给出一个提示性的建议,其余的实验工作就留给师生去发挥。

(三)实验的生活化

"生活化"的教学情境注重知识来源于生活,以培养学生的学习兴趣为前提,引发学生的学习主动性。教学内容的选择上,引入生活化的课题,建构知识体系,重视化学与社会生活的紧密联系,做到贴近生活、贴近社会。从学生已有的生活经验和将要经历的社会生活实际出发,关注学生面临的与化学相关的社会问题,使生活化的课题成为构成教学内容的重要素材。例如,在烃的衍生物"甲醛"的教学过程中,设计防止新修居室甲醛污染方法的探究课题:了解甲醛在生产、生活中的用途及新修居室甲醛的主要来源;了解甲醛对人体的危害,探究防止新修居室甲醛污染的有效方法。

化学实验是进行探究活动的重要手段,更是培养学生操作能力的有效途径。在教学过程中选取日常生活中的素材,设计探究性实验,培养学生学以致用的精神。例如,在"碘"的教学过程中,设计有效检验海带中碘元素的探究实验,增强学生的课外探究能力。化学作为一门综合实践性很强的课程,在教学过程中,一定要懂得适时适当地采用新的教学方式,将生活中的化学知识融入课堂教学。

(四)实验的创新化

《普通高中化学课程标准(实验)》强调,促进学习方法的转变,培养学生的创新精神和实践能力。化学实验研究中实施创新教育,以培养学生的创造力。在化学实验教学活动中教师会遇到很多实验,要么成功率太低而不能满足教学要求,要么操作过于繁琐,有污染或安全隐患,或者实验的成本过高等。而简单的实验在操作上还可以变得更简便些,这样就给教师进行实验创新和实验改良提供了空间。教科书中有些实验或未给出实施步骤或器材,或器物充足而等待选择。正是在这些情景下,师生的创新思维得以激发。例如,一支具支试管再配上适当的部件,不仅可用来做某些气体的发生装置,还可用于做氨气和二氧化碳的喷泉实验、燃烧条件的探究实验。另外,生活中的某些废弃物如饮料瓶,通过适当的加工,也可以用来做很多化学实验。所以在化学实验教学中,教师往往会设计探索实验、家庭小实验或校外化学活动等,以培养学生的创新能力和创造能力。新课程标准在实验创新方面留给师生更大的空间。

(五)实验的趣味化

化学实验可以激发学生学习化学的兴趣,但受以学科为中心的教学思想的影响,化学实验在设计上过于注重“学术化”,学生常会感到枯燥乏味。但现代化化学实验教学,更加注重增强实验的趣味性,利用富有趣味性的实验强化学生的学习兴趣和动机。趣味实验种类繁多,它往往具有鲜明、生动、奇特的实验现象。教师在化学实验教学中经常会用到“滴水生火”“火山爆发”“变色喷泉”“晴雨花”“变色瓶”等实验,这些实验可以使课堂内容更加充实、丰富多彩,引起学生学习化学的浓厚兴趣。

二、化学实验教学设计

(一)化学实验教学设计理念

1. 简单直观化设计理念

教师在教学中设计的化学实验应简单明了,尽可能地将简单却渗透化学知识的实验展现在学生的面前,便于学生在有限的生活经历和经验中理解并掌握化学知识。如“蜡烛的燃烧”实验就很好地体现了这个特点。蜡烛燃烧发光、发热,在火焰上方罩干燥透明烧杯,观察到有水珠出现;若罩一个内壁涂有澄清石灰水的烧杯,观察到杯壁浑浊。实验取材方便,操作简单,现象明显,学生可通过观察对比直接说出反应的变化过程,最后顺利得出实验结论:实验前后物质发生了变化,也体现了化学变化的实质。在这个教学过程中虽然没有出现物理变化和化学变化等专业性的科学抽象名词,但表象的认识已经让学生对二者的区别在脑海中有了一定的感悟,浅显地表达了学科知识又达到了课标的要求。

2. 探究化设计理念

科学探究的理念是新课标最大的亮点之一,化学实验教学注重实验的探究。科学探究具有其他学习方式不具有的重要功能,对于发展学生的多种能力具有积极作用。科学探究实验是科学探究的一种重要形式。在教学中教师设计探究性实验,能最大限度满足学生自主发展需要,让学生在“实验”中学习,在“主动”中发展,在“合作”中增长,在“探究”中创新;同时又能充分体现学生学习的自主性:规律让学生自主发现,方法让学生自主寻找,思路让学生自主探究,问题让学生自主解决。通过探究实验可以培养学生的科学探究能力,让学生在探究过程中掌握科学探究的方法,体验科学探究的过程,享受科学探究的乐趣,培养学生的创新意识和创新精神;让学生在探究活动中获得知识与技能,体验过程与方法,形成科学的情感态度与价值观。表现在教学上,就是要训练学生在面对一个具体的化学问题时该采取什么程序、方法去解决它。在实验教学中,教师应树立探究意识,充分挖掘实验的探究要素,引领学生步入科学探究的殿堂。

3. 以学生为主体的设计理念

以学生为主体是新课标的核心理念之一,学生是学习活动的主体,而实验教学又为学生参与教学提供了场所和工具。实验过程可以培养学生独立思考、实事求是的科学态度以及科学思维方法。化学作为一门以实验为基础的科学,具有可操作性强、受外界环境因素影响小的特点,在教育教学中又能充分调动学生的学习积极性,提高学生的动手能力。教学过程中教师除完成教材提供的实验外,还可以充分利用身边的资源、搜集季节性的教具邀请学生共同设计多个同类型实验。让学生以主人翁的身份真正参与到学习中,引发学生对学习的兴趣,成为学习的主体。以学生的兴趣、经验、认识能力为实验设计的前提条件和基础,利用生活中身边的材料做实验材料,让学生有所见、有所触、有所得、有所感、有所思。

4. 绿色化设计理念

化学课程标准对绿色化学理念极其重视。第三部分“内容标准”中明确指出：必修课程的设计，要体现绿色化学思想。在选修课程《化学与技术》中，则让学生形成自然资源综合利用、废旧物资再生利用的观念。并在《实验化学》中明确指出，要形成绿色化学观念，强化实验安全意识。教材中开设了“实践活动”和“家庭小实验”栏目，涉及的实验多选取日常生活中常见的物质作为实验药品，如“利用水果制作原电池”“用土豆或南瓜制淀粉”“从面粉中提取蛋白质”“鸡蛋清实验”“测试新鲜水果中有无维生素C”等实验都用到了日常生活中常见的物质。选取日常生活中常见的化学现象作为实验内容，如“水泥的水硬性”“设计实验比较肥皂和洗涤剂的不同”“用pH试纸测试家中食盐、味精、苏打、小苏打溶液的酸碱性”等。这些实验的实验药品和设备都是日常生活中容易找到的，简单易得，整个实验过程不会产生污染，属于绿色化学实验[①]。

用绿色化学的新理念对化学实验进行改革正逐渐成为化学教育工作者的共识。在化学实验教学设计中，教师尽可能地选用绿色化的实验进行教学。教师还可以使用微型化学实验仪器，实验试剂微量化，节约药品，减少污染。作为化学教育工作者，应依据绿色化学的思想指导日常工作，细心留意实验的每一个细节，达到节约药品，减少环境污染的目的。

以上理念的总体思路就是实验的“改革”和“开放”。结合新课程的实际要求，与传统实验教学相比较，化学实验要做到“七变”：变验证性实验为探究性实验；变演示实验为独立操作实验；变课堂实验为课下实验；变不规范实验为规范实验；变单一的教师提供材料实验为多样的学生自选材料实验；变复杂实验为简单实验；变重结果实验为重过程实验。

（二）化学实验教学设计的原则

化学实验教学设计要考虑落实统筹性、探究性和示范性等原则[②]。

---

① 樊彦伶.绿色化学理念在高中化学实验中的渗透[J].实验教学与仪器，2010(4)：6.

② 韩程明.不可忽视的“化学实验教学设计”[J].化学教育，2010(9)：69-70.

1. 统筹性原则

化学实验教学设计的统筹性原则包括阶段性实验教学设计的统筹性和个体实验的统筹性。前者指的是: 学期开始就要对本学期的教材进行系统研究,统计教材中有多少个教师演示实验与学生分组实验,每个实验除了完成知识点教学目标外,还需安排一定的实验技能目标与科学探究目标,这样一个学期下来,学生的实验技能和探究能力与化学知识一样同步增长。后者是指每次实验前要对该实验进行详细的实验教学设计,其内容包括: 如何穿插对学生实验技能的训练,如何培养学生的探究能力, 如何更好、更清晰地观察到实验现象,如何完成实验所要达到的教学目标,等等。

2. 探究性原则

落实探究性原则,即实施探究性实验教学模式。由于探究性实验开始于一个引起关注的实验现象或问题,而且探索结果是未知的,学生们的兴趣和积极性都会增强,所以在实验教学设计中要有意识地将一些验证性实验设计为探究性实验,培养学生的探究能力和科学态度。例如,在进行金属钠与水反应的化学实验时,就可以将书本上的验证性实验改为探究性实验。教学设计的程序为:(1)探究金属钠与水能否发生反应? 如果反应,会有什么样的实验现象?(2)探究金属钠与水反应生成了什么物质? 你如何验证这些物质的存在?(3)探究金属钠与稀盐酸反应与金属钠与水反应的现象是否相同? 整个探究过程可以通过小组学习的形式,让学生充分讨论与设计。这样的化学实验教学设计无疑将极大地调动学生学习化学的积极性,培养了学生科学探究能力和合作学习的意识。

3. 示范性原则

落实示范性原则宜把握住两点:一是,中学阶段所做的化学实验毕竟是有限的,每个实验前都要进行合理的实验教学设计,要做好充分的实验前准备工作,使每一个化学实验都具有一定的示范性作用,使学生对该类实验操作、实验设计、实验程序都有一个完整的了解,起到举一反三的作用。二是,教师在演示实验的每一个实验环节中,都要注意自己的示范作用。教师要对实验效果、实验程序、实验现象做到胸有成竹,对该化学实验进行一个完整的实验教学设计。课堂上做化学实验时,要做到实验现象明显启发学生思考,训练学生的实验基本技能。教师实验操作规范,在安装仪器、取用药品、实验操作等方面井然有序。

在做演示化学实验时，如果事先进行了实验操作程序的设计，化学实验就会规范熟练、有条不紊、简捷利落、现象明显、结论准确。这不仅对学生形成正确的实验操作技能和方法、严谨的科学态度等都具有潜移默化的影响，也可以让学生在实验过程中享受美感教育。

（三）化学实验教学设计的主要模式

根据科学研究的一般过程和具体的教学内容的特点，一般认为，探究式化学实验教学模式主要有以下两类。

1. 模式Ⅰ

探究式化学实验教学模式Ⅰ可用图3-3表示如下。[1]

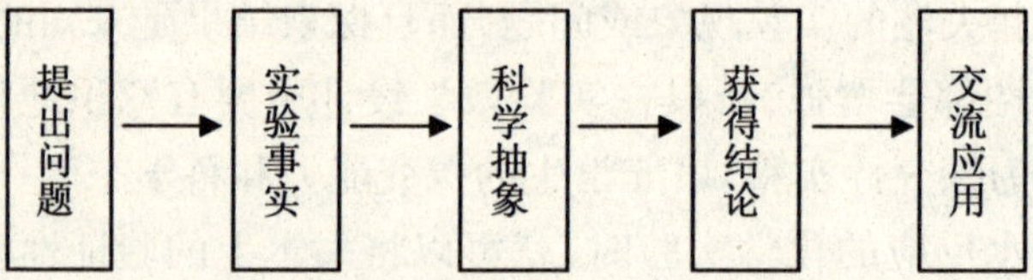

图3-3　探究式化学实验教学模式Ⅰ

模式Ⅰ是探究式化学实验教学的基本模式，很多元素化合物知识、化学概念、化学原理等，都可以通过此模式来获得。模式中的“实验事实”，既包括学生直接从实验中获得的直接实验事实，又包括限于中学化学教学的实际条件，学生无法从实验中获得而只能从书上或其他媒体获得的间接事实。图中的“科学抽象”即是指学生在实验事实的基础上，通过演绎推理，进行表征性抽象或原理性抽象的活动。

［案例一］

盐跟某些金属的反应[2]

（1）提出问题：盐能否跟金属发生化学反应？

（2）观察、实验。

---

① 江家发.化学教学论［M］.合肥：安徽人民出版社，2007.

② 郑长龙. 化学实验及其教学改革——探究的化学实验教学［J］.中学化学教学参考，2002（1-2）：27-29.

①实验条件控制Ⅰ:在两支盛有氯化铜溶液的试管里,分别浸入一段洁净的铁丝和铂丝,过一会儿,取出,观察有什么变化。

②实验条件控制Ⅱ:将两根铜丝分别浸入盛有硝酸汞溶液和硫酸锌溶液的试管里,过一会儿取出,观察有什么变化。

(3)实验事实及其处理。

标号	反应物 金属 盐	实验事实	化学方程式
①	Fe $CuCl_2$	铁丝表面覆盖一层红色物质	$Fe+CuCl_2=FeCl_2+Cu$
②	Pt $CuCl_2$	没变化	—
③	Cu $Hg(NO_3)_2$	铜丝表面覆盖一层银白色物质	$Cu+Hg(NO_3)_2=Hg+Cu(NO_3)_2$
④	Cu $ZnSO_4$	没变化	—

(4)表征性抽象。通过比较发现,这四组实验可以分成两类:一类发生了化学反应,即①和③组;另一类没有发生化学反应,即②和④组。从①和③组可以看出,铁比铜活泼,铜比汞活泼,也就是说,活泼性较强的金属能把活泼性较弱的金属从其盐溶液中置换出来;从②和④组可以看出,铂没有铜活泼,铜没有锌活泼,也就是说,活泼性较弱的金属不能把活泼性较强的金属从其盐溶液中置换出来。

(5)结论。在金属活动性顺序里,只有排在前面的金属,才能把排在后面的金属从其盐溶液中置换出来。

(6)交流、解释和应用。讨论和交流能否用铁桶盛硫酸铜溶液。

2. 模式Ⅱ

探究式化学实验教学模式Ⅱ可用图3-4表示如下。

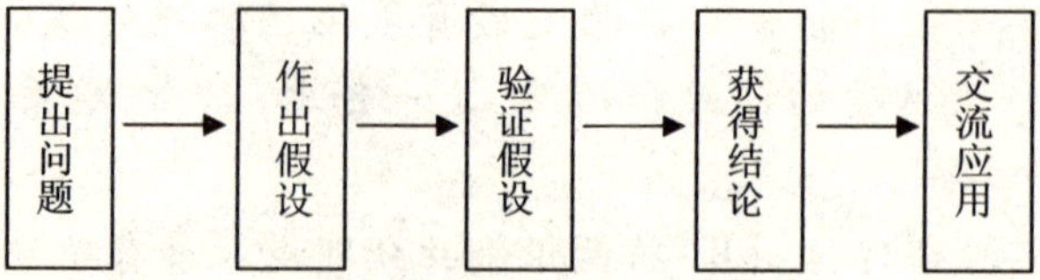

图3-4　探究的化学实验教学模式Ⅱ

[案例二]

铁生锈的原因

(1)提出问题:铁为什么会生锈?

(2)作出假设。

原因Ⅰ:与空气接触;

原因Ⅱ:与水蒸气接触;

原因Ⅲ:与空气和水共同接触。

(3)对假设进行推理和判断。

如果是原因I,那么铁能够跟空气中的氧气发生化学反应;

如果是原因Ⅱ,那么铁能够跟水发生化学反应;

如果是原因Ⅲ,那么铁能够跟空气和水同时发生反应。

(4)实验验证。

实验Ⅰ:取一支试管,用酒精灯烘干,向里面放入一根铁钉,然后用橡皮塞塞紧试管口,使铁钉只与干燥的空气接触;

实验Ⅱ:取一支试管,向其中放入一根铁钉,注入刚煮沸过的蒸馏水至浸没铁钉,然后在水面上注入一层植物油,使铁钉只与水接触;

实验Ⅲ:取一支试管,向其中放入一根铁钉,然后注入蒸馏水,不要浸没铁钉,使铁钉同时与空气和水接触。

通过实验观察发现,实验Ⅰ、Ⅱ中的铁钉都未生锈,而实验Ⅲ中的铁钉却生了锈。

(5)结论。

常温下,铁在干燥的空气中或在隔离空气只与水接触的情况下均不生锈,而当铁同时与空气、水接触时才会生锈。因此,铁生锈是水和空气共同作用的结果。

(6)交流、解释和应用。

①从铁在潮湿的空气中生锈(主要成分是Fe_2O_3)以及铁丝在纯氧中燃烧生成Fe_3O_4的实验来看,讨论和交流反应条件对化学反应结果的影响。

②根据铁生锈的原因,提出防止铁生锈的一些措施。

模式Ⅰ和Ⅱ在发挥学生的实验能动性、培养学生能力的作用程度上是有区别的。以假说及其验证为主要内容的模式Ⅱ,由于要求学生要大胆地进行想象和推测,发表自己的见解,因而更有利于培养学生的创新能力。

(四)化学实验教学设计的过程

完整的化学实验教学设计过程一般包括以下组成部分:学情分析、教学内容分析、教学目标、教学策略、教学媒体、教学过程、教学反思等[①]。

1. 学情分析

教师应了解学生的实验技能已达到何种程度,对于本内容的学习所需要的情感态度和学习方式都有哪些准备等。学生情况分析可以从多方面进行:了解学生的知识基础,确定新授课的知识点,做到承上启下,过渡自然,新旧知识有机衔接;了解全班学生学习层次状况,选择各类学生的代表,以便在课堂上分类指导,特别要考虑到中等生、后进生的接受情况,做到抓两头,带中间,分整体优化;了解学生的学习心理,充分预见学生可能存在的问题,在课堂上有针对地分析,使教学工作具有较强的针对性和功效性。

2. 教学内容分析

依据教材特点,优化教学内容,树立“用教材教,而不是教教材”的观念。钻研教材,正确把握教材的重难点。当新课程把教学目标从认知向非认知扩展的时候,教学重点、难点也要相应地扩展。

3. 教学目标

教学目标以学生的学习目标为依据,它是教学的出发点,也是教学的

① 顿莉. 初中化学实验教学设计的探究与实践[D].北京:首都师范大学,2008.

归宿。和传统教学相比，现代教学设计在教学目标的维度、目标陈述的主体、目标陈述的功能等方面有较大的变化。我国的化学教学目标分类采用的是布卢姆（B.S.Bloom）的分类系统，将教学目标分为知识、技能、情感3大类，并且对3大类目标提出了不同水平的具体要求。表3-1列出的是我国《全日制义务教育化学课程标准（实验稿）》中3类学习目标的水平要求。

表3-1　义务教育化学课程标准中各类学习目标的水平要求①

学习目标	水平要求
认知性学习目标	知道、记住、说出、列举、找到、认识、了解、看懂、识别、能表示、理解、解释、说明、区分、判断
技能性学习目标	初步学习（如分离混合物、制取气体）、初步学会（如取用药品、加热、选择仪器、连接仪器、配制溶液、检验物质、使用化学用语、观察记录、简单计算）
体验性学习目标	体验、感受意识、体会、认识、关注、遵守、初步形成、树立、保持、发展、增强

4. 教学策略

教学策略的制定是有效解决“如何教”问题的教学设计的重要环节，主要研究教学顺序的确定、教学活动的安排、教学组织形式的选用和教学方法的选择等一些教学具体问题。教学策略具有灵活性和多样性，不同的教学目标应采用不同的教学策略，表3-2是三种常见的教学策略模型②。

表3-2　三种常见教学策略模型

策略	“接受—建构”策略	“信息加工—建构”策略	“探究-建构”策略
模型结构	呈现先行组织者→呈现学习材料→分析、讨论，建构意义→归纳联系，完善知识体系	创设情境，引发环境刺激→实验、观察等获取感官信息→理解信息，认识本质与规律→巩固应用，建构知识体系	确定焦点问题→开展探究活动→评价明确概念→建立概念联系→形成理论
适用内容	元素与物质的分类、化石燃料、单元复习、习题教学	配制一定物质的量浓度溶液、实验设计知识等	化学概念、基本理论等知识

① 中华人民共和国教育部.全日制义务教育化学课程标准（实验稿）[S]．北京：北京师范大学出版社，2001.

② 王后雄.中学化学新课程课堂教学设计[J].中学化学教学参考，2009(10)：12-15.

5. 教学媒体

从某种意义上说,有了教学活动,就要有传递教学信息的教学手段和工具,即教学媒体。随着科技进步,教学媒体由书本、黑板、仪器、模型等传统形式逐渐发展为音像、计算机辅助等新兴形式。教学媒体在课堂教学中具有展示事实、创设情境、呈现过程、解释原理等作用。化学课堂中常用的教学媒体主要有:实验仪器、分子模型、图片(静态的图像和文本)、视听媒体(影像资料、Flash动画)及计算机多媒体等。不同的教学媒体特征不同,不存在对任何教学目标都是最优的"超级媒体"。因此,媒体的选择应力求组合优化,以发挥媒体的最佳功效。

6. 教学过程

教学是一门艺术。一堂化学课往往包含若干教学活动环节,教师要科学合理地安排这些环节,使下一步的输入正是上一步的输出,保证整个教学过程脉络清晰,形成鲜明的层次性。再利用教学线索串起课堂教学各个环节,使课堂教学实现由点、线、面到立体的飞跃,体现课堂教学的整体性。教学过程是课堂教学设计的核心,教学目标、教学任务、学情分析、教学媒体等都将在教学过程中得到体现。

7.教学反思

教师要重视教学反思,学会如何反思。教师可以通过反思教学的成功、失败之处对教学设计的总体效果进行评价,进而对设计的不足进行调整。这是课堂教学设计中不可或缺的环节,是教师不断优化教学设计,提高教学技能的重要内驱力。

三、典型案例分析

对教材中的演示实验(或分组实验)进行实验教学设计时,在遵循教材对该演示实验所要达成的主要教学目标要求的前提下,对实验进行合理的补充、改进或优化组合,不能贪多求全。化学实验教学设计要达到的效果是:时间短、操作简捷、探究性强、现象明显或结论准确。

［案例三］

生活化化学实验教学设计①

教学设计片段：乙醇的催化氧化反应在教材中仅仅是通过一个实验直接给出乙醇氧化成乙醛的反应方程式，这样学生对乙醛的认识只是停留在一个“符号表征”上。为了弥补不足，设计如下4个环节进行教学(见图3-5)：

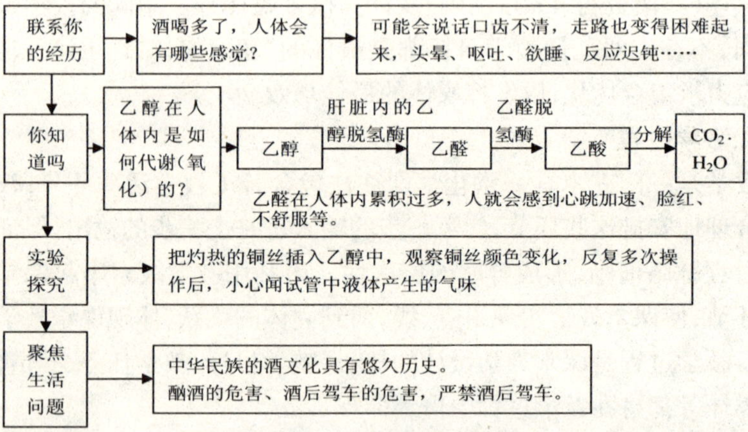

图3-5　乙醇的教学设计

案例评析：上述案例中设计的“联系你的经历”和“你知道吗”两个环节，利用生活中的常识，引入这节实验课的主要知识点，并使学生了解喝酒后一段时间内人体感觉不舒服的原因是：乙醇氧化产物乙醛(有毒)在体内累积过多。喝酒带来的危害主要来自乙醛，这样就可激活学生已有的生活经验，对乙醛有初步的认识；同时又可发现乙醇在人体内的分解代谢(氧化)主要靠两种酶，酶是乙醇氧化的催化剂。教师再用过渡语：“乙醇在人体内的代谢(氧化)速度是比较慢的，工业上或实验室是如何进行酒精的氧化”，引发学生的实验探究活动。这样设计的意义有：

(1)借助学生的生活背景和生活体验，引导学生思考生活，而思考的问题与将要学习的内容(乙醇的催化氧化)相关。鲜活的生活经验为后续学习的内容搭建一座“桥梁”，以促进学生感知和领悟教材，实现知识的内化和建构。

① 何双安.基于“生活化”理念的化学教学活动的设计[J].化学教学，2012(3)：36-37.

(2)“你知道吗”让学生将生活问题迁移到课本知识中,借生活中的道理来理解知识,从人体内酶对乙醇氧化的催化作用顺利迁移到铜丝对乙醇氧化的催化作用。

(3)“聚焦生活问题”引导学生进行文化思考,具有更大的社会意义。这样可以在唤醒原有经验的同时推进思考,获得知识背景蕴藏的某些更为重要、更有价值的东西。

[案例四]

系列化化学实验教学设计①

教学设计片段:“阶梯式”系列实验。

学生的原有认知经验有时与教学目标存在显著差异,这就需要通过化学实验教学设计缩小这种差异,在学生原有认知经验和教学目标之间设置必要的“阶梯”,设计系列化学实验,形成适度的学习梯度,帮助学生循序渐进地建构知识的意义。如“原电池原理”的教学,教科书仅仅安排了经典的原电池实验,无论是与学生熟悉的干电池,还是与学生已掌握的氧化还原反应等相关知识都有较大的差异。为了激活学生拥有的这些认知经验,激发他们发现生活、探究生活的意识,以“干电池的拆卸”为情境,按照螺旋上升的方式,设计了如下“阶梯式”系列实验。

[实验1]课前拆卸一只锌锰干电池,将锌筒、铜帽、石墨棒、少许黑色填料带回教室,以备实验之用。

[实验2]向锌筒里加入少许黑色填料,注入适量的水,用导线依次连接锌筒、灵敏电流计、石墨棒,将石墨棒悬于锌筒内,观察实验现象。

[实验3]向锌筒里注入适量稀硫酸,用导线依次连接锌筒、灵敏电流计、石墨棒,将石墨棒悬于锌筒内,观察实验现象。再将锌筒锤成片状,用导线依次连接锌片、电流计、石墨棒,将两极平行地插入盛有稀硫酸的小烧杯里,观察实验现象。

[实验4]用导线依次连接锌片、电流计、铜片,向烧杯中加入适量稀硫酸,将两极平行地插入烧杯里,观察实验现象。用乙

① 石柏兴.设计系列化学实验优化化学实验教学的研究和实践[J].化学教育,2010(11):22.

醇替换稀硫酸，进行实验并观察现象。

[实验5]在烧杯两侧分别插入锌片、铜片，加入适量稀硫酸，观察实验现象，并从微观粒子运动的角度提出解释。

案例评析：实验1让学生重返过去时光，动手探究曾经冥思过的干电池的结构。实验2让学生在"裸露"的干电池面前，猜测电流产生的原因。实验3运用熟悉的化学反应，创设便利的观察条件，促使学生对实验现象提出初步的解释，形成原电池的概念。实验4是为便于观察而由师生共同设计的，其目的是引导学生在对干电池结构进行抽象思维之后，形成原电池结构的图式，并用乙醇替换稀硫酸作为该图式的反例。

教学过程中，系列化实验吸引了每个学生，他们思维活跃，在提出问题、猜测、实验、观察、解释之后形成合理的结论。值得注意的是，实验5是引导学生用微观粒子运动的观念分析氧化还原反应，并将其迁移在原电池原理和电极反应的知识建构中。通过系列化化学实验教学设计，每个实验是一个台阶，每进行一个实验，学生对知识的认识就进一步加深，促进学生学习。

[案例五]

创新化化学实验教学设计①

"铁及其化合物的应用"教学设计分析："铁及其化合物的应用"是理论与实践相结合的典型案例，涉及的实验较多，有 Fe^{3+} 与 KSCN 溶液反应、Fe^{2+}与氯水的反应、Fe^{3+}与铁粉的反应、Fe^{3+}与铜的反应等。这些实验的目的主要是让学生直观认识到 Fe^{3+} 的检验、Fe^{3+}与 Fe^{2+}的相互转化、Fe^{3+}的应用等重要知识点。若将这些实验与人类的认知过程联系、重新排序，不难发现，这些实验之间存在一定的逻辑性和知识的系统性。

设计思路（见图3-6）：

① 杨丽娟.紧扣"三维目标"展开创新设计的几点做法[J].化学教学，2011(12)：26.

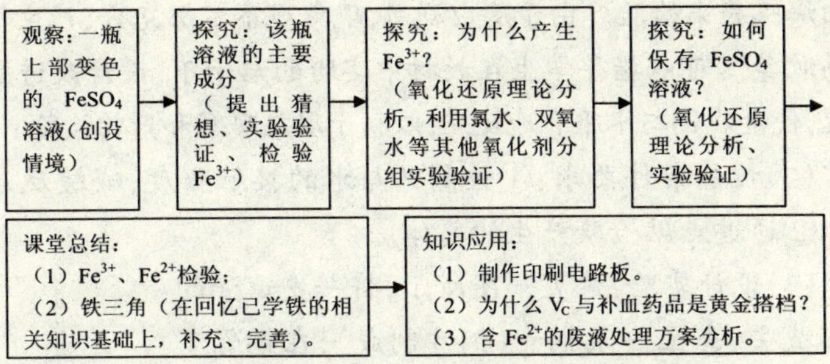

图3-6　“铁及其化合物的应用”教学设计思路

案例评析:将多个实验串联设计成问题解决的学习过程,以连环相扣的问题解决推进整节课的进程,较好地落实了知识获得与问题解决能力提升的教学目标。问题解决过程中,运用氧化还原理论分析和实验验证相结合的方法,让学生充分认识理论指导假设、实验验证假设的科学研究过程和科学研究方法;从探究变质的$FeSO_4$溶液开始,到探究$FeSO_4$溶液的保存,结构紧凑,逻辑性强,体现了完整的问题解决过程。与传统的按部就班的教学设计相比,该设计生动、有趣,知识的生成性强,能更好地激发学生的学习兴趣,发挥学生的主体性作用,提高学生的知识应用能力和问题解决能力。化学学科中一些基本的概念、原理、规律来源于对具体实验的总结与概括,而对具体实验中出现的异常现象的探究与揭秘又在不断验证、丰富、发展这些理论。

因此,一些实验之间必然隐含了知识的内在联系,隐含了人类科学的认知方法和认知过程。深入挖掘这些实验之间的内在联系,对课堂教学的整体框架设计、教学三维目标的有效达成有着非常重要的意义。

[案例六]

探究化化学实验教学设计①

教学设计片段:设计实验探究金属钠与水的反应。

(1)提出实验问题:现行高中化学教材中,探究金属钠与水的反应是在烧杯中进行的,对产生的气体用试管收集后移近酒精灯

① 童葆华. 探究性实验设计在中学化学教学中的运用举隅[J].化学教育,2008(8):28-29.

发出爆鸣声来检验。由于反应剧烈，现象观察不够充分，产生气体不易收集。可以指导学生在教材中实验的启示下，设计改进实验装置，使金属钠与水平和地反应，以利于现象观察和产物检验。

(2)控制条件要求：①控制钠与水的接触程度，减缓反应速度。②通过点燃检验产生的气体。

(3)设计实验：装置如图所示，将一支试管的底部截去，套上一层铜管（铜片制成），在铜管下部塞一团棉花。试管口配一只带尖嘴玻璃管的橡皮塞。用一个小烧杯盛1/5体积水（滴入几滴酚酞试液）。

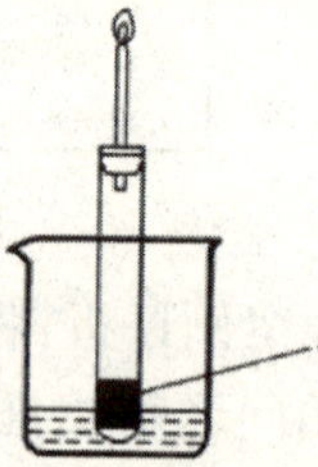

(4)操作步骤：切取一小块金属钠，用滤纸吸干煤油放入试管中，塞上带尖嘴玻璃管的橡皮塞。用试管夹夹住试管放入烧杯，使试管下端铜管部分的1/2浸入水中。过一会儿用火柴点燃尖嘴玻璃管口的气体。

(5)现象观察、记录与结论或原因：表3-3由学生完成。

(6)结论：由学生自行根据实验现象得出结论，并写出化学反应方程式。

(7)教学运用：适用于课堂教学中学生的探究性学习过程。

表3-3　实验现象与结论或原因

观察部位	钠与水（棉花上）	尖嘴玻璃管口	溶液
现象	平和地反应	气体燃烧	变红色
结论或原因	渗过棉花的水量少	产生了氢气	有氢氧化钠生成

案例评析：现代化教学设计越来越注重在实验教学中运用探究的方法进行教学。在这个实验中，教师对教材中的实验进行改进，设计探究性的实验并运用于课堂教学中。学生在教师的指导下，对实验进行探究，培养学生科学研究的方法，促进科学精神的形成。其实学生之间也可以在已有知识的基础上进行合作，研究实验方案的改进。这能最大限度满足学生自主发展的需要，凸显学生学习的自主性。

[案例七]

微型化化学实验教学设计

教学设计片段:实验室制取氯气及氯气性质实验。

(1)存在问题:氯气是有毒气体,一方面泄露会影响师生身体健康,另一方面教材的实验设计步骤不仅繁琐,而且有部分氯气泄漏。

(2)改进措施:用5条滤纸条(宽为0.5 cm,长约1.2 cm),且纸条上分别滴有品红试液、石蕊试液、淀粉-KI试液、Na_2S试液、KBr试液;试管底部放1 g $KMnO_4$;准备好吸有浓盐酸的胶头滴管。

(3)实验步骤:将准备好的滤纸用水润湿后贴在试管内壁,塞好橡胶塞。实验时只需挤几滴浓盐酸下去即可发生变化。结果是:①褪色(含品红试液的滤纸条)。②先变红后褪色(含石蕊试液的滤纸条)。③变蓝色(含淀粉-KI试液的滤纸条)。④变黄色后有淡黄色固体出现(含Na_2S试液的滤纸条)。⑤变为橙红色(含KBr试液的滤纸条)。

案例评析:现代化实验教学中,贯彻以人为本的理念。在化学实验教学设计中尽量设计微型化、绿色化的中学化学实验,使实验无污染、绿色环保。这类实验装置简单易制,更便于学生的实际操作,实验现象明显,能有效提升学生的成就感,以及对化学实验的学习兴趣,且安全性高,所需药品用量极少,从而能节省时间,促进课堂的有效教学。

每位教师在上课前,都应对本节课的教学内容进行精心的设计,力求课堂教学达到最优化的教学结构、最大化的教学效果。教师若能做到对每次化学实验都精心设计,学生的实验技能必能非常熟练,实验操作水平必会极大提高,利用实验进行科学探究的意识将愈加强烈,提高化学实验能力、强化科学探究意识、培养学生的创新精神和实践能力的新课程标准理念才能够真正实现。

第四章　如何教(二):课程改革与化学课堂教学实施

基础教育课程改革强调课堂上教与学方式的转变,重视“探究学习”“合作学习”和“自主学习”,关注教与学的过程以及教学中“预设与生成”的统一。因此,中学化学教师要研究化学课堂教学行为,重视化学学习指导,探索化学课程资源开发,为化学课堂上教与学方式的转变做好前提保证。

第一节　课程改革对化学课堂教学的影响

一、课程改革理念对化学课堂教学的影响

2001 年国家教育部制订的《全日制义务教育化学课程标准(实验稿)》的颁布,标志着作为素质教育核心体系的基础化学教育进入了一个崭新的时代。如今,以新课程为代表的21世纪中国基础化学教育课程改革走进第12个年头。那么,如何在化学课堂教学中贯彻新理念,改革化学课堂教学?化学课堂教学改革做得如何?新课程改革理念对化学课堂教学产生了哪些影响?这些都是广大化学教育、研究工作者需要思考的问题[①]。

(一)新课程下化学课堂教学改革实施情况调查

从2001年大连成为首个初中化学新课程实验区开始,以2004年山东、广东、海南、宁夏率先进入高中化学新课程实验区为起点,21世纪的基础化学教育课程改革从文本课程正式转入实践课程,从设计者的课程

① 孙强.新课程理念下的化学课堂教学[J].中学化学教学参考,2004(1-2):68-69.

转为教师的课程和学生的课程。特别是以课堂教学改革为本的课程形态,值得我们关注。对于新课程理念在化学课堂教学中的实施情况如何,王磊教授对此进行了调查,有关调查结果如表4-1所示。

表4-1　新课程理念在化学课堂教学中的实施情况调查表

调查内容	反馈情况	比例/%
对新课程理念的认同及实施情况	非常认同新课程的基本理念,而且在教学中能够基本落实	23.4
	非常认同新课程的基本理念,但认为在实践中落实得还不够	63.9
	非常认同新课程的基本理念,但认为在实践中无法实现	12.7
新课程对教学最有影响的方面	在教学理念上的变化最大	43.0
	在教学行为上的变化最大	14.9
	在学习意识上的变化最大	11.2
对"自主、探究、合作式"教学的实施情况	课堂教学更多地采用了探究式教学,能够经常组织学生开展探究活动	32.5
	能够根据实际需要采用探究、小组合作等多样化教学方式,包括新的技术	37.1
	课堂教学仍是以启发式教学为主,但会经常与学生一起讨论	30.4
对三维目标的贯彻情况	在日常教学中,在关注知识与技能目标落实的同时,注意兼顾过程与方法和情感态度与价值观的目标	50.0
	非常关注知识与技能目标和过程与方法目标的落实,兼顾情感态度与价值观目标	25.5
	关注三个维度的教学目标,并能做到三者协调统一	19.8

上表可以概括地反映出,高中化学新课程的课堂教学改革取得了积极的进展,大多数教师能在课堂教学中贯彻新课程理念,教学理念、教学行为和学习意识也有了很大的变化。虽然在某些地区和学校的实施情况还有待加强,但令人欣喜的是新课程关于课堂教学的理念已的确深入人心①。

(二)新课程对化学课堂教学提出的新要求

与原有课程的设计形态"教学大纲"相比较,课程标准化学课程的设计发生了一系列积极而显著的变化:明确提出"以提高学生的科学素养为主旨"的课程理念,并依据科学素养的基本内涵构成,确立了"知识与技

① 王磊. 基础化学教育课程改革10年进展与反思(上)[J]. 化学教育,2010(4):15-21.

能”“过程与方法”“情感态度与价值观”三个维度的课程目标体系，特别设定了学生科学探究意识和探究能力的具体发展目标。基于此，新课程对化学课堂教学提出了新的要求。

首先，要以提高学生的科学素养为宗旨，体现知识与技能、过程与方法和情感态度与价值观三维目标；其次，教学内容的选取和组织要尽量关注学生的已有经验和发展，贯彻“从生活走进化学，从化学走向社会”“超越具体性知识传授，重视观念建构和认识发展”等先进的教学理念；再次，发挥学生的主体作用，以教师为引导者，开展互动高效的化学课堂；最后，开展以探究为核心的多样化教学，注重学生的学习规律，倡导开放性与实效性兼顾的有效教学等。

（三）新课程理念下化学课堂教学的几个转变

1. 教学目标观的转变

长期以来，化学教育往往只重视知识的积累，忽视获取知识与信息的方法，尤其忽视学生学习化学的情感态度，教育层面也往往忽视学生的个性发展需要。新课程背景下的化学教育以提高学生的科学素养为目标，改变以知识与技能为取向的目标观，并着眼于未来社会对国民素质的要求。新课程中化学课堂教学突出了学生活动内容的多样性和丰富性，注重培养学生搜集和处理信息的能力、获取知识的能力、交流与协作的能力、创新和实践能力等，同时在活动中培养了学生对自然和社会的责任感，提升了学生的科学和人文素养①。

[案例一]

二氧化硫的性质及应用

[知识与技能]

(1)了解硫酸型酸雨的形成原因、危害及其防治的原理。

(2)了解二氧化硫的物理性质和用途。

(3)掌握二氧化硫的化学性质。

---

① 杨晓露. 高中化学新课标解读[J]. 高等函授学报，2006(7):117-121.

新课改背景下元素化合物知识教学不再像传统教学那样追求知识体系的完整性和严密性,改变了以往知识"繁、难、偏、旧"的局面,打破了以学科体系编排知识顺序的传统,扭转了传统教学中以知识为本位的偏向,更加符合学生的认知顺序。但是三维目标的提出并不是要否定或是削弱"双基",而是将"双基"与其他两个维度有机结合,以此为基石发展学生的思维能力,从而可以更好地促进学生的全面发展。

[过程与方法]

(1)学会通过查阅资料等途径,培养"发现问题、解决问题"的自主学习和终身学习的意识和能力。

(2)通过实验探究归纳出二氧化硫的性质;培养学生的实验探究能力、团队协作能力和思维的逻辑性。

教师要善于揭开教材严谨抽象的面纱,让学生亲身参与知识的发现过程,在实验探究中经历科学研究的全过程,使学生真正成为学习的主体。

[情感态度与价值观]

(1)了解二氧化硫引起酸雨等环境污染的社会问题,树立强烈的环境保护意识和健康意识。

(2)了解二氧化硫在食品加工等领域的广泛应用,认识化学与人类生活的密切联系,体验学科价值。

(3)培养辩证认识事物两面性的哲学观点。

情感目标是隐性的,只能依靠创设情境和氛围,通过学生自身的体验来实现。依据本课,三维目标可从关注与人类生存关系最为密切的食品安全及加工这一热点问题入手,让学生通过实验探究归纳出二氧化硫的性质,认识二氧化硫的性质在生产、生活中的广泛作用,体验科学研究的过程、方法,逐步树立合理应用化学物质的科学观[1]。

---

① 鲁衍旭,汤文秀.刍议化学教师如何践行新课程理念[J].江苏教师,2012(1):86-87.

2. 教学主体观的转变

新课程改革的核心是以人为本，让学生成为活动的主体，教师由课堂的“权威”转变为学生学习的组织者、引导者和合作者，融入学生中，与学生共同合作、共同发展。要进行师生易位，使学生成为学习的主人，就必须引导学生参与教学，才能增强学生的主人翁意识。例如，在实验课上，可让学生上台做演示实验，教师则可观察学生的实验操作，及时纠正错误，以培养学生的动手能力；习题教学中，让学生当小老师，运用自己掌握的方法和知识，帮助同学分析、答疑、解难，在参与“教”的过程中使学生成为学习的主人。在这样的化学课堂上，学生学习的主动权明显增强了，学生积极主动地参与课堂学习，在互动交流中展现自我，分享学习成果与经验。可以看到，在新课程的课堂上，教师开始更多地面向全体，照顾到不同层次学生的学习需要。当学生的假设与教师或教科书上的预期不一致时，大多数教师也能持宽容的态度，给学生一定的时间和空间进行研究。另外，学生能主动思考发表见解，在教师的帮助下将自己的生活与课程内容建立联系①。

3. 教学方式的转变

传统化学课程内容的选择更多地关注了知识结论，而忽视了获得结论的过程与方法，它割裂了抽象的书本知识与人们发现问题、解决问题、形成知识过程的丰富、复杂的联系。以提高学生科学素养为宗旨的化学新课程改革将科学探究作为重要的课程内容，把科学过程与方法作为学习的对象，有力地促进了学生学习方式的转变，使学生获得化学知识与技能的过程成为理解化学、进行科学探究、形成科学价值观的过程，充分发挥科学探究对于学生科学素养发展的不可替代的价值。化学新课程中的科学探究，是学生积极主动地获取化学知识、认识和解决化学问题的重要实践活动。它涉及提出问题、猜想与假设、制订计划、进行实验、搜集证据、解释与讨论、反思与评价、表达与交流等要素。这就给教师的化学课堂教学提出了更高的要求:必须改变传统的教学方式，改变教学的组织形式，营造学生参与探究的空间②，也就是要进行探究性教学。探究性教学是一种先进的教

① 仲平. 课改十年,课堂教学有了哪些改变[J]. 基础教育课程,2009(7):18-25.
② 毕华林. 高中化学新课程内容选择与知识体系构建[J]. 化学教育,2006(1):21-33.

学方式,在化学课堂中开展探究性教学应遵循一定的原则。

(1)探究性教学以问题为中心。问题并非只是一个问句,而是“不能即时到达的目标”。在化学教学中,教师对问题探究的结果是已知的,但对于学生来说却是未知的。因此,作为探究出发点的问题应该具有一定的探究性,能促进学生学习,激发他们思考,激活他们的思维发展。始终让学生产生发现问题和解决问题的欲望,将学生带入科学探究的情境中,从而不断增强他们发现问题和解决问题的能力。同时,由于事实材料是解决问题的依据,探究学习过程中要注重对事实材料的搜集和获取。

[案例二]

“钠”的实验探究设计

首先教师明确要求:将三枚铁钉分别投入装有水、稀硫酸、硫酸铜溶液的三支试管中,然后学生分组活动:①进行实验操作;②探究讨论并得出结论。对这一实验现象,学生能根据原有认知结构里有关金属与酸、盐溶液置换反应的知识规律,得到解释,并为下一问题的探究创设情景。然后教师又要求:将两小粒钠分别投到盛有水和硫酸铜的两个小烧杯中。学生再次分组活动:①探究讨论,提出假设;②进行实验设计验证假设;③将现象与假设进行对比,然后讨论探究得出结论。

这一实验有趣、鲜明的变化会出乎学生的意料,学生边观察实验,边产生一连串的疑问:为什么钠与水反应如此剧烈,而铁与冷水接触在短时间里看不出明显的变化?为什么钠与硫酸铜溶液反应出现了蓝色沉淀而无红色铜被置换出?这时学生头脑中原有知识与新的问题发生了强烈的认知碰撞,从而激发学生探索的兴趣和产生进一步学习的内驱力。可以说,引发认知碰撞是学生这个学习主体学习新知识、构建新认知结构的契机[①]。

(2)探究性教学不等同于实验教学。探究性教学可以通过实验来实现,但化学实验并不是探究活动的唯一方式。探究活动所用方式应根据

① 陈丽东.对化学探究性教学的探讨[J].遵义师范学院学报,2010(4):109-111.

探究目的、问题情境、教学资源和学生的知识水平来决定。探究活动除化学实验外，还应包括调查研究、访谈、查阅资料、交流与讨论等多种方式。同时，在设计学生探究活动时，要选择较小的研究课题，主题一定要明确。

[案例三]

“元素周期律”的探究性教学设计

在“元素周期律”的教学中用“查找文献资料”的方法，探究硅、磷、硫、氯四种元素的单质和氢气化合的难易及它们氢化物的稳定性大小。在探究的过程中，学生可以发现在常见的教科书和化学手册中都没有直接明确的答案，而是要通过搜集多种工具书中间接的证据加以对比，得到各自认为正确的答案。

通过这样的探究活动，学生不仅知道了问题的答案，更重要的是学生深入理解了“稳定性”的含义，学习了查找文献的方法，运用了对比的方法，有了自己深入的思考，这也是探究性教学的一种直观体现。

(3)探究性教学与其他教学方式结合。教学没有固定的模式，不同的教学方法都有其优缺点，没有哪一种教学方法能适应一切教学环境。探究性学习只是学习方式的一种，而非唯一的学习方式。事实上，接受性学习在积累间接经验、传递系统的科学知识方面，具有其他学习方式无法比拟的效率。探究性学习和接受性学习具有各自的优点和缺点，对于真实情景中的化学问题，如实验方案设计、有机合成、解释和解决生活中的实际问题等，宜采用探究性学习；但对于化学用语及化学概念，如元素符号、化学式、电子式、结构式、溶解度、物质的量等则宜采用接受性学习；而涉及化学原理、规律和化学事实如化学平衡、原电池、质量守恒定律、元素周期律、物质的结构与性质等既适宜采用接受性学习也适宜采用探究性学习。因此，在学习活动中，只有将两者有机地结合起来才能相得益彰。

4. 教育时空观的转变

教育时空就是教育的时间范畴和空间范畴。新课程理念下的化学教育突破教育的封闭状态，建立实际生活与学科间的联系，让化学的教与学具有鲜活的色彩，把课程资源的内涵延伸到现实生活中的各个方面，充分利用现实生活中的教育资源,从而建立起校内外教育资源网络。它构建了开放而具有活力的化学课堂,突破原学科教学时空上的封闭状态,给学生提供了更多获取知识、生成知识的渠道,促使学生主动地关心现实,了解社会,体验化学与生活、生产、科技关系的情感,培养了学生获取知识的方法和策略①。

学生已有的生活实际与经验是学习的基础和前提,许多化学反应和化学原理都可以在生产和生活中找到影子。教师要挖掘日常生活中具体的事例作为素材,把知识与技能的教学与日常生活联系起来,促进学生浓厚学习兴趣的产生,也促进书本知识向实践能力的转化。例如,发生森林火灾时,消防员砍出“隔离带”;冬天室外放置腌咸菜的缸完好无损而室内的水缸却被冻裂了;烧开的水不小心溅泼在煤炉的火焰上,炉火反而会窜得更旺等。教学中运用这些来自生活的奇妙现象导入新课能激起学生求知欲,提高学生学习新知的积极性。

[案例四]

创设生活化课堂教学情境

在学习“石灰石的利用”一节时,在大屏幕上放映桂林的著名风景:石林,溶洞,溶洞中挺拔耸立的石笋、变幻万千的石柱,既丰富学生对自然界的认识,又激起学生的学习兴趣,为新课引入做好铺垫。新授时,放映电影《火烧圆明园》片断:我国园林艺术的瑰宝——“圆明园”修建时使用了大量的汉白玉。1860年10月,它遭到英法联军的洗劫和焚毁,熊熊大火烧毁了所有亭台、楼阁。一代世界园林之王就这样在大火中被摧毁了,成为中国近代史上的一页屈辱史。引出问题:为什么坚硬的汉白玉石材经过大火焚烧就粉身碎骨了呢?

化学课堂教学不仅从学生的生活中提出化学问题,还必须结合现实生活中的实际问题,让学生运用化学知识和化学思维方式去看待、分析与解

① 杨晓露.高中化学新课标解读[J].高等函授学报,2006(7):117-121.

决问题，从而使学生体验到化学的价值，进一步感受到化学与现实生活的紧密联系，提高学生的实践能力。教学中通过设计丰富多彩的活动，引导学生积极用眼、用口、动手、动脑，在富有情趣的活动中启动多种感官获得直接经验，让学生在实践和体验中独立思考，提高解决问题的能力[①]。

5. 化学实验观的转变

化学作为一门探索大自然奥秘的科学，在研究过程中每一概念的形成、每一规律的总结、每一结论的得出，都是建立在大量实验事实的基础上，通过分析、概括、演绎而获得的。因此，化学实验教学是培养学生创新、求知的主阵地。在教学中，根据因材施教的原则，寻找适宜的教学方法是当前新课程标准下教师所必须具备的素质和技能。新课程下实验教学观的转变体现在以下几个方面：

(1)由教师演示实验向探究性实验转变。过去实验教学的模式通常为：教师按照教材向学生传授有关新知识—演示实验—学生观察实验—用实验结果验证新知识—师生作概括总结。这种教学模式过于重视知识的传授，忽视对学生能力的培养；在教与学的关系上，过分强调教师的主导地位，忽视学生学习的主体性，有碍于学生创新思维、探索精神和实践能力的发展。新课程实验教学要求发挥实验的探究性，尽可能地将演示实验设计成学生动手的探究性实验，引导学生做好每一个探究实验[②]。

[案例五]

“铝与浓硫酸反应”的实验探究

在浓硫酸与金属铝作用的实验中，有的学生根据实验无明显现象，认为铝与浓硫酸不反应；有的学生认为可能发生了反应，只是现象不明显。为了解决铝与浓硫酸是否反应的问题，教师引导学生设计出多种实验方案。如将铝片取出洗净干燥后称其质量看是否发生变化；将该铝片再投到硫酸铜溶液中观察是否有铜析出；将铝片再投到稀硫酸中观察是否有氢气产生，等等。学生选择将铝片再投到稀硫酸中的方法进行实验，结果无氢气产生，从

① 尹学荣.浅谈新课程标准下的中学化学课堂教学[J].语数外学习，2012(4):61.

② 蒋向阳.化学实验教学如何落实新课标的要求[J].实验教学与仪器，2011(5):10-11.

而得出了铝与浓硫酸发生了化学反应的结论。接着学生又会产生一系列问题:铝与浓硫酸是怎么反应的?浓硫酸中什么元素被还原?教师继续引导学生分析,并设计探究实验方案:将铝片与浓硫酸加热,用品红溶液和硝酸铅溶液检验,证实有二氧化硫产生,最终探究出硫酸中硫元素表现了氧化性的结论①。

(2)由个体实验向合作性实验形式的转变。在化学教学过程中要不断鼓励学生之间、师生之间的实验协作。分组合作实验可使学生在讨论实验来龙去脉的基础上增强手脑并用的能力,并在获得现象和数据的同时得出实验结论,避免了教师个人演示实验导致的学生只能"听实验""看实验"现象的出现,因而在新课程的化学课堂上被广为提倡。同时,为了达到以趣促趣的目的,充分发挥学生的主观能动性,培养学生的实际工作能力,还可在学生中组织一些化学兴趣小组,利用课余时间做一些趣味实验或探讨解决一些实际问题的方法。如带学生外出参观时,让大家采集工厂排放出的废水样品,利用学过的知识进行以下探究:检验废水中含有哪些金属元素,这些元素是否会对环境造成污染,又有何措施对废水进行处理,金属元素如何回收等。再通过集体的力量分工合作,拟定研究方案,解决问题。这样通过学生之间的相互配合和协作,既增添了学习的乐趣,又促进了学生间感情的交流。

(3)由拘泥于教材到联系STS的实验内容的转变。对于大多数学生而言,最初把他吸引到化学殿堂来的是化学实验。化学实验对于激发学生的学习兴趣、培养学生的科学探索精神和动手操作能力有重要的作用。新课程中化学实验内容的选择更生活化、趣味化,除了课堂教学中利用一些生活化的小实验替代复杂正式的教学实验外,同时也注重化学实验由课堂内向课堂外的延伸,体现了"走向生活"的新课程理念。

新课程中有许多新实验,如利用碘的性质检查指纹,利用自然界中植物的花、果、茎、叶中的色素自制指示剂,用比色法测定动物血液或抗贫血药物或补血剂中铁的含量,用氧化还原滴定法或电化学分析法测定污水

① 狄维芳.新课程标准下的化学实验新审视[J].实验教学与仪器,2008(5):6,24.

中的化学耗氧量，探究鲜果中维生素C的还原性，用生活中的材料制作简易电池等。这些实验联系了环保、现代科技、医药、健康、生活等方面。通过这些实验教学，有利于培养学生尊重科学、勇于探索、追求真理、造福人类的科学精神，有利于提高学生的科学道德认识和科学道德体验水平，培养团结协作、勤俭节约、爱护环境等科学态度和科学品质[①]。

二、化学课堂教学的视点与标准

什么样的化学课才是一堂“好课”？怎样的化学课堂教学才是最理想的教学？这一直是广大化学教育工作者和研究者关注的焦点问题。但是，正如“什么样的知识最有价值”一样，对于化学课堂教学的标准问题也是仁者见仁，智者见智。鉴于化学课堂教学因素的复杂性和评价所依据的价值的多元性，化学课堂教学的视点和标准呈现出纷繁多样的特征。

（一）化学课堂教学的视点

所谓化学课堂教学的视点，就是观察或分析化学课堂教学的着眼点。我们可以将其理解为课堂教学评价的客体或对象。通俗地说，就是从哪些方面去评价一堂化学课的好坏。化学新课程对化学课堂教学提出了新的要求，其崭新的学生观、教学观、课程观、学习评价观等，都给化学课堂教学的设计、组织和实施提供了新的视角和空间。

1. 对课堂教学视点的探讨

教育界对于“课堂教学视点究竟该落在何处”的问题存在着不同的视角和观点，归纳起来有以下几种观点：(1)以教师为视点。这种观点认为课堂教学评价是按照指标体系对教师的授课能力、水平和效益进行价值判断。(2)课堂以学生为视点。这种观点认为课堂教学评价就是通过各种测量方法，系统地搜集数据，从而对学生通过教学发生的行为变化予以确定。教学评价的对象是学生的学习过程及其结果，评价者主要是任课教师。(3)以教师的“教”与学生的“学”为视点。这种观点认为课堂教学评价是测量评判教师的教学与学生的学习是否达到既定目标的过程。(4)以教

① 蒋向阳.化学实验教学如何落实新课标的要求[J].实验教学与仪器，2011(5):10-11.

学过程及效果为视点。这种观点认为课堂教学评价是对课堂教学全过程及其取得的效果作出判断。

但是综合来看,在具体的课堂教学活动中,教师、学生、教学过程等各个因素相互作用共同构成了课堂教学的统一整体。因此,在化学课堂教学中,不应该把它们中的某一因素单独割裂出来作为评价对象,而应该把各个因素在课堂教学中的共同表现形式——课堂教学活动整体作为评价对象。以课堂教学活动的整体,包含教师、学生、教学过程及教学效果等多因素作为化学课堂教学的视点,是目前教育界比较认可的统一的观点①。

2. 新课程背景下化学课堂教学的视点

课堂教学是实施素质教育的主渠道,也是实施新课改的主阵地。科学、有效的课堂教学要求教师更新观念,把新课程理念内化为课堂教学行为,使新课程的改革目标真正得以落实。在我国新一轮基础教育课程改革的背景下,传统的课堂教学方式在某种程度上已经不能适应新课改的要求。因此,新的课堂教学形式应运而生。新课程背景下的化学课堂教学既要重过程也要重结果;既要重教师的"教",也要重学生的"学",同时还要注重教学策略和方法的使用。

(1)化学课堂教学对教师的要求。新课程背景下的化学课堂教学要求教师在进行课堂教学时要有机整合教学目标,力求体现:教学性目标——让学生学会些什么;教育性目标——向学生渗透些什么;发展性目标——如果学生忘记这堂课所学的知识,最后还剩下些什么,即要努力落实课程的三维目标:知识与技能、过程与方法、情感态度与价值观②。同时也要关注教师的课堂教学内容、方法和技巧等。要求教师自身在课堂教学上能对章节知识理解渗透,能抓住重点、难点及各章节知识之间的联系,并采取有效措施,使之为学生所理解和掌握。教师的教学设计直接影响到学生的学习效果,因此教师在上课前一定要备好课。除了按照新课标备好教材,还要备学生,充分了解学生的各项指标,适时改变课堂教学策略。

(2)化学课堂教学对学生的要求。在新课程教学理念中,学生是学习

① 林清华,何恩基. 什么是一堂好课?——课堂教学评价标准研究述评[J]. 中小学管理,2004(6):24-26.

② 鲁衍旭,汤文秀. 刍议化学教师如何践行新课程理念[J]. 江苏教师,2012(1):86-87.

的主体，教师在教学中扮演辅助、引导角色。新课改理念下的化学课程强调从学生已有的生活经验出发，让学生亲身经历将实际问题抽象成化学模型并进行解释与应用的过程，进而使学生在获得对化学理解的同时，在思维能力、情感态度与价值观等多方面得到进步和发展。因此，化学课堂教学活动的设计不仅要关注知识与技能，也要关注情感态度，即将智力因素和非智力因素放在同等重要的位置上。衡量课堂是否具有生命力的一个重要指标就是学生学习的主动性和有效性。主动性体现在学生课堂参与的态度是积极主动的；参与的广度是全体性的参与；参与的深度是行为、认知、情感的全方位参与。有效性体现在完成了既定的学习目标，促进了学生的全面发展。教育的真谛不仅在于让学生获得了多少知识而且在于能力得到了多大提高。有效的课堂教学应该让学生做到知识与能力同步提高，认知与情感和谐发展。

(3)化学课堂教学对教学活动的要求。教学设计是系统工程，要围绕学习目标和学生实际展开。首先，课堂引入时要设置真实有效的情境。情境之于知识犹如汤之于盐，知识需溶入情境中，才能显示出课堂的活力和生命。其次，教学结构的安排要科学有序。理想的教学结构应该是三序结合的结果，即知识的逻辑顺序、学生的认知顺序和教学顺序三者之间有机统一。再次，选择教学方式时应注重方法的多元融合。新课程倡导自主学习、合作学习、探究学习。自主学习不等于放任自流，它只是一种学习价值取向，教师适时的讲授同样能促进学生自主学习。最后，在化学课堂教学中注重教师与学生构建互动的师生关系、教学关系，改革学生单纯接受式的学习。在对教学活动的设计上，以充分调动教学双方的主动性与积极性为原则，力求为教学双方在教学活动中展现自身潜质提供时空条件①。

(二)化学课堂教学的标准

1. 关于课堂教学评价标准的探讨

什么样的课堪称“好课”，这就涉及了课堂教学的标准问题。叶澜在“新基础教育”实验研究中提出“好课”的标准是“五个实”：有意义的课，即扎

① 金佳练. 新课程下中学化学教学评价的探索与实践[J]. 华章，2011(9):202.

实的课;有效率的课,即充实的课;有生成性的课,即丰实的课;常态下的课,即平实的课;有待完善的课,即真实的课。郑金洲将“好课”的标准概括为“十化”:课堂教学的生活化、学生学习的主动化、师生互动的有效化、学科教学的整合化、教学过程的动态化、教学资源的优化、教学内容的结构化、教学策略的综合化、教学对象的个别化、教学评价的多元化。美国“教育多元化与卓越化研究中心”(CREDE)提出的“有效教学”标准包括:学习共同体,即教师和学生共同参与创造性活动;语言发展,即通过课程发展学生的语言能力,提高学生的文化素养;情境性学习,即教学联系学生真正的生活,促进创造性学习的理解;挑战性教学,即教学应具有挑战性,发展学生的认知思维;教育性对话,即教师通过对话进行教学,特别是进行教育性对话。

从上述标准可以看出,“好课”的标准是相对的,不同的主体与客体、不同的理论基础与价值取向,都会形成不同的标准。但在差异中又有共性,这种共性反映出课堂教学标准研究的趋势:(1)从关注教师的“教”转向关注学生的“学”。综合发展趋势,从以往侧重教师的“教”转向面向教学结果的同时考虑教师的“教”和学生的“学”。(2)从关注知识的掌握转向关注知识与技能、过程与方法、情感态度与价值观的养成。(3)既关注“有效教学”结果的达成,也关注师生在教学过程中的状态表现。(4)标准从单一性走向多元性,从静态性走向生成性。(5)效用主义倾向日渐凸显,开始从关注教学效果转向追求效果与效率的统一[①]。

2. 新课程中的化学课堂教学标准

课堂教学评价是获取化学课上的教学反馈信息,对教学质量进行有效监控并对教学做出准确导向的必要手段。课堂教学的标准,对于课堂教学有着重要的导向作用,甚至对于整个课程改革都有极大的影响。因而在制定课堂教学标准时,一定要坚持以人为本,以促进学生素质的全面发展、促进教师不断提高教学水平、促进化学课程本身及化学教育教学的发展为目标。

李颖、靳莹提出,结合我国新课程精神和对科学素养的要求,在课堂教学中,应以结果与过程并重,凸现学生学习的主动性,强调师生、学生的合作与交流,追求教学的有效性为原则,并制定如表4-2的标准。

---

① 林清华,何恩基.什么是一堂好课?——课堂教学评价标准研究述评[J].中小学管理,2004(6):24-26.

表4-2 新课程中化学课堂教学标准

评价领域	评价对象	水平1	水平2	水平3	水平4	备注
基本知识与技能的教学	教师	能够部分地讲清重点、难点知识	能够大部分地讲清重点、难点知识	能够全部讲清重点、难点知识	能够全部讲清重点、难点知识并纳入知识体系	
	学生	能复述（说出是什么）知识点	能阐明（说出为什么）知识点，并在特定情境中应用知识	能辨析（说出适用条件）知识点的内涵和外延，并在大部分情境中解决问题	能自己形成概念地图，在各种情境中解决问题	
实验与探究的教学	教师	只能部分地演示验证性实验或告知实验结果	能全部演示验证性实验	能和学生共同完成部分探究性实验	能和学生共同完成全部探究性实验	过程与方法技能：观察、实验、测定、数据处理、比较、分类、科学抽象、假说和模型等
		对所要求的技能和方法使用得很少	对所要求的技能和方法能够使用一些	对所要求的技能和方法能够使用大部分	对所要求的技能和方法能够使用全部	
	学生	只能被动观看实验，说出实验现象	能较为主动地观察实验，说出部分实验现象的原因	能部分地参与实验，说出全部实验现象的原因	参与或独立进行探究方案的设计和实施	
		仅知道一点安全操作程序	知道一些安全操作程序	知道一般的安全操作程序	完全知道安全操作程序	
		靠帮助才能正确使用工具、仪器和材料	靠一点帮助能正确使用工具、仪器和材料	能正确使用工具、仪器和材料，偶尔会需要帮助	无需或很少需要帮助就能正确使用工具、仪器和材料	

续表

评价领域	评价对象	水平 1	水平 2	水平 3	水平 4	备注
师生的课堂交流	教师	课堂上基本以教师为主,教师很少与学生通过问题进行交流	课堂上大部分以教师为主,教师与学生通过部分问题进行交流	课堂上主要以学生为主,教师提问题由学生合作或单独完成	课堂上主要以学生为主,师生相互提问,由学生合作或单独完成	
	学生	难以清楚准确地交流	一定程度上能清楚准确地交流	一般能清楚准确地交流	完全能进行清楚准确地交流	
科学技术与社会生活的联系	教师	对有关生活、社会中熟悉的事物介绍很少	对有关生活、社会中熟悉的事物有一些介绍	能阐明有关生活、社会中熟悉的事物与相关化学原理的关系	能深刻论证化学知识与社会发展进步的关系,引导学生作出价值判断	
	学生	不关心科学技术与社会生活联系	比较关心科学技术与社会生活的联系	主动关心科学技术与社会生活的联系	对科学技术与社会生活的联系能有个人见解	

对上述标准的一些说明:

(1)恰当运用多种评价方式。上述标准把对教学思想、教学目标、教学内容、教学过程及教学效果等的具体评价,转化为对基本知识与技能的教学、实验与探究的教学、师生的课堂交流、科学技术与社会生活的联系这四个领域的评价,力争具有高度的概括性。教学思想、教学目标等都应融入这几个评价领域中,而高中化学课程需要多种评价方式和策略的相互配合,在具体实施评价中,还要依据具体的课堂教学情况,具体问题具体分析。

(2)关注评价的长时效应。以发展的眼光评价学生,教学管理中需要改变以分数论成败的现状,需要给学生足够的发展空间,容忍学生在某些方面暂时的不完美,鼓励学生的个性特长,帮助学生悦纳自己,激励学生追求自我超越①。

(三)新课程下化学课堂有效教学案例研讨

新一轮基础教育课程改革提出“有效教学”的理念,将学生的进步和发展作为衡量课堂教学“有效性”的最好标准,这是今后化学课堂教学发展的走向。下面通过案例“化学能转化为电能”优质课的教学细节分析,对提高化学课堂教学有效性进行一定的探讨。

1. 教学内容生活化,凸显课堂教学的现实意义

“问渠哪得清如许,为有源头活水来。”化学教学的“源头活水”,就是丰富多彩的生活。建构主义理论告诉我们:学生已有的生活经验对于他们理解书本知识十分重要。学生的生活经历和经验,不仅是教学的出发点,也是一种宝贵的教学资源。为此,教师在设计教学时,要有意识地在生活中寻找与课本中的知识有联系的、学生熟悉的事例,用以沟通已有的生活经验与化学学科知识的联系,寻找课堂教学与学生生活的最佳连接点,以此来诱发学生已有的好奇心和求知欲,并学以致用,真正做到学习知识从生活中来,又回到生活中去。

[案例六]

新课导入生活化

教师	学生
【提问】假设某天晚上,当你正坐在台灯下做着作业,家人正坐在沙发上看着电视,突然间,灯灭了,电视也灭了,这时你想到什么了	【答】手机、手电筒
【提问】手机、手电筒需要电池,电池是现代生活中不可缺少的!请举例说明 【过渡】电池真的很重要!那么,电池到底是一种怎样的装置?电池的工作原理怎样?这就是我们本节课要学习的内容	【答】学生甲:MP3、随身听 学生乙:笔记本、计算器、数码相机 学生丙:汽车发动机的点火装置等

① 李颖,靳莹. 新课程背景下的化学课堂教学评价标准探究[J]. 新课程研究·基础教育,2008(2):115-117.

2. 教学方法科学化,凸显教学过程中学生的主体地位

长期以来,教师为了完成繁重的教学任务,把大量的知识以讲授的方式教给学生,造成课堂上学生被动学习。实践证明,没有学生主动的参与,任何教学活动都将是低效的,甚至是无效的。让学生在课堂上自主探究学习是实现学生主动发展的一种很好的途径。教学中,教师应明确自己的"导师"角色,在课堂上适当点拨,鼓励引导,让学生体验成功的欢乐。

[案例七]

课堂教学采用教师引导、学生讨论的探究式学习方法

探究活动	学生	教师
1.把一块锌片和一块铜片分别插入盛有稀硫酸的烧杯中,观察实验现象	【观察】锌片表面产生气泡,铜片表面没有气泡	【讲解】锌能把稀硫酸中的氢置换出来,而铜不能
2.把铜丝和锌片接触,同时放入稀硫酸中	【观察】铜丝表面也有气体生成(产生疑问) 思考、讨论	【引导】铜丝表面生成的是什么气体,请设计实验进行验证 【提问】溶液中的氢离子为什么会在铜丝表面变成氢气?电子是谁失去的
3.用导线把锌片和铜片连接起来,并在导线中间连接一个灵敏电流计,观察实验现象	【观察】电流计指针偏转(产生疑问) 【讨论】对反应过程中电流的形成过程的理解,从而提出原电池的定义	【播放】原电池原理的动画,给学生一个感官认识

3. 教学设计开放化,凸显学生对知识应用能力的培养

面对有价值的教学资源,教师不能拘泥于教材,要设计开放灵活的教学方案,激发学生学习的主动性,将教学的重点放在学生能力的提升上,着重培养学生灵活应用知识、解决实际问题的能力。问题设计应遵循学生实际认知规律,着眼于学生的最近发展区,通过教师合理的铺垫,给学生搭建了一个"脚手架",设计一些略带有难度的内容,让他们"跳一跳,摘得到"。这样能调动学生的学习积极性,发挥其潜能,然后在此基础上进行下一个发展区的发展。

[案例八]

“项目式”教学方法

通过教师抛出任务，学生自主完成项目的方式，最大程度地锻炼了学生对知识的应用能力。

在讲解原电池构成元件的知识点上，教师提出“假如你是电池工程师”的项目，让学生自己设计不同的原电池，学生因此掌握构成原电池的条件并能灵活应用①。

对比实验一	Zn-Fe-稀硫酸	Zn-C-稀硫酸	Fe-Cu-稀硫酸	Zn-Zn-稀硫酸
能否构成原电池	能	能	能	否
构成原电池条件一	小组讨论：原电池电极的活泼性 不同金属或金属与非金属导体			

对比实验二	Zn-Cu-酒精	Zn-Cu-稀硫酸	Zn-Cu-硫酸铜溶液
能否构成原电池	否	能	能
构成原电池条件二	小组讨论：电极必须插在 电解质溶液中		

对比实验三	导线连接Zn、Cu两电极，插在同一烧杯的稀硫酸中	导线连接Zn、Cu两电极，分别插在不同烧杯的稀硫酸中，
能否构成原电池	能	否
构成原电池条件三	小组讨论：两电极连接必须形成 闭合回路	

总的来说，素质教育理念和新课程精神与课堂教学的衔接、融合是一个渐进的过程，不可能一蹴而就。因此，在推进课程改革政策制定、加强教研队伍建设、进行教师教育培训、变革课堂教学方式等方面都应针对普遍存在的问题，尤其要关注在课堂教学中理念与行为的融合，让理念真正转化成教学行为，特别是要在大量的日常课堂中真正贯彻科学的理念，增进课程改革的实效性和针对性。

① 杨秀丽.滴水可藏海 细节亦智慧——新课程下化学课堂有效教学的点滴思考[J].科技信息，2012(10)：244-245.

第二节　超越课前化学教学设计

化学课堂教学方案的设计,是在上课之前进行的。但是,化学世界中物质变化的多样性、复杂性,物质性质学习的阶段性和理论理解的有限性,学生在学习过程中认识能力的差异性以及随着科学知识的不断发展和学生思维的空前活跃等因素,大大增加了化学课堂教学的随机性和偶然性。因此,作为高水平的教师,仅具备高超的教学设计能力是远远不够的,还要掌握并灵活运用课堂的应变艺术,超越课前教学设计,做好化学课堂的导演①。

一、如何根据化学课程特点变通教学设计

现代教学十分重视学生的主体作用,重视学生学习积极性与主动性的发挥。传统的"教师讲、学生听"的单一化教学模式被打破,取而代之的是导思结合、学思并进的启发式教学。随着以学生为主体的课堂教学的逐步深入,课堂活动的情况也就更加复杂化。在教学中难免会碰到许多预料不到的情况,这就要求教师能及时把握时机,灵活地变通原有的教学设计,使课堂教学得以顺利进行,从而收到良好的学习效果。

(一)教师课堂应变能力的内涵

从现代教学的角度讲,除了教学设计做得好,具备高超的课堂应变能力,能够根据课堂上出现的各种具体情况随时变通教学设计的教师才是真正高水平的教师。那么,教师课堂应变能力应该包括哪些方面呢?

1. 及时解决学生课堂提问的能力

在实际教学中,我们常常会遇到这样的情况:本来我们认为是难点而在备课时下大工夫吃透了的问题学生没有提出来,而我们忽视了的问题学生却在课堂上一个个地提出来。对于这些突发性的提问,如果我们在回答中出现"卡壳" 现象,就会直接影响到学生的情绪,继而降低教学效果。例如,在讲到高氯酸的酸性比硫酸强时,只需要学生掌握"氯的非金属性比硫

① 汤娟.初探如何做好化学课堂的导演[J].中学生数理化,2011(12):73.

强"这一原因。但是学生突然问道:"同样是完全电离,为什么高氯酸的酸性比硫酸强?"这一问题涉及电离程度,在学生现有的知识水平上很难讲清。于是教师可以简单地解释:"这是相对性的问题。在水中都完全电离,如果在酸中,比如盐酸中,硫酸就不能完全电离了,但是高氯酸依旧可以。这在大学化学中叫做拉平效应,我们会在以后的学习中学到……"将问题在不影响教学安排的情况下简单带过。所以说,课堂应变能力的一个重要内容就是教师随时正确地解决学生各种知识性提问的能力。

2. 正确处理课堂异常的能力

课堂教学是师生双边活动的一个复杂过程,随时都可能出现一些异常情况,直接影响教学活动的顺利进行。比如,在化学课堂实验教学中常常会出现实验失败或异常,甚至一些小的事故,造成学生骚动或恐慌。例如,某生在加热实验过程中无意中打翻了酒精灯,造成酒精在桌面上着火。此时,教师应该保持镇定,临变不乱,及时采取相应的处理措施,用湿抹布将其盖灭,使整个课堂气氛恢复正常。继而再抓住时机进行教育,与学生探讨使用酒精灯的注意事项、酒精灯的灭火方式、其他灭火方式等,巩固所学知识的同时,加强了学生的应急处理能力。如果教师对课堂异常事件不能很好地处理,就会使自己在教学活动中处于被动地位,造成教学活动被迫中断的情况。

3. 合理变通教学设计的能力

化学课堂需要在规定的时间内达到一定的教学目的,这就需要随时了解教学现状,找出现状与目的之间的差距,适时调节和变通教学设计,使课堂教学过程处于最佳最有效的控制状态。例如,教师给学生讲电解质的概念,原来的设计是用演绎的方法——先讲理论,给出电解质的定义,再讲例子,结果讲来讲去,学生始终模模糊糊的,这样我们就不得不临时变通原来的设计,改用归纳的方法——先举大量的例子,然后上升到理论,让学生从例子中的共性得出电解质的概念,从而取得良好的教学效果。

(二)如何提高教师课堂应变能力

1. 熟练掌握教材,充分课前准备

教材是课堂教学的主要依据,教师只有对教材高度熟悉,对教材相关的知识点做到博学精通,心中有数,这样才能沉着地处理学生就教材内容提出的疑问,才能从容地就教学情况变换教学方法。当遇到提出的问题学生回答不出来时,或放缓思考坡度,或化难为易,或变换角度等,但这些都必须熟悉教材才能办到。

备课是课前在脑海里活现上课情景,既要把讲课的内容、方法、步骤仔细推敲、揣摩,又要在头脑中预计学生的反应和可能出现的情况。例如,当讲到某个地方时,学生会提出什么疑问,教师如何作答;教师提出某个问题,学生会怎样回答,一般有几种答案,教师怎样引导,最后该怎样归纳等。如果在备课过程中多从学生方面考虑,会有利于提高教师的应变能力。

2. 充分认识学生,全面掌握学生

教师课堂应变能力,还来自于对学生的认识、了解,建立在对学生全面掌握的基础上。教师在上课前必须通过各种渠道了解学生的知识能力、基础、兴趣爱好、课外阅读等方面的情况,把握学生的思维动向。对同一个问题,由于每个学生知识基础、思考的角度不同,会有不同的看法。这就要求教师要注意把握学生思维的脉搏,关注学生知识发展的动向,通过创设情境来诱发学生的应变能力,这样他们掌握的知识必然是稳固的、灵活的,而不是肤浅的、呆板的,应用起来自然也就得心应手、灵活自如。

只有了解学生,掌握学生的心理实际及知识水平实际,才能从实际出发取舍教材,选择适当的教学方式方法,从而赢得他们的积极配合。同时,掌握了学生的心理与知识水平实际,我们便能够准确地把握住各种课堂异常产生的根源,有针对性地采取一些办法来消除它,使教学活动顺利地进行。

3. 扩大知识面,加强理论修养

“巧妇难为无米之炊。”任何能力的形成,都是以一定的知识积累作为前提条件的。现在的学生,思维敏捷,求知兴趣广泛,对任何问题都喜欢追根问底。如果教师没有丰富的知识,对学生提出的问题茫然不知所答,那么就会影响学生的学习情绪,影响学生知识的增长与智力的发展,同时降低自己在学生中的威信,从而导致整体教学效果的降低。因此,教师一定要加强学习,不断提高自己的知识素养,这样才能在教学中左右逢源、应对自如。

同时,教师还需要加强教育理论修养,不断提高课堂设计能力。在课堂教学实施中，变通教学设计的问题，实际上就是教育理论知识的活用问题。从提高课堂应变能力的角度出发来加强教育理论修养，重点在于研究各种教学法的特点、作用以及相互间的组合问题，比如说讲授法与问答法相组合的形式，适用于新授课；而提问法与练习法相组合的形式，适用于复习课等。只有从理性的高度掌握了这些理论，才能够在即时性的变通实践中避免选择的盲目性，提高选择的合理性，使教学得以顺利地进行①。

4. 善于总结经验，提高应变能力

处理课堂异常能力的强弱，与教师的实践经验有直接的联系。一般来说，经验丰富的教师，不管是面对熟识的学生，还是面对陌生的学生，在各种教学异常面前都能够应付自如；而缺乏实践经验的教师，往往在一些课堂异常面前束手无策，被学生牵着走。所以说，要提高处理各种课堂异常的能力，就必须善于总结经验。一方面，平时每上完一堂课，要反思自己教学行为的不足或缺失。例如，可以反思以下问题：教学中遇到了什么问题？这个问题的外部环境和内在原因是什么？如果再教一次，我该如何解决这类问题？这个问题给我的启示是什么？从理性高度加以分析找出原因，作为以后教学的鉴戒。另一方面，可以向经验丰富的老教师学习，听他们上课，注意他们处理“意外情况”的艺术，可以思考：他的课为什么这样设计？他成功的教学行为是在什么样的情境下发生的？背后支撑他的教学理念是什么？其教学策略是什么？同时提醒自己：假如我遇到这种情况，会怎样做？久而久之，就能提高对教学问题的思考和应变能力②。

（三）课堂教学中突发事件随机调控技巧

新课程理念下的中学化学课堂教学中经常会发生不可预测的偶发事件。譬如教师认为学生可以接受的，学生却听不懂；教师没有预设到的问题，学生却突然提出来了；有的学生质疑甚至逾越了教师的知识视野……当偶发事件出现时，作为课堂教学掌舵人的教师，就应当因势利导，以变应变，正确处理，以保证课堂教学更好地进行有效的“生成”。因此，化学

① 蔡高峰. 课堂应变能力之我见[J]. 江苏教育学院学报，1997(2):109-110.

② 何彩霞. 教学卡壳现象的原因及其改进对策[J]. 化学教育，2006(11):27-28.

老师必须懂得新课程理念下课堂教学突发事件随机调控技巧。

1. 绕道迂回,调节难度

课堂教学是一个动态流程。上课之前,无论教师备课何等充分、设计如何巧妙,一旦付诸实践,往往不可能与执教者所设想的一模一样,比如提问卡壳、学生答非所问之类。教师如何适应这种局面?调节是一种有效的办法。所谓调节,是指教师不动声色地进行局部的教学调整,包括调节难易度、教法等。在课堂教学中,当发现原来设计的问题失去对学生思维的锻炼效果时,应及时调节难度。如果原来设计的问题难度过大,要适当变换角度或适当补充铺垫绕道迂回,放缓思考的坡度或化难为易;如果原来设计的问题过于浅易,要追加问题,以调节难度达到预期的教学目的。

例如,某教师在给九年级的学生上“原子的构成”新课时,当教师提出相同质量的氧原子比氢原子个数少时,部分学生反应茫然。这时,教师意识到初中学生的思维跨度不足,于是举了果篮理论的例子:一个果篮中装有相同质量的苹果和樱桃,请问苹果和樱桃哪个个数多?同学们立即顿悟,眉头舒展。可见学生思维受阻产生疑问时,教师可以采用设置问题梯度、层层诱导或者类比的方法,及时调整知识的难度①。

2. 因势利导,反客为主

在教学过程中,常常会由于突发事件的发生使课堂陷入被动的局面。比如,课堂演示实验失败或出现异常,学生突然发问超出所学的范畴或出现其他令教师尴尬的事情等,这些偶然性事情的发生,使教师难以按教案设计的步骤进行教学。这种情况下,教师首先应不急不躁、沉着冷静,如果能够因势利导、“将错就错”,想办法把出现的事情与教学联系起来,扭转被动局面,或许可以“柳暗花明又一村”,收到意想不到的效果。

例如,某位化学教师在公开课上讲解:“当把燃烧着的金属钠伸到装满氯气的集气瓶中时,钠会剧烈燃烧并生成大量白烟。”但在接下来演示实验中,集气瓶里却冒出了黑烟,学生愕然。面对意外,他既没有惊慌失措,也没有文过饰非,而是鼓励学生将所看到的说出来。然后问道:“这块

① 胡海铭. 化学课堂教学中的应变艺术[J]. 化学教与学,2012(2):41-43.

金属钠为什么会燃出黑烟？请同学们回忆一下金属钠的物理性质及其贮存方法。”全班学生立刻活跃起来，一名学生抢先发言：“金属钠性质活泼，不能裸露在空气里，而是贮存在煤油中！”听完学生的回答，他对实验前没有将沾在金属钠上的煤油擦干净的疏忽，导致刚才实验事故的发生表示了歉意。为了揭示错误的原因，他没有回头处理煤油，而是让沾有煤油的金属钠继续燃烧下去。当集气瓶中冒出浓浓的白烟时，教室里一片欢腾，掌声不断①。

3. 巧妙回避，适当留置

课堂教学中，学生有可能提出一些教师意想不到的问题，也有可能提出与课堂教学关系不大，或比较难解释的问题。如果把时间消耗在这些难以解释的问题上，势必影响教学进度。这时教师可以采取“暂时悬挂法”：答应学生课后解释，或鼓励学生课后自己去探究答案。这样既不挫伤学生提问题的积极性，又能鼓励学生分析问题，还能保证课堂教学的正常进行。也可说：“课堂上时间太紧，现在大家接触这个问题还早，等到学了该内容后，自然就明白了。”教师不妨用一下这种应变艺术②。

例如，在讲授初中化学“原子的核外电子排布”新课时，课堂上有学生问“课外参考书上说，Zn原子的核外电子排布为2、8、18、2，为什么不是2、8、10、8呢？”考虑到在新课上解决这一问题需要增加一些知识，解释会耗一些时间，可建议该生课后来请教老师。

虽说“学生有一杯水，教师要有一桶水”，但教师也不是万能的，也有知识的盲点。当对具体的内容不甚了解时，千万不能为了面子而瞎说误导学生。正确的方式是采取避实就虚的办法，介绍一些相关的课外读物，利用学生的提问激发他们的学习兴趣，到课外读物上去扩大视野。这样既满足了学生的求知欲，又促进了学生自学能力的形成。

有的学生好奇心过强，从电视或课外书上看来一些新名词，就会在课堂上提出一些十分前沿的问题，从而难住了教师。例如，一次课上学生提出“什么叫钯催化”。这是获得2010年诺贝尔化学奖的科研成果，因为十分新颖，当时教师也没有过多地了解。此时，教师可以肯定学生的学习热

① 李如密，王平. 课堂教学的灵活应变艺术[J]. 中小学教材教学，2002(11):40-43.

② 胡海铭.化学课堂教学中的应变艺术[J]. 化学教与学，2012(2):41-43.

情并诚恳地向学生表述:“你的问题很好,可见你对化学前沿知识的关注。这是刚刚获得诺贝尔奖的科研成果,老师也不能完全讲清楚,既然你如此感兴趣,可以在课下搜集一下相关的资料,我们再一起讨论一下,好吗?”教师的真诚回答并没有引起学生的异议。相反,不懂装懂,侃侃而谈,一旦被识破,则会让学生反感。

4. 掌控课堂,调节气氛

沉闷的课堂气氛难以激发学生的思维,但过于喧哗的课堂又难以使学生冷静思考,所以教师要及时把握教学中学生的情绪,及时调控课堂,使学生的思维保持兴奋活泼状态。针对一些枯燥无味的化学知识,教师就要想方设法调动学生的积极性,如改变教学方法、采用现代多媒体教学手段、开辩论会、带学生实地考察等。而对于一些气氛难以掌控的情况、课堂上过于活跃的学生,教师也不能一味呵斥,用威慑力去压制学生,而应采取克制与包容、关怀与理解的态度,巧妙地化解尴尬,调和矛盾。

例如,在“爱护水资源”课堂上,教师正在讲述有关水资源的保护知识,全班同学都在聚精会神地听,同时被投影上的水质污染及土地干旱开裂的图片深深震撼,课堂气氛一度达到高潮。这时教师突然发现有一名学生在“开小差”,教师请他专心听课,可是他却嬉皮笑脸地说:“爱护水资源问题嘛,我可以给全班同学开个讲座了。”部分同学也开始跟着起哄……教师很生气,但还是克制了一下,心平气和地说:“看来你对爱护水资源还颇有研究,正好我的教学计划中有个关于水资源的专题讨论,下周就请你做个专题发言。”那个同学听了后一下子泄了气。课后,为了下周的发言,他借了许多资料并认真阅读,还从网络上找了很多资料,做了充分的准备。在第二周的专题讨论课上,他的发言出人意料的好,教师也因此表扬了他。之后他主动向教师承认了自己的错误,并保证以后要认真学好化学[①]。

总之,课堂教学是一门艺术,要求教师具有较好的教学应变能力。教学应变能力的培养并非一日之功,它是建立在教师高度的修养、深厚的功力、广博的知识、熟练的技巧和丰富的经验的基础之上。在教学过程中,

① 门波.化学课堂教学中的教育机智[J].化学教学,2011(5):21-23.

教师要做到对教材高度熟悉、对学生充分了解、对知识持科学态度和对学生有真挚感情，只有这样才能适应现代教学的需要，灵活自如地驾驭课堂教学进程[①]。

二、如何将设计问题转化为问题情境

美国学者布鲁巴克认为，最精湛的教学艺术，遵循的最高准则就是让学生自己提问题。新课程强调学生在课堂中的主体地位，而教师则是一个引导者，教师不该把所有的“问题”一手包办，而应该大胆放手，做一个领路者，即使是教学设计中已经规划好的问题，也不能生硬地在课堂上提出，而是需要给学生预设“问题生成”的情境，继而使学生产生认知矛盾，自己提出问题、解决问题。新课程理念下的课堂教学中，“问”不能仅停留在教师提问、学生回答的层次上，应积极主动培养学生的问题意识，更重要的是把“问”的大部分权利还给学生，让学生真正地做学习的主人，使学生主动思考、大胆质疑、提出问题，促进学生合作探究、分析解决问题，从而激活学生的思维，构建有效课堂[②]。

（一）问题情境的涵义及构成要素

1. 何谓问题情境

所谓问题情境是指个人自己觉察到的一种“有目的但不知如何达到”的心理困境。问题情境是一种心理状态，一种当学生接触到的学习内容与其原有认知水平不和谐、不平衡时，学生对疑难问题急需解决的心理状态[③]。而问题情境教学是教师根据教学目的的需要，依据教学内容的实际提出问题，并将问题置于一定的情境之中，从而引起学生认知冲突，促发学生思维运转，达到解决问题的目的[④]。

2. 问题情境的构成要素

从问题情境的定义去分析，问题情境应该具备三个要素：

---

① 余昕.浅谈中学历史教师课堂应变能力的培养[J]. 南方论坛，2008(2):102-104.
② 吴美刚.让问题的动态生成成为化学有效学习的催化剂[J]. 考试周刊，2011(9):163-164.
③ 毕华林，亓英丽.化学教学中问题情境的创设[J]. 化学教育，2000(6):10-12.
④ 王春.化学教学中问题情境创设的策略研究[J]. 化学教育，2007(11):22-23.

(1)未知的事物(目的)。问题情境的核心要素是新的、未知的东西。为了在教学中设置问题情境,必须要求学生完成任务,把需要掌握的知识放在未知事物的地位上。未知的事物反映了思维的对象。

(2)思维动机(如何达到)。问题情境的第二个构成要素是思维动机,即对未知事物的需要。在问题情境中,对于未知的事物,学生借助于已有的知识经验难以去理解和认识。正是学生的已有知识和经验与新知识或新问题的这一矛盾冲突,激发起学生对新知识的需要、学生的认识兴趣和探索愿望。

(3)学生的知识能力水平(觉察到问题)。问题情境的第三个构成要素是学生的知识能力水平,包括学生的创造能力和学生已达到的知识水平。所提出的问题必须让学生在已达到的知识水平上能察觉得到,这是思维的开端,然后学生必须具备一定的知识、能力才能使思维得以进行下去。学生的知识能力水平是进行思维的重要保证。

(二)如何创设问题情境

在教学中创设问题情境要以培养学生的学习兴趣为前提,诱发学生学习的主动性;以观察、感受为基础,强化学生学习的探究性;以发展学生的思维为中心,着眼于培养学生的创造性;以陶冶学生的情感为动因,渗透教育性;以解决问题为手段,贯穿实践性。化学新课程创设的问题情境通常有以下一些途径。

1. 利用生活经验创设问题情境

教师从化学在实际生活中的应用入手来创设情境,将学科与学生生活的结合点相融通创设问题情境,如日常生活中一幅熟悉的场景、一次亲身的经历、一个生动的自然现象、一件有趣的化学事实等,都可以让学生体验化学与日常生活的密切关系,感受化学知识学习的意义与作用,激发改造自然和探索科学奥秘的情感,培养分析和解决与化学有关实际问题的能力①。

(1)提出生活问题,激发学习兴趣。在我们的日常生活中,处处有化学,创设生活情境可以使学生从现实生活中去感受化学的存在,从而能激发学生的学习热情和学习兴趣。

① 王春.化学教学中问题情境创设的策略研究[J]. 化学教育,2007(11):22-23.

[案例一]

过氧乙酸的结构和性质研究

情境创设	2003年4月，一场可怕的灾难在中国大地发生，"非典"的传播和流行威胁着人类的生存和生命。在预防"非典"的传播过程中，同学们是否还记得人们经常使用一种叫做"过氧乙酸"的消毒剂。过氧乙酸是一种有机物，它的结构是怎样的呢？又有哪些性质呢？我们今天就来研究这种有机物。
情境开发	1.请根据乙酸分子的结构推断"过氧乙酸"的结构。 2.消毒剂能杀菌消毒的原理是什么？ 3.请考虑过氧乙酸有哪些性质。

(2)展现生活背景，营造学习氛围。生活是一切活动的源泉，离开生活的学习是没有生机的。因此，恰当展现生活背景，将教材的内容与学生的生活联系起来，可以营造良好的学习氛围。

[案例二]

测定饮料和溶液的酸碱性

情境创设	在日常生活中，当我们口渴的时候，经常与一些饮料打交道，像同学们所熟悉的可口可乐、雪碧、绿茶、牛奶、咖啡、酸奶……这些饮料想必大家都很喜欢，可是当你们在饮用的时候是否知道它们的酸碱性呢？我们用什么方法来测定溶液的酸碱性呢？
情境开发	1.什么是酸性溶液，什么是碱性溶液？ 2.饮料有酸碱性吗？如何进行测定？ 3.用pH试纸测定所给饮料的酸碱性，并对酸性和碱性饮料进行分类。

(3)结合新闻热点，渲染学习情绪。在化学教学过程中教师利用新闻热点设计教学情境可以使教学内容更具有时效性和创造性，可以让学生在学习过程中更多地体会到学以致用的价值，同时又可促进学生对教材抽象内容的理解和深化，达到融会贯通的目的。

[案例三]

氯气的性质研究

情境创设	2004年重庆市江北区天原化工总厂发生氯气泄露并发生爆炸事故，有多人在大爆炸中死亡。记者在现场看到，空气中弥漫着刺鼻的黄绿色气体，消防人员现场通过铁管将氯气排到嘉陵江边的水池中，同时注入碱水……(教师借助PPT进行投影展示)
情境开发	1.请通过上面的新闻资料归纳氯气有哪些物理性质。 2.消防人员在处理泄露的氯气时利用了氯气的什么化学性质? 3.如果你遇到这种情况，你会采取什么措施保护周围的人群和自己?

2. 利用化学实验创设问题情境

化学是一门以实验为基础的自然科学，通过实验创设问题情境可以模拟或再现知识的形成过程，加深学生对知识的理解。中学生对化学实验有着浓厚的兴趣，教学实践表明，通过学生亲自进行的化学实验所创设的教学情境，其教学效果要比单纯的教师讲授有效得多。

(1)通过教材实验资源创设情境。教材上的实验内容较为丰富，蕴涵了各种方法。针对教材中出现的典型实验进行问题情境创设，可以在教学中渗透研究性、创造性，培养学生的观察能力和分析问题的能力。

[案例四]

氯气的性质研究①

情境创设	在讲氯气的化学性质时，可以先做两组实验:(1)氯气通过干燥的有色布条;(2)氯气通过湿润的有色布条。对比通过两组实验的现象。
情境开发	1.为什么氯气对干燥的有色布条无影响，却使湿润的有色布条褪色呢? 2.如果是氯气和水作用的结果，那么氯气和水发生了什么反应呢?

(2)通过拓展实验内容创设情境。拓展实验所涉及的内容很多，通常包括实验的改进、实验的设计、实验方案的评价等多方面内容。在教学过程中，在特定的知识背景下利用拓展实验创设问题情境，对培养学生的创新思维有着十分重要的意义。

① 毕华林，亓英丽. 化学教学中问题情境的创设[J]. 化学教育，2000(6):10-12.

【案例五】

“盐类的水解”性质研究①

情境创设

已知酸溶液呈酸性，碱溶液呈碱性。盐溶液是否一定呈中性？

实验1：测定NH_4Cl溶液、$NaCl$溶液、CH_3COONa溶液的pH。

实验2：往3 mL 0.5 mol·L^{-1} CH_3COONa溶液中滴入2～3滴酚酞，观察颜色。加热，再观察颜色。

展示资料：25 ℃时，下列溶液的pH如下：

溶液	NaCN	CH_3COONa	NaF	Na_2CO_3	$NaHCO_3$
pH	11.2	8.9	8.2	11.6	8.3

提供事实：①实验室配制$FeCl_3$溶液时要加一定量的盐酸。②泡沫灭火器成分为$Al_2(SO_4)_3$溶液和$NaHCO_3$溶液。③铵态氮肥不宜与草木灰混合使用。

情境开发

1.NH_4Cl溶液、$NaCl$溶液、CH_3COONa溶液酸碱性如何？

2.向CH_3COONa溶液中滴入滴酚酞，现象如何？加热后现象又如何？

3.为何NaCN溶液、CH_3COONa溶液、NaF溶液的pH依次减小？

4.为何Na_2CO_3溶液的pH比$NaHCO_3$溶液的大？

5.如何解释问题1、2、3？

3. 利用生动故事创设问题情境

浓厚的学习兴趣，能使学习者产生探究动机，并以渴望和愉快的心情去学习。激发学生学习兴趣的方法和手段很多，如生活中与所学知识有关的趣事、有趣味的化学故事、夸张的卡通图片或动画、生动的化学史料、适合学生言语习惯的文字对白等，都能吸引学生自然融入学习活动中。

（1）利用趣味故事创设问题情境。设置趣味性问题，能引发学生学习化学的兴趣和求知欲，能使学生“乐中学”“学中乐”，学得生动活泼、高效。

① 王后雄.高中化学新课程教学中问题情境创设策略研究[J].化学教学，2008(7):27-32.

[案例六]

原电池的性质研究①

情境创设	在学习"原电池"原理时,利用多媒体展示一系列漫画"格林太太的假牙":格林太太有一口整齐而洁白的牙齿,但其中镶有两颗假牙。一颗是黄金的——这是格林太太富有的象征,另一颗是不锈钢的——这是一次车祸留下的痕迹。令人百思不解的是:打从车祸以后,格林太太经常头疼、夜间失眠、心情烦躁。尽管一些国际上知名的专家教授绞尽脑汁,但格林太太的病症未有丝毫的减轻,而且日趋严重。一位化学家为格林太太揭开了病因。
情境开发	请问化学家发现了什么?学习这一节的内容后,请你为格林太太找出病因,并给出很好的治疗建议。

(2)利用化学史料创设问题情境。我国著名化学家傅鹰先生说过,化学可以给人以知识,化学史更可以给人以智慧。在化学课堂教学中利用化学史料创设问题情境,不仅可以使教学不再局限于现成知识本身的静态效果,而且可以追溯到它的来源和动态演变过程,揭示出反映在认识过程中的科学态度和科学思想,使学生学到形成知识和运用知识的科学方法。

[案例七]

元素周期表的编排研究②

情境创设	1869年,担任彼得堡大学的门捷列夫利用63张卡片分别记录了63种元素的名称、原子量、化合物的化学式和主要性质。并于2月17日晚上试着依据元素的相对原子质量递增的顺序,将卡片排成几行,再将各行中元素性质相似的元素上下对齐。这样,整个元素系列呈现出周期性的变化,人类历史上的第一张元素周期表诞生了。
情境开发	1.门捷列夫是按照什么将元素进行排序,又按照什么将元素进行分类? 2.仔细观察现在的元素周期表,分析该表编排的规则是什么? 3.如果你是门捷列夫,你觉得还可以从哪些角度对63种元素进行分类?

(3)利用化学谜语、诗词等创设问题情境。课堂提问要注意内容的新颖别致,如可用有趣的谜语、诗词等进行提问,使学生听后产生浓厚的兴趣,继而积极思考。

① 熊剑. 创设化学问题情境的若干案例[J]. 新课程研究,2007(1):31-33.

② 王春. 化学教学中问题情境创设的策略研究[J]. 化学教育,2007(11):22-23.

[案例八]

谜语、诗词创设情境案例[1]

情境创设	1.学习“离子晶体、分子晶体和原子晶体”时可以让学生猜两个谜语：“来自海洋地下，炼得洁白无瑕，长期为人服务，调味离不开它”“似雪没有雪花，叫冰没有冰碴，无冰可以制冷，细菌休想安家”。	2.学习“环境保护”这一节内容时，吟诵宋代诗人王安石《元日》中“爆竹声中一岁除，春风送暖入屠苏”的佳句。
情境开发	1.谜底是什么（NaCl、干冰）？ 2.它们的晶体构型是怎样的呢？	但为什么北京、上海等大城市禁止节日燃放鞭炮呢？

4. 利用认知矛盾创设问题情境

新旧知识的矛盾，日常概念与科学概念的矛盾，直觉、常识与客观事实的矛盾等，都可以引起学生的探究兴趣和学习愿望，形成积极的认知氛围和情感氛围，因而都是用于设置教学情境的好素材。通过引导学生分析错误原因，积极地进行思维、探究、讨论，不但可以使他们达到新的认知水平，而且可以促进他们在情感、行为等方面的发展。

（1）利用矛盾问题，引发学生探究。心理学研究表明，认知矛盾是动机的根源。创设矛盾型问题能激发学生的探究意识，激起认知结构与知识结构之间的矛盾，使之产生认知冲突，这种冲突会使人高度集中地去解决关键性的问题。

[案例九]

过氧化钠的性质研究

情境创设	先提出问题：如果给你一瓶蒸馏水和一团棉花，能否不用火柴让棉花着火燃烧呢？学生实验：1.用棉花包适量的过氧化钠粉末放在石棉网上，然后用胶头滴管向棉花团上滴几滴蒸馏水；2.对着包适量过氧化钠粉末的棉花团吹气，结果两棉花团都快速燃烧起来。

① 张新英.化学课堂提问艺术例谈[J]. 内蒙古教育，2005(11): 22-29.

续表

情境开发	这样的问题在日常生活中从没有遇到过,学生只知道水是用来灭火的,而不知水还能“生火”,学生感到新奇、疑惑。顺势提问:奇妙现象的原因是什么?学生思维一下子活跃起来了。

(2)利用错误问题,引发学生思考。学生做练习或解答问题的过程中,往往受原有的知识经验或思维定势的影响,对遇到的新问题“想当然”地进行分析,从而导致错误结果的产生。在教学中,教师可有意识地设计依靠学生已有知识难以正确完成的作业,让学生在发现自己的错误中,感到惊讶,激化矛盾,产生问题情境。

[案例十]

钠的性质研究①

情境创设	在金属活动性顺序中,钠排在铜的前面,请学生写出钠和铜盐反应的方程式。学生大都认为钠把铜置换出来。而实验事实证明,钠和铜盐溶液反应并无红色的铜生成,而是生成了蓝色沉淀,并放出大量气体。
情境开发	“出乎意料”的实验现象与学生的回答发生了矛盾,他们迫切地希望找到问题的答案,进而引入课题。

(3)利用“陷阱”问题,引发学生思辨。教师利用学生知识结构中的含糊点、易错点或盲点,制造出相应的“陷阱”,诱使学生落入其中,再将学生从中“救起”或引导学生进行“自救”,让学生在教训的反思中澄清模糊的认识,提高思辨能力。

① 毕华林,亓英丽.化学教学中问题情境的创设[J].化学教育,2000(6):10-12.

[案例十一]

"溶解度"的研究①

情境创设	常温下将50 g食盐倒入100 g水中搅拌,求食盐水溶液的质量分数。 一些学生不假思索便给出如下解答:50/(100+50)×100%=33.3% 教师公布正确答案:36/(100+36)×100%=26.5%
情境开发	答案为什么不同?"36"从何而来?引入溶解度的相关概念。

(三)创设问题情境应注意的几个问题

课堂教学中创设问题情境的根本目的是激活学生已有的知识经验和学习动机,调动学生参与学习活动的积极性和主动性。因而,化学新课程课堂教学中创设问题情境应注意以下几个问题。

1. 问题情境要有有效性

教师在创设问题情境时,必须根据特定知识内容以及教学目标,将学生已有的知识经验与将要学习的知识联系起来,在此基础上设置问题。过易和过难的问题都不能有效地激发学生的思维活动,不能构成问题情境。问题过于简单,学生不需要思考就能得到答案,这样容易使学生形成一种不爱深入思考问题和不爱从复杂的联系中思考问题的不良思维习惯;问题过于深奥,在学生的知识能力水平上不能解决,这样易挫伤学生的学习积极性,对发展学生的思维能力也是不利的。只有那些难易适度,有助于学生形成"心求通而未得"的认知冲突的问题,才是构成问题情境的最佳素材。

2. 问题情境要有共振性

共振性原则就是指教学中教师通过创设问题情境引导学生积极思考,使学生成为问题情境的主角。如果只是教师来提出问题,引导学生得出既定的答案,即常说的以教师的思路来引导学生的思路,这实质上是将学生的思维限制在教师的思维框架之中,学生仍处于被动学习的状态,不利于学生思维的发散和创造。因此,教师在创设问题情境时,应积极引导和鼓励学生自己去发现问题、提出问题,这是激发学生创造性思维的最好途径,也是学生主体性的最充分发挥。教师通过学生所

① 龚正元.化学教学中的"问题情境"创设[J]. 化学教育,1998(8):22-23.

提的问题能及时了解学生的思维动态,在和学生的相互交流和讨论中,二者的思维相互碰撞,相互启发,相互引导,最终达到和谐共振。这应是教学艺术的最高境界①。

3. 问题情境要有递进性

人类认识事物的过程是一个由易到难、由简单到复杂、循序渐进的过程。在教学中,对于那些具有一定深度和难度的内容,学生往往一时难以理解、领悟,教师可以采用化整为零、化难为易的办法,把一些太大或太难的问题设计成一组有层次、有梯度的问题,以降低问题的难度。例如,学习金属的腐蚀与防护时,从复习铁、石墨与稀盐酸组成的原电池入手,采用问题递进的方式推动学习进程:(1)将铁丝与石墨同时插在稀盐酸中,且底部相互接触,能否构成原电池?(2)若将稀盐酸溶液换成碳酸溶液,能否构成原电池?(3)钢铁设备在潮湿的空气中,表面形成水膜后的酸碱性怎样? 能否构成原电池?(4)随着水膜酸性的降低,钢铁设备中是否还存在原电池的反应?(5)水膜中的亚铁离子怎样转化为铁锈的?(6)是否钢铁表面只要保持干燥就不会被腐蚀了?(7)金属腐蚀的原理是什么?(8)在生产和日常生活中,怎样防止金属的腐蚀? 等等。整个过程使学生的认知沿着教师设计好的台阶拾级而上,顺利实现了"低起点,高落点"的良好教学愿望。相反,若一开始就提出"钢铁设备是怎样被腐蚀的?"问题,就会使学生感到茫然,也就很难产生积极的学习效应,其结果必然是"高起点,低落点"②。

4. 问题情境要有开放性

开放性问题是一种探索性问题,学生并不能完全依靠所学的知识或模仿教师传授的某种现成方法马上回答出来,而是要求学生善于从多方位、多角度分析问题,善于打破常规寻找新的解决问题的途径,使思维活动具有独创性。例如,学习苯与溴的取代反应时,要求学生根据反应条件设计实验方案:(1)怎样通过实验确认发生的反应是取代反应而不是加成反应?(2)怎样使生成的HBr气体溶于水?(3)怎样减少苯和液溴的挥发?(4)怎样除去HBr气体中混杂的Br_2蒸气?(5)怎样除去溴苯中混杂的Br_2

---

① 毕华林,亓英丽.化学教学中问题情境的创设[J].化学教育,2000(6):10-12.

② 夏向东.化学教学中问题情境的创设策略[J].化学教学,2009(2):35-37.

单质？学生围绕反应物的性质、Br_2分子的极性以及与水反应等方面，大胆发表自己的见解。由于问题具有一定的开放性，学生思考的角度不同，就会形成不同的思路，找到不同的解决方法。

5. 问题情境要有情感性

学生在学习中，如果从情感到行为都能够渗透和融化到教师所创设的教学情境中，就很容易理解和掌握真实的、有针对性的教学情境中所体现的知识与技能，也很容易领悟和挖掘出具体教学情境中所蕴涵的观点和价值。因此，课堂教学中创设的情境越贴近学生的情感体验，就越能够激发学生的学习动机，提高学生的学习兴趣，促使学生自主地探究问题。

6. 问题情境要有发展性

情境的发展性是指教学情境应该具有促进学生产生继续学习的愿望、有利于激发和增加学生潜能的功能。教学情境的设计不仅要针对学生发展的现有水平，还要针对学生的“最近发展区”：既便于提出当前教学要解决的问题，又蕴涵着与当前问题有关、能引发进一步学习的问题，形成新的情境，利于学生自己去回味、思考、发散，积极主动地继续学习，达到新的水平①。

总之，有效的问题情境是联系实际、注重实用和实效的，必须注意目的性、适切性和新颖性。在问题设计与解决的过程中，要努力使学生形成积极探索的态度、创造性地解决问题和提出新问题的能力，最终达到“使学生通过解决这个问题，就如同通过一道大门而进入一个崭新的天地”的目的。

三、如何体现“预设与生成”的统一

新课改积极倡导课堂教学的动态生成，因为它体现了教学内容的开放性和教学过程的互动性、真实性，激发了师生的创造精神和智慧潜能，焕发了课堂的生命活力。课堂教学是预设与生成的同构共建体，这要求我们为生成寻求灵活的预设，让预设促进有效的生成。

① 王后雄. 高中化学新课程教学中问题情境创设策略研究[J]. 化学教学, 2008(7):27-32.

(一)何谓教学的"预设与生成"

预设,即预见与设计,是依据教学目标、教学内容和学生的认知水平,选择适当的教学方法和教学手段,对教学过程进行系统的规划,使教学在一定程度上运行。预设并不仅是写一份详尽的教案,也并非是在上课前对课堂的每一个环节都进行完美的设计,而是对学生在课堂中可能出现的状态,诸如学习兴趣、积极性、注意力、学习方法与思维方式、合作能力、发表的见解、出现的争论,乃至错误的回答等,做引导和疏通等,形成弹性化的方案。

生成,即生长和构建,是指在教学活动中,教师充分尊重学生的心理需求,以即时出现的有价值、有创见的化学问题或情境为契机,善于调整或改变预先的教学设计挖掘学生的潜能,引发学生深入思考,充分展现学生的个性,从而达成或拓展教学目标,使教学获得最佳效果。"动态生成"是新课程核心理念下课堂教学的主要特征。在化学教学中,追求动态生成,并不是不要预设,而是需要教师在围绕教学目标精心预设的基础上,依循学生的认知规律、思维张弛及情感波澜,以灵动的教育机智随时调整教学进程和教学策略,让预设转化为生成,使课堂教学充盈生命成长的人文韵味。

将"预设与生成"统一的生成性教学就是指在弹性预设的前提下,在教学的互动过程中,教师依据学生需要和兴趣等作出及时的价值判断,不断调整教学行为,以促进学生主动学习和自主建构的教学活动过程[①]。

(二)怎样进行化学课堂"预设与生成"

1. 如何进行有效的预设

课堂教学是预设与生成、封闭与开放的矛盾体。凡事预则立,不预则废。课堂教学是有目标、有计划的活动,因此,预设是课堂教学的基本要求,也是教学质量得以保证的基本前提。一个好的教学预设应该是在以学生为主,全面了解学生情况,准确把握教材,有效开发资源的基础上进行的。

---

① 王存宽,于淑儿.有效预设与动态生成的化学课堂教学[J].化学教学,2011(7):17-20.

(1)学情的充分了解是有效预设的前提。学生是学习的主人,而不同学生的认知水平和个性特点都会影响教学活动的开展和推进,所以课堂预设时要考虑学生的需要、学生的发展,而不是狭隘地考虑给学生灌输多少知识、传授多少技能,那么尽可能多地了解学生的复杂性和差异性就成为课堂预设时首先要做的工作。

科学研究和教学实践表明,学生已有的知识和经验会直接影响学生对科学知识的学习,因此,我们在进行课堂预设的时候,要分外关注学生已有的知识和经验,要从新旧知识的联系出发,找准知识的新生长点。通过新旧知识间的联系来进行的预设,使学生接受的知识印象更深,更有利于原有知识结构的完善和新知识的生成[①]。

(2)教材的熟悉掌握是有效预设的基础。高质量的预设需要准确把握教材。教师在教学预设时要仔细揣摩教材,理解编者意图,准确把握教材的内容和实质,把握教学重点和难点,挖掘教材中能引发学生思考并对学生发展有利的信息,利用教材的延伸义、拓展义,对教材进行个性化解读,提高课堂生成的质量和水平。

(3)弹性的生成空间是有效预设的灵魂。所谓"弹性"就是指为实现化学教学的动态生成,教师要以开放的心态设计出灵活、动态、板块式的"学"案,而不是周密细致、一成不变的线性"教案"。教学目标、教学方法及教学环节的实施等的预设是"框架式"的,不是面面俱到的。由此,课堂教学板块预设要注意:一是不要太复杂、太紧凑,要有"弹性区间",要留出生成的时间和空间;二是要便于根据临时需要调整和增删,为生成"提供方便";三是可以分出"小板块",便于教学时根据学情选用[②]。

(4)缜密的课前思考是有效预设的保证。怎样进行有效的预设?简单地说,就是打算怎样来上这节课。课堂教学开展前,教师一般需要思考五个问题:这节课要教什么?通过这节课,要求学生达到怎样的目标?为了达到这个目标,教师应提供什么材料?在教学过程中,采用什么方法?在每一个环节里,应怎么提问,期望学生怎么回答?从教师的角度出发,

① 陈玲利.课前预设与课堂生成的互动共生[J].吉林教育,2008(10):85.

② 林明鑫,许利闽.浅析新课程背景下化学课堂教学中的预设与生成[J].厦门大学学报,2011(9):205-208.

首先来钻研一节课,就要把这些问题了然于胸,这是进行充分预设的前提,也是教学预设一个必需的过程。

当然教学预设仅做到这些还不够,教师还要尽可能地多了解学生、预测学生自主学习的方式和解决问题的策略,以便结合教师自身的创造能力有针对性地活用教材,优化预设。所以还得问几个问题:根据教材的每一年段的编排特点和要求,学生的理想状态是怎样的?根据实际经验或者假想对学生的了解,学生的现实状况是怎样的?每一个环节下去,学生会怎样呢?不同反应怎么应对?每一个问题(包括学生提出的问题)抛出去,学生会反馈什么?反馈的程度怎样?如果学生出现困难,教师有第二套甚至第三套方案吗[①]?

可见,教学就像网络,越深入分支越多,所以面对如此复杂的活动,教师要事先多问几个"为什么""怎样做",才能保证有效课堂教学的开展。

2. 捕捉教学中"非预设性因素"

化学课堂上生成性的问题是随着教学过程的开展而产生的,教师要在课堂教学的各个环节中捕捉问题,建立生成点,要以学生有价值、有创见的问题与想法等为契机,及时调整或改变预设的计划,结合学生的学习问题展开教学进而提高课堂效率。

(1)在需求中捕捉。布鲁姆说,人们无法预料教学所产生成果的全部范围。没有预料不到的成果,教学也就不能成为一种艺术了。所以这种以学为主的非预设教学必然会带来不同的教学体验。在教师的引导下,在实验探究中,往往会有许多新的发现,这些新的发现就是课堂资源,也是极其有价值的新问题。教师如果在这个过程中因势利导,进一步激励学生生成新的问题并进行自主探究,则会收到事半功倍的效果。例如,在做了金属钠与水的反应后,学生由实验现象推测出产物是 NaOH 和一种气体,学生自然需要知道是什么气体,从而自发地产生了探究的欲望。教师如果此时适时引导学生先从氧化还原反应原理的角度去推理、分析,并根据性质设计收集、检验气体的方法,再让他们按自己的设计进行实验,那么就容易得出结论。这样做充分满足了学生的需求,他们的学习积极

① 王存宽,于淑儿.有效预设与动态生成的化学课堂教学[J].化学教学,2011(7):17-20.

性也因此高涨,兴趣大增,信心也备受鼓舞。

(2)在对话中捕捉。教师与学生、学生与学生之间的课堂对话应当是平等、互动的过程。在课堂"对话"中,教师要真心实意地倾听每一个学生的发言,把握好方向,寻找问题的生成点。例如,在做完 SO_2 与 $KMnO_4$ 溶液的反应后,教师向学生提出问题:SO_2 表现出什么性质?大多数学生都说还原性,但有些学生回答漂白性。此时,教师没有忽略这些同学的看法,而是抓住这一非预设性的回答,趁热打铁地问:怎样设计实验方案来区别验证?并让学生上台演示。这样,不但使学生明白了 SO_2 的还原性与漂白性的区别,还培养了学生创新能力和分析问题、解决问题的能力。

(3)在错误中捕捉。教学过程既是暴露学生各种错误、障碍和矛盾的过程,又是展示学生聪明才智、形成独特个性的过程。教师要认识到学生的错误也是一种教学资源,在对学生的错误辨析中实现教学的生成。例如,在习题教学中遇到这样的一个问题:判断"新制氯水经光照一段时间后,pH减小"的说法是否正确,学生错误率很高,说明这个知识点学生没有掌握。由于高一学生学习氯气这一节内容时,还没有学习可逆反应和化学平衡的知识,教师补充的"氯水的成分"等知识,学生只是死记硬背的,从原理上讲他们根本没有搞懂,所以完全有必要花费一些时间,利用新学的化学平衡知识帮助学生彻底弄清这个问题。经过一段时间的个别思考、小组交流,最终同学们用自己刚刚学过的知识系统地分析了新制氯水光照后的最终状态,学生脸上露出了自豪的笑容。

(4)在实验中捕捉。化学实验中经常出现异常现象,不少实验即使在教师充分准备的情况下,仍有可能失败。可以说,化学实验是"课堂生成"的摇篮,教师若能坦然面对,循循善诱,组织学生探究实验异常甚至失败的原因,从实验中发现问题,解决问题,则能收到意想不到的效果。例如,在做淀粉－KI溶液与氯水反应的实验时,应滴加适量氯水,但操作时有学生因不慎多加了一些而出现先变蓝后褪色的现象。虽然这已经达到了预设的教学目标,但此时学生最感兴趣的问题是:"为什么蓝色又褪去?"于是教师临时改变了教学的预设,组织学生充分思考:"褪色的原因可能是什么?如何证实你的猜想?"随即学生提出了两种可能的原因,并经过实验验证,最终证实了自己的猜想。这样学生不仅深化巩固了有关卤素单质之间可反应的知识,同时也学会了怎样面对出其不意的新问题,并切身体验到科学探究最基本的思想和方法①。

(三)体现"预设与生成"的和谐统一

预设一个高质量的教案,既是教师经验的积累,也是教学机智的展现,成功的教案预设可以更好地发挥教师主导、学生主体的作用,更有利于教学目标的动态生成。在教学过程中,应该在精心预设下,开放地纳入直接经验、弹性灵活的成分以及始料未及的体验,这是符合促进学生发展的宗旨的。有了这样的预设,课堂变得严谨而周密,环环相扣,教学效果非常好。

前苏联著名教育家苏霍姆林斯基说过:"教育的技巧并不在于能预见到课堂的所有细节,而是在于根据当时的具体情况,巧妙地在学生不知不觉中做出相应的变动。"这就需要教师关注课堂的"突发事件",甚至是挖掘课堂中学生的动态生成,并产生创造灵感、教学机智,随机调控、即时发挥,创造条件促使学生向提高科学素养的方向转化,使课堂教学的有效性在不断变化的过程中逐步形成。

在新课程理念下,化学课堂教学应是预设与生成的和谐统一。一个富有经验的教师在教学时总是心中有案,教中无案,将有形的预设融于无形的、动态的教学中,真正融入互动的课堂中,随时把握课堂教学中闪动的亮点,把握促使课堂动态生成的切入点,促进学生在更大的空间里进行个性化的思考和探索②。过分关注课前预设,忽视学生的独特个性固然不可,但过分尊重课堂生成,没有足够的"预设"作为铺垫,"生成"将成为无水之源,无本之木。只有在生成和预设中寻求平衡,课堂才会和谐地发展,也正是缘于这种和谐,课堂才会"灵动"起来,而且使"生成"更加精彩③。

---

① 沈卫星.例谈化学教学中的预设与生成[J]. 化学教与学,2011(12):21-22.

② 罗声杰.化学课堂教学中预设与生成的和谐统一[J].化学教学,2007(12): 1-2.

③ 王存宽,于淑儿.有效预设与动态生成的化学课堂教学[J].化学教学,2011(7):17-20.

[案例十二]

在硝酸的化学性质教学中，教材安排了如图4-1所示的实验：

在两支试管中各放入一小块铜片，分别加入少量浓硝酸和稀硝酸，然后立即用带导管的胶塞塞住试管口，并将导管通入另一盛有NaOH溶液的试管，观察发生的现象。反应片刻后，加入浓硝酸的试管反应剧烈，产生红棕色气体，加入稀硝酸的试管反应缓慢，释放出无色气体，取下试管上的胶塞，使空气进入试管，观察发生的现象。

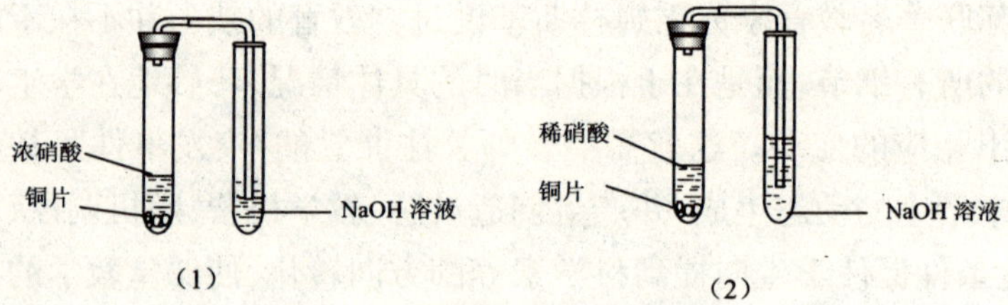

图4-1　硝酸的氧化性实验

[预设1]你认为上述实验的设计及描述合理吗？如果不合理，你认为怎样改进？

[预设2]以4人小组为单位，课后设计一个改良装置，用于满足铜和稀硝酸反应的实验要求：

①可以控制反应随时发生，随时停止；

②能看到反应产生的无色NO气体，遇空气后变红棕色的过程；

③能防止有毒气体污染空气。

[学生成果]学生设计的装置如图4-2所示。

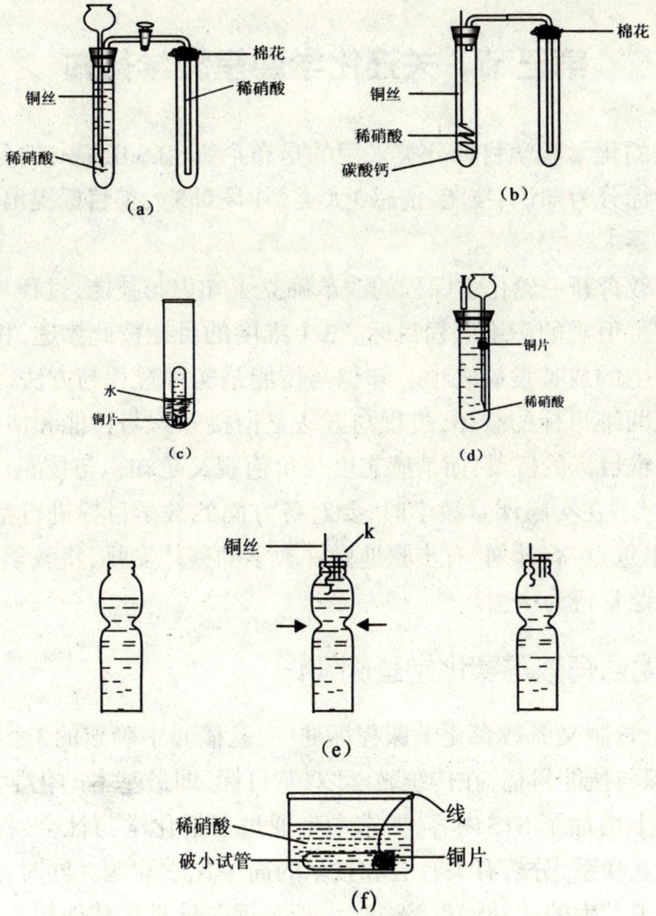

图4-2 学生设计的装置

总之,预设与生成是相互联系的。预设使课堂教学有章可循,生成使课堂教学精彩纷呈。因此,课堂教学要将预设和生成结合起来,好的课堂效果也只有在师生的互动中才能生成。可以说,预设是生成的前提,生成是预设的升华。面对课程改革,我们要在继承传统预设课堂的良好基础上,积极引入并探索动态生成的有效方法和途径,做到预设与生成有机融合,并及时反思、扬长避短,使二者相辅相成、相得益彰,这样的课堂才是学生真正需要的[①]。

第三节 关注化学课堂教学行为

我国的化学教学目标分类采用的是布卢姆(B.S.Bloom)的分类系统，将教学目标分为知识、技能、情感3大类，并且对3大类目标提出了不同水平的具体要求。

基础教育新一轮化学课程的改革确立了知识与技能、过程与方法、情感态度与价值观的三维课程目标。3个维度的目标彼此渗透，相互融合，统一于学生的成长发展之中。知识与技能是实现过程与方法、情感态度与价值观两维目标的载体，过程与方法是衔接知识与技能和情感态度与价值观两维目标的桥梁，而情感态度与价值观又是知识与技能、过程与方法的升华[②]。在实施课堂教学时，要对各方面的教学目标进行整合，统筹兼顾，突出重点，有计划、有步骤地做好教学的整体安排，将教学目标转化到具体的课堂行为中去。

一、如何有效落实化学基础知识

在《全日制义务教育化学课程标准(实验稿)》中确定的3个维度的目标中，知识与技能目标，在传统教学“双基目标”即最基本的化学知识与技能的基础上增加了STS内容，要求学生通过了解化学与社会、科技、实际生活的相互联系，分析有关社会和技术的简单化学问题。同时，这些目标充分考虑了学生的认知特点，注意“由近及远”，让学生从他们熟悉的身边物质和化学现象开始学习化学，以便减少学习难度，增加学习兴趣，也便于他们“学用结合”。

(一)化学基础知识简述

化学基础知识包括化学基本概念、基本理论以及元素化合物知识。

① 沈卫星.例谈化学教学中的预设与生成[J].化学教与学,2011(12):21-22.

② 刘敬华,张飒.化学教学设计与实施中如何落实三维目标的融合统一[J].化学教育,2006(6):30-31,42.

它们在教材中相互穿插、相辅相成、环环相扣,构成了完整的化学知识体系。其中,化学基本概念和元素化合物知识是基础理论的基石,做好这两方面的教学工作,是完成基础知识教学的关键。

1. 化学基本概念简述

(1)化学基本概念的内涵。化学基本概念是化学基础知识的基础,无论是学习化学理论知识,还是化学基本技能,都离不开化学基本概念。化学新课程教材打破了以往以学科知识为中心的特点,内容上也不再单纯从学科知识体系出发,而是重视化学与其他学科之间的联系,综合运用有关的知识、技能和方法分析和解决一些问题,这对化学基本概念教学是一个很大的挑战。

(2)化学基本概念教学要求的特点。① 化学基本概念的教学要求在不同的模块中是逐步提高深化的。例如,原子结构知识的有关概念在必修1中要求知道元素、核素的涵义,了解原子核外电子的排布。在必修2中要求能认识元素周期律,了解原子结构与元素性质的关系。但是到了《物质结构与性质》选修模块则要求知道原子核外电子的能级分布、元素电离能、电负性的涵义,能应用元素的电离能说明元素的某些性质,了解电子跃迁原理的简单应用。② 在同一模块中有关的化学概念也是逐步发展和深化的。例如,苏教版《化学1》有关氧化还原反应的概念,在专题1第一单元"物质的分类及转化"中介绍化学反应常见分类方法后,指出根据化学反应过程中元素的化合价是否发生变化,将化学反应分为氧化还原反应和非氧化还原反应,再在专题2第一单元中从氯气和溴化碘的反应中化合价的变化分析入手,揭示了氧化还原反应的本质是电子的转移,进而在"拓展视野"中认识氧化性、还原性强弱。

2. 元素化合物知识简述

(1)元素化合物知识的内涵。元素化合物知识一直以来都是化学教学中的基础和核心,是构成化学知识的基本骨架。化学基本概念和基础理论的导出,是在对元素化合物知识感知、认识的基础上进行的;化学基本概念和基础理论的发展,又依赖于对元素化合物知识的扩展和深入。同时,化学实验是对元素化合物知识生动的再现和认识,化学计算是对元素化合物知识的定量研究,化学用语是对元素化合物知识的记载和描述,所以离开了对元素化合物知识的学习和研究，其他化学知识将成为无源之水[①]。

(2)元素化合物知识的特点：

① 元素化合物知识与基本概念、基本理论相互渗透、关系密切，需将这两者结合好。如由碳元素组成的金刚石、石墨物理性质的差异之大，硫酸由于浓、稀的不同而引起性质上有本质不同，所以必须把物质的性质与基本概念、基本理论联系起来。

② 元素化合物知识的内在联系紧密，规律性较强，知识系统都是从单质到化合物，都按存在、性质、用途、制备的顺序进行的。而物质的存在、制备、用途都取决于物质的性质。因此学习中应紧紧抓住物质的性质来带动其余的。如依据氢气的化学性质有可燃性和还原性来推导它的用途、存在，不要去死记硬背。

③ 元素化合物知识内容多，既有共性，又有个性，因此在学习中一定要全面分析问题，既记通性又记特性。如HNO_3既具有酸的通性又有与金属反应不生成氢气而生成水的特性。

④ 元素化合物知识对实验的依赖性强，大部分化学知识是通过实验获得的。如氧气的化学性质通过与C、P、S、蜡烛反应等演示实验使学生认识到氧气是一种化学性质比较活泼的气体。所以一定要认真观察和分析实验现象以求印象深刻、记忆牢固、理解透彻。

(二)如何有效落实化学基础知识

1. 化学基本概念的教学

(1)阐明含义，为学生讲清概念。化学基本概念是化学基础知识的重要组成部分，它都是通过定义的方式来表达的。定义概念的词语必须精确、清晰、简要，以反映现象及事实的本质。化学基本概念一般比较抽象，不易被学生理解，如果教师忽略对化学基本概念的讲解，仅仅告诉学生化学基本概念，学生在学习中通常会遇到很大的困难。要使学生牢固掌握概念，必须把握两个方面，首先要明确此概念的内涵，也就是这个概念包含对象的共同本质，其次要清楚此概念所反映的事物的范围。分析概念

① 陆军.新课程下高中元素化合物知识体系的构建[J].化学教育，2007(12):17.

的时候,还要充分深刻地分析定义中的关键词。

[案例一]

"摩尔"概念的教学

在"摩尔"的概念中,其内涵就是"微观粒子的计量单位",只要是微观粒子,不管是分子、原子还是微观粒子的特定组合都可以用摩尔计量。明确了这个范围,学生就会知道没有一摩尔的米、一摩尔的黄豆,也不可能有一摩尔的氢、一摩尔的氧。摩尔概念的关键词是"物质的量""阿伏加德罗常数",还有"微粒"。"物质的量"不是质量,也不是数量,而是物理量名称。就好比衡量物体长短的物理量叫"长度"一样,衡量微观粒子多少的物理量被称为"物质的量"。物理量都有单位,长度的单位是米,物质的量的单位是摩尔,这样也就把物质的量是什么,以及物质的量和摩尔之间的关系弄清楚了。

阿伏加德罗常数是0.12 kg ^{12}C中含有的碳原子个数,实验测得的近似值是6.02×10^{23}。为了纪念阿伏加德罗对人类作出的贡献,遂把6.02×10^{23}这个常数命名为阿伏加德罗常数。正如以光在真空中1/299792458秒的时间间隔内运行距离的长度作为1 m一样,每含1个阿伏加德罗常数个微粒的物质的量就是1 mol,或者说1 mol就是阿伏加德罗常数个微粒,显然,阿伏加德罗常数是1 mol的数量标准,这样就弄清了阿伏加德罗常数与摩尔的关系。至于"微粒",它并不是宏观粒子,而是指微观粒子,即分子、原子、离子、光子、电子等。至此,弄清了物质的量是衡量物质微粒数的计量名称,它的单位叫摩尔,每摩尔含阿伏加德罗常数个微粒。

(2)直观呈现,使学生形成概念。中学生的思维能力正在从形象思维向抽象思维过渡,抽象思维能力还不够成熟,因此对抽象概念的学习还需要直观材料的辅助。所以教师在讲授概念时要遵循学生的认识规律,从感性到理性,由具体到抽象,从直观入手,通过观察、分析、感受引出概念。

[案例二]

联系生活实际认识化学基本概念

如讲授“分子”时可以从糖溶于水、氨气扩散、湿衣服晾干等学生日常生活中的亲身感受，说明分子的客观存在。再用比喻方法描述分子的大小，就可把摸不到的分子深深印在学生脑海里。还可以利用实验、模型、挂图、录像、多媒体等直观教具认识概念。如开始学习化学时对物理变化、化学变化、物理性质、化学性质等概念的传授，即可通过这种方法进行教学：拿一根蜡烛，对加热熔化和点燃这两种现象进行对比，先让学生指出其不同之处，再加以总结、归纳，得出物理变化、化学变化的结论。学生会对这类概念理解得透，记忆得深①。

[案例三]

利用实验、模型、录像等认识化学基本概念

有关物质的性质、变化、实验技术等方面的概念都能通过实验的途径引出。例如，“电离”的概念比较抽象，因为学生不能通过感官直接感觉到物质电离后自由离子移动的过程，难以接受这样的化学结论。通过溶液的导电性实验，学生观察到有些物质在水溶液中或熔化状态下能导电，有些却不能导电，这样就比较容易形成电离的概念，从而正确理解、认识电解质与非电解质的内涵②。

(3)运用概念图，形成整体概念印象。化学基本概念教学的目的除了使学生真正建构化学基本概念外，更重要的是要培养学生运用科学思维方法，抽象概括出概念及相关知识的能力。概念图通常是将有关某一主题的不同级别的概念和命题置于方框或圆圈内，再把它们按照内在联系连接起来，形成该主题的概念网络。概念图注重学习者的知识建构，强调从事物的关系中把握和扩展概念，而学生平时对概念的学习比较零散孤

① 谢泽琛，钱扬义.国内“化学概念教学”研究新进展[J].化学教育，2004(10):58-59.
② 叶鲜艳.浅谈新课程理念下化学概念教学的策略[J].考试：教研版，2007(7):42.

立,因此,在一个阶段的概念学习之后,在复习的过程中教师要教会学生绘制概念图,借此对所学的概念知识进行梳理、深化、扩展,形成知识网络。

[案例四]

师生共同构建"物质的量"概念图①(图4-3)

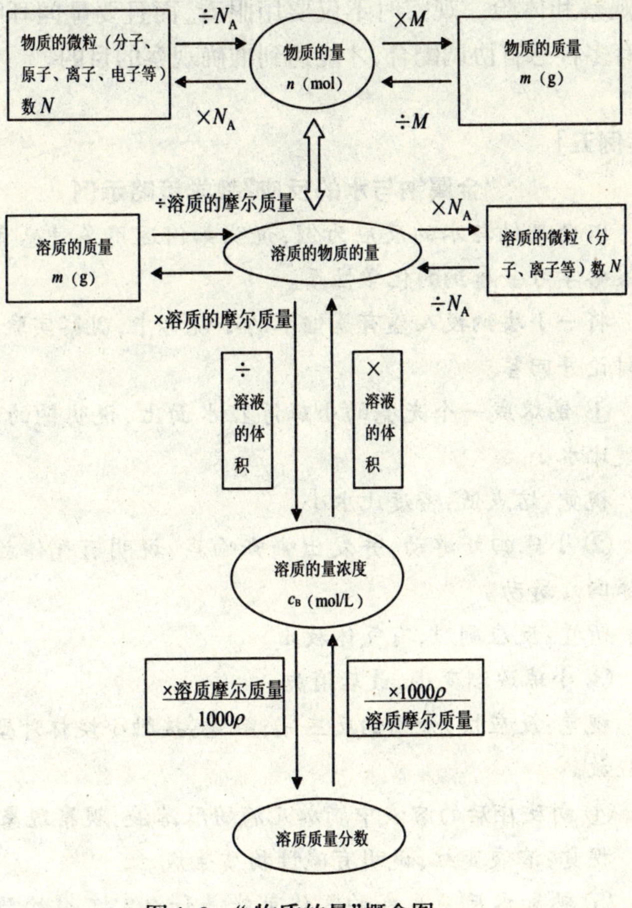

图4-3　"物质的量"概念图

① 沈蓉.浅谈概念图在化学课堂教学中的应用[J].江苏教育学院学报,2012,28(1):50.

2. 元素化合物知识的教学

(1)多感官协同记忆策略①。科学实验表明,人的各种感官在受到刺激后都会在脑中留下痕迹,多种刺激相互叠加后,能增强识记的效果。许多物质的性质、制法和用途等元素化合物知识,学生自己阅读教材或者听教师讲授,往往很容易理解,但却难以在头脑中留下深刻的印象。因此,应充分调动各种感觉器官(眼、耳、口、鼻、手、脑等)对物质及其变化进行全面的观察和体验。观察时不仅要用眼看,而且要鼻闻耳听,甚至用手摸。只有多种感官协调配合,才能达到准确观察的目的。

[案例五]

"金属钠与水的反应"教学策略示例

以金属钠与水的反应为例,说明如何运用多种感官协同记忆策略学习金属钠的化学性质。

将一小块钠投入盛有蒸馏水的小烧杯中,观察实验现象,学生讨论并回答。

① 钠熔成一个光亮的小球浮在水面上,说明钠的熔点低,密度比水小。

视觉:熔点低,密度比水小。

② 小球四处游动,并发出嘶嘶响声,说明有气体放出推动小球四处游动。

听觉:反应剧烈,有气体放出。

③ 小球逐渐变小,最后消失。

视觉:反应快,金属钠反应完;触觉:接触小烧杯外壁,微热,反应放热。

④ 向反应后的溶液中滴加几滴酚酞溶液,观察现象。

视觉:溶液变红,说明有碱性物质生成。

⑤ 钠和水反应生成的气体可能是什么?怎么检验呢?可能是H_2或O_2。可以用一支小试管收集生成的气体,靠近火焰若

① 康丽华,郑柳萍.中学化学元素化合物知识的学习策略[J].考试周刊,2011(50):173.

能产生轻微的爆鸣声则是H_2。

听觉:反应剧烈有气体H_2放出;嗅觉:气体气味是无味。

(2)联系—预测策略[①]。尽管元素化合物知识内容相对庞杂,但是它们并非是一些孤立知识点的简单堆砌,相反,它们之间存在着一定的内在联系。这种联系主要体现在3个方面:

① 元素化合物知识与理论性知识联系密切,是理论性知识的具体体现,例如,物质的性质是由其结构决定的,并和它们在周期表中的位置密切联系。

② 元素化合物知识与学生的已有知识经验相联系,这里的已有知识经验既包括学生从书本上获得的已有知识,又包括学生的日常生活经验。

③ 元素化合物知识之间存在着相互联系,它体现在物质的性质、存在、制法、用途之间是相互制约的,物质的性质在很大程度上决定其存在、制法、用途等,还体现在同一类型的物质往往具有某些相似的性质,如酸、碱、盐都具有某些通性等。

联系—预测策略是指学生在学习化学元素化合物知识时,有意识地抓住其与理论性知识、已有知识经验的联系以及物质性质之间的内在联系,并以这些联系为依据对要学习物质的一系列性质先做出自己的预测。

[案例六]

“氨的性质与结构”教学策略示例

氨(NH_3)是氮族元素重要的气态氢化物。在学习氨的性质时,学生就可以运用已有的物质结构、元素周期律等知识,对氨的物理性质和化学性质做出预测,深入理解氨的结构、性质与用途之间的联系。

预测1:已知氨为极性分子,根据相似相溶原理,氨应易溶于极性溶剂(如水)中;

预测2:已知氨中氮元素的化合价为-3价,处于最低价态,氨应具有还原性,在一定条件下能被某些氧化剂(如氧气)氧化;

① 茆建军.学生学习元素化合物知识的教学策略[J].化学教学,2007(3):17

预测3:已知氨分子中含有孤对电子,能够与氢离子形成配位键,因此氨能够与酸发生反应;

预测4:根据同周期元素原子结构及元素性质的递变规律,氨的还原性比水强,稳定性比水差。

将预测结果与教材内容进行比较,分析存在的问题,并通过实验、观察、思维等活动验证有关结论,从而深刻理解氨的有关性质。

(3)对比—迁移策略[①]。应用是认知的最终目的。如何达到应用呢?这就需要学会迁移。通过自学接受新信息,通过联想建立新旧知识间的联系,运用旧知识解决新问题。

[案例七]

例如,NH_3和NO能否发生反应,从课本中找不到任何依据,但通过思考,便能迅速迁移到反应可以发生的依据:$2H_2S+SO_2=3S\downarrow+2H_2O$,$HCl+HClO=Cl_2+H_2O$,即同一非金属元素的正价化合物与负价化合物可在一定条件下发生归中反应,生成该元素的单质。

又如,依据课本字面叙述,NO不能被NaOH吸收,NO_2也不能被NaOH吸收,但根据氧化还原反应有关原理,NO中+2价的N可与NO_2中+4价的N反应归中为+3价的N:$NO+NO_2+2NaOH=2NaNO_2+H_2O$,反过来,$NO_2$中+4价的N也可自身氧化还原为+3价和+5价的N:$2NO_2+2NaOH=NaNO_2+NaNO_3+H_2O$。由此我们即可总结出一条创造性规律:在NO、$NO_2$混合气体中,只要NO的物质的量不多于$NO_2$的物质的量,混合气体即可被NaOH溶液完全吸收。这不仅对处理硝酸厂尾气很有意义,还可用于指导解题。

(4)实验探究策略。化学实验能激发学生兴趣,启发学生思维,培养学生创新精神,因此在课堂上,教师应尽可能创造条件让学生亲身体验化

① 陈卫清.新课程理念引领下的元素化合物教学方法初探[J].上海师范大学学报,2006,35(12):101.

学实验操作,在这个过程中去发现问题,寻找方法,获得新知识、新技能。这种学习方法能极大调动学生的积极性,提高学生的学习效率。

[案例八]

在“铁及其化合物的性质”一课中,以铁及其化合物的氧化性和还原性为重点,学生在探究过程中产生了众多质疑,如:①从价态上看,Fe^{2+}应具有氧化性、还原性还是兼有之?②Fe^{2+}溶液中加入KSCN有何变化,再加氯水呢?③向Fe^{2+}溶液中加入氢氧化钠溶液有何变化?④$FeCl_3$溶液加入铁粉有何变化?从元素价态的表现上看,Fe^{3+}应只有氧化性,Fe只有还原性,而Fe^{2+}既有氧化性又有还原性。在设计分组实验时,紧紧围绕上述几个问题加以验证,给每个学生合适的试剂和仪器,学生在实验过程中归纳总结,并且从实践中获得了知识,了解了知识的形成过程,使知识掌握得更加牢固。

二、如何体现化学学习的“过程与方法”

“过程与方法”目标是一个崭新的维度,既包括化学学科方面的认知过程和方法,又涉及人与自然关系的认知活动,并且适当拓展到科学探究的过程和方法,以及认知过程中的人际交往过程和方法,它们的实现依赖于教学活动过程的精心设计和展开,而这是传统的知识传授方式无法实现的[①]。

(一)对“过程与方法”目标的理解

在教学中“知识与技能”目标是显性的,“情感态度与价值观”目标是隐性的,而“过程与方法”目标是具有可操作性的。因此,抓住“过程与方法”,容易使隐性目标融合在显性目标中,从而得到具体落实。“过程与方法”目标主要包括两个方面的内容:一是教学过程设计要注意让学生了解知识的来源、规律、特点等,这样有利于学生透过现象了解本质,从而更好

① 刘敬华,张飒.化学教学设计与实施中如何落实三维目标的融合统一[J].化学教育,2006(6):30-31,42.

地掌握知识并培养相应的技能；二是注意让学生掌握获取相关知识，培养相关技能的过程与方法，即通过关注学习的过程、方式、手段、途径等来掌握学习策略，从而达到"会学"的目的。注重过程与方法，就是重视学生探索新知识的经历、思考及获得新知识的感悟与体验，重视学生实践能力与创造能力的培养和思维品质的锻炼与提升①。

（二）如何体现化学学习的"过程与方法"

1. 关注知识的生成过程

任何知识都有它发生、形成和发展的过程，注重化学知识形成过程的教学，是培养学生一般思维和化学特殊思维方法的关键。教师在进行教学设计时，可根据教学的需要和学生的实际情况，对科学家的发现过程从教学的角度进行改编，使其成为学生的学习途径，具体应达到以下几点要求：

（1）将原发现所经历的漫长过程加以剪辑变成捷径；

（2）降低原发现过程的难度，使其变成对学生来说是重而可担的适中问题；

（3）减少原发现过程的迷途，使其变成少量岔路以供学生思考选择。

这样的设计，使学生真正体验科学家的思维历程，体会化学知识的来龙去脉，运用各种思维方法在新旧知识之间建立非人为的实质性联系，使知识很好地内化，促进认知结构发生质的变化，并在获得相应化学知识的同时，对化学学科的研究方法及化学家会有更深刻的认识，这对学生理解科学本质、提高科学素养具有重要意义。

2. 激发学生的有效探究

新课程提倡开展探究学习活动，这不仅能发展学生的创新能力与实践能力，更重要的是让学生体验到科学家研究科学的过程。可见，在化学教学中，开展探究学习有利于"过程与方法"这一教学目标的实现。因此，在具体的教学中要创设各种教学情境，让学生通过探究活动，亲身经历发现知识、获得知识的过程，在探究学习活动中，形成良好的科学品质，同时

① 何如涛. 对化学新课程"过程与方法目标"的重新思考与探索[J]. 化学教学, 2010(4):29-31.

也能提高学生分析问题、解决问题的能力。①

[案例九]

“铁的性质”的探讨就可以从铁生锈的感性认识开始,引导学生对铁生锈的条件进行猜测,并设计实验验证,使学生体验和理解铁生锈的条件,引导学生利用所学知识为铁的防锈出谋划策。片段设计:

师:大家思考一下,我们身边有很多物品都是由铁制作的,那么由铁制作的这些物品是不是经历多年后依旧能够像新的一样呢?

生:不是,会生锈。

师:好的,今天我们就来探讨下究竟在什么样的条件下铁会生锈。

……

师:既然大家对铁生锈的条件有了认识,那能不能设计实验来验证?

生:取一支试管放入一枚铁钉并浸入水中,另一支试管中放入一枚干燥铁钉。

……

师:好,大家对两种条件都进行了实验,对比效果明显,那有没有两种条件都具备的情况呢?

生:把铁钉放入试管中,一半没入水中一半暴露在空气中。

师:尽管第一支试管是浸没在水中但是水中还是溶解了少量空气,我们还要对第一支试管中的水进行处理,应该怎么做?

生:(讨论后)煮沸,在水面上还要放上少量油避免空气再次进入。

师:回答得很好,下面实验开始(由于时间比较长,老师在一个星期前已经开始实验了,此时出示三只试管,并运用课件播放

① 成新燕.重视学生获得化学知识过程与方法的初探[J].文理导航,2010,(6):48.

试管内铁钉的变化)，同学们注意仔细观察实验现象，比较三个实验的差异性(学生讨论)。

师：好的，根据同学们的观察，可以得出总结：铁在潮湿的空气中最易生锈，由于铁在日常条件下难免会接触空气和水，所以常常涂上油漆来防止生锈[①]。

由于铁生锈耗时比较长，很难在短时间内观察到铁生锈的全过程，因此将重点放在实验设计上，使知识与过程的目标都得到了落实。

［案例十］

沉淀的转化[②]

实验1：

(1)向盛有10滴0.1 mol/L $AgNO_3$溶液中滴加0.1 mol/L NaCl溶液至不再产生沉淀；

(2)向所得固液混合物中滴加0.1 mol/L KI溶液；

(3)向新得固液混合物中滴加0.1 mol/L Na_2S溶液。

实验2：

(1)向盛有10滴0.1 mol/L $MgCl_2$溶液中滴加0.1 mol/L NaOH溶液至不再产生沉淀；

(2)向所得固液混合物中滴加0.1 mol/L $FeCl_3$溶液；

(3)静置。

以上两个实验：

(1)请你预测上面两个实验的现象，并说明原因。

(2)进行实验，和你预测的现象一致吗？根据你观察到的现象，分析发生了什么反应。

(3)如果将上面两个实验中的沉淀生成和转化的操作步骤颠倒顺序，会产生什么结果？（预测—说明原因—实验验证—

① 余新武，李丹."过程与方法"目标在化学教学过程中的实施策略[J]. 湖北师范学院学报，2011，31(1)：99-100.

② 刘玉荣，王后雄. 关注过程的化学教学[J]. 内蒙古师范大学学报，2012，25(2)：152-153.

解释交流)

(4)找出这类反应发生的特点。(提示:利用平衡移动原理和两种沉淀溶解度上的差别加以解释)

(5)锅炉水垢中常含有$CaSO_4$,你能说出要先用Na_2CO_3溶液处理,而后用酸除去的原因吗?

案例分析:通过问题(1)和(2),学生得出一种沉淀可转化为另一种沉淀的结论;通过问题(3)学生再一次体验"预测—说明原因—实验验证—解释交流"的过程,并反思一种沉淀转化为另一种沉淀的条件;问题(4)要求根据相关的原理进行解释并得出结论;问题(5)属于新知识的迁移和运用。以上5个问题紧紧围绕核心主题(沉淀的转化),逐层递进,从学生已有的知识经验出发,基于学生的最近发展区,大大激发了学生的参与意识和探究欲望,引导学生一步一个台阶地建构新知识,并运用学到的新知识去解决实际问题。

3. 创造互动学会倾听

在课堂上实施互动最好的办法是小组讨论和交流,其做法是:首先分好小组,创设一个交往交流的平台,在教室中进行可以是四个同学一组,单数排的同学向后转,与双数排的同学组成一组,每个组必须确定一个组长,小组内交流内容记载和小组间的交流都有组长负责。要让每个学生都有发表意见的机会。其次是内容设置,新教材中"交流与讨论"栏目为我们提供了很好的互动内容,学生在交流与讨论中可以多角度、多层次地分析、讨论,从而激发其积极主动的思维,发挥学习潜能,培养学生迁移、创新、表达交流的能力。另外,还可以设计一些开放式、探究式、推理式、有争论性的问题,如在"金属钠的性质与应用"教学中,在讲了钠与水的反应后,建议让学生来推测钠放入硫酸铜溶液可能出现的现象。通过小组讨论交流、生生互动、师生互动等形式,使彼此形成一个真正的"学习共同体"。对教学而言,交流意味着对话,意味着参与,意味着相互建构,它不仅是一种教学活动方式,更是弥漫于师生之间的一种教育情境和精神氛围[①]。

① 杨军.新课程下化学教学过程与方法的思考与策略[J].化学教学,2007(2):27.

在学生之间进行交流时，教师要学会耐心倾听，鼓励学生积极参与讨论。有效的倾听应该具备以下几个条件：

（1）能让绝大多数学生参与讨论、提问，还应对此有所回应。否则，如果只有少数学生参与，那课堂就变成少数学生的舞台和多数学生的看台。

（2）要让学生感到教师在倾听。教师的反馈行为会在很大程度上影响学生的参与。教师若在学生讨论交流中表现出对学生的关注和赞赏，能够极大地激发学生的自信心，学生才更勇于展现自己、欣赏自己[①]。

4. 关注学生反思的过程[②]

反思是一种高级的认知活动，学生反思化学学习过程，就是对经历的化学学习内容、方法、认知策略等多因素进行再次认识和深度理解。反思具有元认知的成分，学会反思，养成反思的习惯，对学生来说将终身受益。如何教给学生反思的方法，培养学生反思的习惯？

（1）提出明确的反思任务。在化学学习中，要让学生学会反思，首先要使其感受反思的必要性，然后在化学学习的不同阶段提出反思的任务。

例如，在“影响化学反应速率的因素”这一课中，教师在课堂结束时提出下面三个问题：通过这部分内容的学习，大家学习了哪些知识？学到了什么解决问题的方法？设计实验方案时如何控制实验条件？

对第一个问题，学生会得出化学反应速率的影响因素主要是反应物本身的性质，外界条件如浓度、温度、催化剂、固体表面积等都也影响化学反应速率；对第二个问题，学生可反思本节课通过“提出问题—猜想—设计实验方案—实验—得出结论”的程序来解决问题；对第三个问题，学生要说出，在设计实验方案时，通过对比实验法和控制变量法来实现对实验条件的控制。三个问题，给学生提出了明确的反思任务，包括化学知识、化学问题解决的过程与方法以及化学实验方法等方面。在教学中经常设置这样的教学环节，学生会逐渐意识到反思的必要性，养成反思的习惯，这对他们来说会终身受益。

（2）教会学生反思的方法。学生首先要清楚明白何时该反思，如在解决化学重难点知识后、在每节课每单元结束后、在集体讨论后、在习

---

① 何如涛.对化学新课程“过程与方法目标”的重新思考与探索[J]. 化学教学，2010(4):29-31.

② 刘玉荣，王后雄.关注过程的化学教学[J]. 内蒙古师范大学学报，2012，25(2):154.

题解答后、在单元考试后等。反思的内容如每节课的收获、知识形成的过程、解题策略、知识的内在联系、成功的学习经验、失败的学习教训、课堂的自我表现等,这些都是需要学生进行反思的内容。学生通过自我提问、自我总结和自我评价进行反思,并将反思的结果——本节知识小结、单元小结、错题集、重难点解析、探究体会、自我评估等有序装进自己的成长记录袋,记录一点一滴的成长。这些过程也都离不开教师的指导和监督。

三、如何引导学生体验化学

新课程理念下的课堂教学更关注教与学的过程。体验是教学过程的显著特征,而过程与方法、情感态度与价值观的形成又是伴随于知识与技能的掌握过程之中,要实现三维教学目标的统一就要加强学生在学习活动中的体验、感悟和反思。如果没有体验的过程,知识与技能将停留于记忆性层面,学生很难有对方法的感知,更难有对情感态度与价值观的领悟。

新课程标准最显著的特点之一,就是确立了体验性目标,注重学生在学习中的体验。《基础教育课程改革纲要(试行)》以"体验"为核心,对教学提出了"强调形成积极主动的学习态度""关注学生的学习兴趣和经验""倡导学生主动参与、乐于探究、勤于动手""满足不同学生的学习需要"等要求。因此,为实现课堂的体验性目标,即引导学生体验化学,教师要比实现认知性和技能性目标投入更多的关注与思考。

(一)体验式学习

1. 体验式学习概念界定

体验,就是用心智去感受、关注、欣赏、评价某一事件、人物、事实、思想。中国自古就有"纸上得来终觉浅,绝知此事要躬行"的古训。只有经过体验,我们才能把一个陌生的、外在的、与己无关的对象变为熟悉的、可以交流的、甚至是融于心智的存在。"体验式学习"是指在学习过程中,让学生从已有的实际经验出发,亲身经历实际问题的操作、解释与应用过程，并在此基础上主动建构知识，获得学习方法①。

不难看出，以前的传统学习对学生来说都是外在的，而体验式学习却像生活中其他任何一种体验一样，是内在的，是个人在形体、情绪、知识上的参与所得。体验式学习使学习者完完全全地参与学习过程，使学习者真正成为课堂的主角。教师的作用不再是一味单方面地传授知识，更重要的是利用那些可视、可听、可感的教学媒体努力为学生做好体验前的准备工作，让学生产生一种渴望学习的冲动，自愿全身心地投入学习过程，在亲身体验过程中掌握知识、培养能力。

2. 体验式学习基本模式

体验式学习不是一个简单的线性过程，而是一个过程中有循环、循环中有反复的过程。它在体现体验式学习计划的同时，也体现及时调整体验的作用。体验活动是一个随时变化、因人而异、依景调整的过程。在课堂教学中其基本模式分为“具体体验→反思解释→提炼总结→应用检验→即时调整”五个阶段，具体教学模式如图4-4所示。

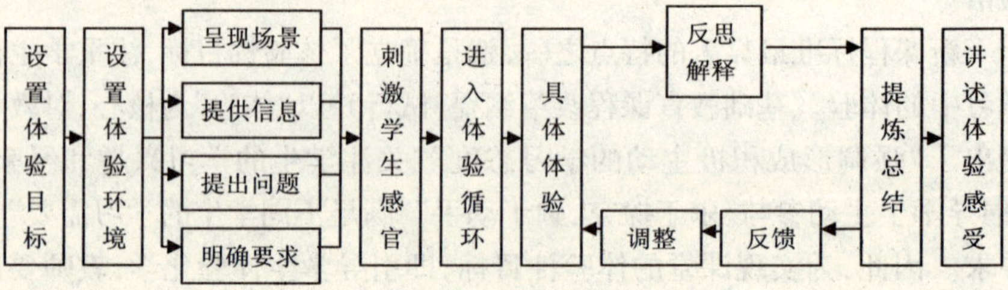

图4-4 体验式教学模式图②

（二）如何引导学生体验化学

1. 在对话交流中体验学习

对话就是教师和学生双方理解的过程。体验的关键部分是与其他参加者探讨、交流以及反映自己的内在个人感受。在交流体验中，学生可以与教师、与其他同学展开平等对话，特别是对学习有困难的学生，可以让

① 苏香妹.化学教学的“体验式学习”[J].中学化学教学参考，2010(7):16-18.

② 吕崧.化学教学中如何尝试“体验学习”[J].中学化学教学参考，2004(7):14-15.

他们找到自己在教学中的位置,教师和其他同学可以倾听他们发表的见解,这样有助于他们培养学习的自信,有一种成功的体验。因此,对话交流使体验式教学发生质的变化[①]。

在化学课堂教学中经常会出现值得进行深入分析讨论的问题,只要时间充分、环境自由,学生在讨论的过程中就会逐渐形成自己的观点,也会在多种观点的碰撞、交流中逐步丰富、完善自己的观点。在讨论过程中教师不要急于发表意见和过早给出问题的答案,让学生在思考的过程中各抒己见,互相探讨,充分体验学习的过程和乐趣。

[案例十一]

已知氨水的电离程度与醋酸的电离程度在同温同压下几乎相等,溶有一定量氨气的NH_4Cl溶液呈碱性。现向少量$Mg(OH)_2$悬浊液中,加入适量的饱和NH_4Cl溶液,固体完全溶解,请你根据所学的知识进行合理的解释。

教师提出问题后,大多同学都会运用物质的电离和盐类的水解等知识进行分析,经过激烈的讨论,主要形成以下两种结果:

结果一:$Mg(OH)_2(s) \rightleftharpoons Mg^{2+}+2OH^-$ ①

$NH_4^+ + H_2O \rightleftharpoons NH_3 \cdot H_2O + H^+$ ②

$H^+ + OH^- \rightleftharpoons H_2O$ ③

由于NH_4^+水解呈酸性,H^+与OH^-反应生成水,导致反应①平衡右移,沉淀溶解。

结果二:$Mg(OH)_2(s) \rightleftharpoons Mg^{2+}+2OH^-$ ①

$NH_4^+ + OH^- \rightleftharpoons NH_3 \cdot H_2O$ ②

由于氯化铵电离出的NH_4^+与$Mg(OH)_2$电离出的OH^-结合生成弱电解质$NH_3 \cdot H_2O$,导致反应①平衡右移,$Mg(OH)_2$沉淀溶解。

以上两种解释均有充分的理由,到底哪种解释更合理,教师

① 曹国荣."体验式"教学在高中化学教学中的运用[J]. 新课程研究,2011(3):44-46.

可引导学生分析加入何种试剂进行检验即可找到问题的答案。经过学生分析，最后通过用 CH_3COONH_4 与 $Mg(OH)_2$ 悬浊液反应，发现 $Mg(OH)_2$ 溶解，由此推知第二种解释正确①。

2. 在经历唤醒中体验学习

建构主义理论认为知识是主体个人经验的合理化。学生不是空着脑袋走进教室的，他们在日常生活及以往的学习中，已经形成了比较丰富的经验。而且，有些问题他们即使还没有接触过，没有现成的经验，但一旦接触到这些问题，他们往往也会从有关的经验出发，形成对这些问题的某种合乎逻辑的解释。在教学过程中，根据学生先前的知识经验，合理地创设学习情境，让学生从感受、体验学习情境开始，在感受和体验中观察，新旧经验之间就会建立联系，即从感知、感受到感悟，从感性认识的形象思维逐渐过渡到理性的、抽象的逻辑思维，建构起概念、理论等知识。

[案例十二]

"物质的量"的教学

物质的量是用来计量肉眼看不到、现代称量工具难以称量的原子、分子和离子等微观粒子的物理量。由于涉及微观粒子，学生无法感知，物质的量这个词对学生来说又比较陌生、抽象、难懂，而且非常容易将物质的量与物质的质量混淆起来，以致错误地理解物质的量的涵义。这时，教师需要创设学习情境，根据学生已掌握的质量、长度等描述宏观物质的物理量，建立宏观物质的质量与所含微观粒子数目之间的联系，进而感知描述微观粒子数目的物理量——物质的量。同时采用类比的方法，将单位摩尔类比为生活中熟悉的"打"，如一打铅笔是12根，而一摩尔就是 6.02×10^{23} 个。将新知识同学生原有经验联系起来，这样晦涩难懂的理论就被具体化、简单化了②。

①王春.化学课堂教学中"体验式学习"的教学形式与策略研究[J].化学教学，2007(5):1-3.
②王惠.化学新课程体验性教学探索[J].现代中小学教育，2008(9):41-43.

3. 在化学实验中体验学习

(1)做好课堂演示实验。视觉体验是学生最直接、最难忘的课堂体验之一。课堂演示实验具有真实、形象、生动、有趣的特点,虽然不需要亲自动手做,却能给学生最直接的感官刺激,能唤起学生的好奇心,最大限度地激发学生的求知欲。课堂演示实验既是学生获得感性知识的源泉,也是学生把感性认识上升为理性认识的基础。成功的演示实验不仅能使课堂气氛活跃,而且能够获得事半功倍的教学效果①。当然,并非所有的实验都适合作为演示实验。一般情况下,对中学生而言,操作复杂甚至带有一定危险性,但现象明显,能给人以强烈视觉或听觉冲击的实验最适合作为演示实验,如喷泉实验、氢气的爆鸣实验、铝热反应实验等。

[案例十三]

化学振荡实验

[实验目的](1)初步了解化学振荡实验原理,知道振荡现象广泛地存在于自然界中;(2)探究化学振荡实验的最佳条件,掌握化学振荡实验的基本操作;(3)体验化学振荡实验的新颖性、趣味性和知识性,激发学生学习化学的兴趣。

[实验步骤](1)溶液的配制:在400 mL烧杯中,加入41 mL 30%的H_2O_2溶液,再加入59 mL蒸馏水,搅拌均匀,即为无色溶液A;称取4.3 g碘酸钾,放入100 mL烧杯中,加入约60 mL的蒸馏水,加热溶解,冷却后,再加入4 mL 2 mol/L的H_2SO_4溶液,用蒸馏水稀释到100 mL的标记处,搅拌均匀,即为无色溶液B;称取1.6 g丙二酸、0.34 g硫酸锰晶体,放入100 mL烧杯中,用少量的蒸馏水溶解,加入含有0.03 g可溶性淀粉的溶液,再用蒸馏水稀释到100 mL的标记处,搅拌均匀,即为无色溶液C。

(2)混合溶液:向盛有100 mL无色溶液A的400 mL烧杯中同时加入100 mL无色溶液B和100 mL无色溶液C,立即充分搅拌片刻。停止搅拌后,静置,观察振荡实验现象②。

①蒋向阳.化学实验教学如何落实新课标的要求[J].实验教学与与仪器,2011(5):10-11.
②熊言林.一个奇妙的化学振荡实验新设计[J].化学教育,2008(10):44-46.

化学振荡实验是一个操作十分简单、适合中学条件的演示实验方案。将教师课前配制好的三份等量无色溶液充分混合,搅拌片刻,静置,奇妙的化学实验现象产生了:无色溶液变为琥珀色再变成蓝色,不断周期性反复循环变色。这种奇妙的实验观看体验令在场的学生印象深刻、难以忘怀。

(2)注重学生动手实验。俗话说"百闻不如一见,百见不如一做"。心理学研究表明,学生对学习内容的巩固程度与学生是否动手做实验有很大关系。一般来说,学生听老师讲能记住10%~20%的内容,如果又听老师讲又看老师演示便能记住70%的内容,而学生亲自动手做一做则能记住90%的内容。新课程理念下的学生实验以探究实验为主。大纲版教科书中的实验主要以"按方抓药"式的验证性实验为主,而课标版教科书则采用了将验证性与探索性实验相结合的编写方法。例如,在九年级化学课标版教科书中,共安排了26个"活动与探究",其中有16个以实验为主要活动内容,可见实验在探究活动中的重要性。探究性实验主要采取"教师引导学生动手"的形式,不仅注重理解知识和兴趣培养,同时侧重于科学方法的训练和培养,强调获得实验结果和亲身经历实验过程的统一,更加看重学生对实验过程的体验①。

[案例十四]

制取$Al(OH)_3$最优化方案探究

在研究用H_2SO_4、Al和NaOH溶液为原料制取$Al(OH)_3$时,学生先在教师引导下设计出各种实验方案。

方案一:Al和稀H_2SO_4反应,生成的$Al_2(SO_4)_3$再和NaOH反应生成$Al(OH)_3$;

方案二:Al和NaOH反应,生成的$NaAlO_2$再和稀H_2SO_4反应生成$Al(OH)_3$。

教师引导学生对这两个实验方案进行分析和比较,发现两

①苏香妹.化学教学的"体验式学习"[J].中学化学教学参考,2010(7):16-18.

个方案都是用等量的Al制得了等量的$Al(OH)_3$,但方案一消耗的H_2SO_4和NaOH比方案二多,接着提示学生进行探究思考,最终设计出优化的方案三。

方案三:用方案一得到的$Al_2(SO_4)_3$和方案二得到的$NaAlO_2$以1:6的剂量反应制得$Al(OH)_3$,这样最节约试剂[①]。

在教师指导下,学生通过自我探究,对原先的设计进行比较、取舍或优化,提高了学生思维的逻辑性、深刻性和创造性,培养了学生科学的学习方法。这种通过学生亲自体验探究的结果比教师直接通过一道习题告知答案的效果要好很多。

4. 在角色扮演中体验学习

"角色扮演"是通过角色和情节展现真实和想象的事件,改变环境的真实度,激发学生的想象且刺激学生的感官,塑造学生的审美观和享受情趣的体验方式。化学课堂教学中的角色扮演活动有多种形式,如由学生扮演商场售货员,向顾客介绍某种食品或药品的化学成分和营养;扮演实验管理员,介绍化学试剂的分类、保存和安全使用注意事项等。

[案例十五]

在进行溶液稀释问题的计算时,教师可以让每位同学扮演一个常用量,如将浓、稀溶液的质量($m_浓$、$m_稀$),浓、稀溶液的密度($\rho_浓$、$\rho_稀$),浓、稀溶液的体积($V_浓$、$V_稀$),浓、稀溶液的质量分数($\omega_浓\%$、$\omega_稀\%$)等制成卡片,随机发给一些学生。然后教师出示若干习题,学生根据教师习题,快速确定用到哪些量,如何进行计算,从而确定是否拿起卡片到教师指定的位置。

例如,教师提问:实验室需要配制100 g 5%的盐酸,需要37%的盐酸(ρ=1.18 g/cm^3)多少毫升?根据溶液的稀释定律可知正确的结果如下:$m_稀 \times \omega_稀\% = V_浓 \times \rho_浓 \times \omega_浓\%$,标有上述五张卡片的学生应迅速跑到教师指定的位置。

①黄琦.高中化学科实施探究性教学浅议[J].广西教育,2010(9):60–61.

此种游戏若分组进行比赛，气氛会更加热烈，全班同学注意力会高度集中，大家在相互讨论、相互合作的氛围中体验学习的乐趣。整个活动中，全体同学都积极参与活动，既理解了概念、理清了思路，又掌握了有关溶质质量分数的计算方法，同时也增强了竞争意识和荣誉感，并使每位同学在扮演角色的活动中体验学习[①]。

5. 在社会实践中体验学习

(1)让学生通过课外实践亲身体验。将化学知识与学生的生活经验相联系，能激发学生的求知欲，驱动其知识的建构。充盈学生生活经历，丰富学生情感体验，能促进学生经验的改组，促进学生将书本知识向实践能力转化；生活化教学还能开阔视野、增强社会责任感，为学生的可持续发展奠定良好的基础。例如，讲“二氧化硫的性质和作用”时，设计“测定雨水的pH及随时间变化pH的变化”的课外小组活动；在“原电池”的学习中，利用双休日，让学生预习、查阅资料后，利用家中现有的材料做简易的原电池，结果学生拿来了各种各样的原电池，有用醋酸、铁丝、铜丝做的，有以西红柿、苹果等水果为电解质做的等。

(2)组织调查访谈活动。实践出真知，适当组织社会调查活动，鼓励学生积极参与，让学生在实践中去思考、去顿悟、去感受知识。如进行“二氧化硫”教学时，可以让同学们对城市的环境污染做一次调查，并针对如何防治和处理环境污染提出自己的见解。将全班同学分成若干组并指定组长，对组内分工、具体怎样开展活动，均由小组成员自定，要求做到人人有事，共同参与学习活动[②]。

[案例十六]

学习高一“环境保护”这节内容前，教师把学生分为四个小组，分别搜集有关水污染、土壤污染、大气污染等资料，要求以小论文、漫画、手抄报或小品、辩论赛、知识竞赛等多种形式在课堂

①王春.化学课堂教学中“体验式学习”的教学形式与策略研究[J].化学教学,2007(5):1-3.

②曹国荣.“体验式”教学在高中化学教学中的运用[J]. 新课程研究,2011(3):44-46.

内进行展示。学生们将环境保护的主题与学校开展的“申报国家级绿色学校活动”相结合,并根据各自的特长,有的自编自演小品,轻松幽默地将环保知识渗透在一言一行中;有的展示了自己设计的海报、宣传画,课后还张贴在了校园宣传栏里;有些同学结合化学学科的特点,撰写了小论文,并做成PPT进行演示;有的取来了学校附近的水、土壤,当场进行对比实验;还有一个小组派出一名同学吹笛子,而另一名曾在市书画比赛中获一等奖的同学现场进行书法表演,笛声悠扬,让人的思绪在蓝天白云、青山绿水间飞扬,而笔酣墨饱、遒健有力的几个大字“保护环境,从我做起”,又将我们拉回环境问题日益严峻的现实之中,提醒大家必须从我做起,从小事做起,保护地球,保护美丽的家园①。

第四节　重视化学学习指导

一、如何引导学生进行自主学习

(一)自主学习的涵义

自主学习是与传统的接受学习相对应的一种现代化学习方式,它是以学生作为学习的主体,在总体教学目标的宏观调控和教师的指导下,根据自身条件和需要制订并完成具体学习目标的学习模式。从学习过程来看,它是学习主体主导自己的学习,是在学习目标、过程及效果等诸方面进行自我分析、自我设计、自我管理、自我探索、自我调节、自我质疑、自我检测、自我评价和自我转化的主动建构过程。

《基础教育课程改革纲要(试行)》在论及基础教育课程改革的具体目标时指出:改变课程实施过于强调接受学习、死记硬背、机械的现状,倡导学生主动参与、乐于探究、勤于动手,培养学生搜集和处理信息的能力、获取新知识的能力、分析和解决问题的能力以及交流与合作的能力。

①侯宣红.体验性学习:让化学课堂更具生命力[J].宁波大学学报,2006(8):146-147.

(二)自主学习的特点

1. 自主能动性

传统的教学方式是教师独占讲台,采用“满堂灌、填鸭式”的教学方式,学生被动地接受知识。这种把学习建立在人的被动性基础上,依靠外在强制的学习方式称之为他主学习。被动性的对立面是能动性,自主学习就是把学习建立在人的能动性基础上,并以尊重、信任、发挥人的能动性为前提。

正如著名哲学家黄克剑先生所言,自主学习使学生的学习由被动转为主动,这一转,转出了学生无可推诿的主体责任心,也转出了先前可能处在压抑或非觉醒状态的那种自决、自断的智慧。它使学生的学习状态发生了根本变化:从他律到自律、从被动到主动、从消极到积极,不仅开发出了学生的潜能,而且培养了学生学习的责任心。因为自主学习不是由教师直接告诉学生应如何解决面临的问题,而是由教师向学生提供解决该问题的有关线索,学生主动构建自身的知识结构和能力结构,由被动接受知识变为主动获取知识,自主地完成学习任务,从而发展了学生的自主学习能力。

2. 相对独立性

独立性相对于依赖性。每个学习主体都是具有相对独立性的人,具有自我独立的心理认知系统,能够依靠自己解决学习过程中的“障碍”,从而获取知识。学习是学习主体对外界刺激信息独立分析、思考的结果,具有自己的独特方式和特殊意义。具有独立性的学习主体,是自主学习的独立承担者;独有的心理认知结构,是自主学习的思维基础;渴求独立的欲望,是自主学习的动力基础;而学习主体的学习潜能和能力,则是自主学习的能力基础。

自主学习要求学生摆脱对教师的依赖,独立自主地开展学习活动,同时,这种独立性又是相对的。在自主学习的课堂教学中,师生之间的关系是民主和谐的,教师主要是学生学习活动的组织者和指导者,学生能发表自己的见解,同学之间、师生之间互相讨论、相互协作,学生的个性可得到充分的发展①。

3. 个体差异性

传统学习忽视学生学习的个体差异性,要求所有学生在相同的时间里,用相同的学习条件,以相同的学习速度掌握相同的内容,并要求达到相同的学习水平和质量。这种要求“齐步走”的教学方式往往导致学生的发展严重不平衡。自主学习尊重学生学习的个体差异性,学生在充分了解自身客观条件并进行综合评估的基础上,根据自身的需要,制定出具体学习目标,选择相关的学习内容,并对学习结果做出自我评估。

4. 积极创新性

自主学习不是学生对学习内容的简单复制,而是学生根据自身学习的需要,完成知识的再创造,在整个学习过程中进行创造性的学习和创造性地解决问题。自主学习的化学课堂教学中,每个学生都是独立的自我,具有鲜明的个性特征。教师注重向学生传授学习的方法,培养学生主动学习和创新学习的精神,引导学生在学习中善于发现,勤于探究,既能求同,更能求异,成为适应新世纪需要的创造性人才。

积极创新性是自主学习更高层次的表现。学习主体在建构知识的基础上,能够创造出指导实践并满足自己需求的实践理念,这种实践理念是学习主体根据对事物发展的客观规律、对事物真理的超前认识、对其自身强烈而明确的内在需求,从而进行创造性思维的结果。

(三)自主学习能力的培养

所谓自主学习能力是指学生在教师的指导下根据自己的需要和愿望控制学习内容和过程的一种综合能力。学生具备了自主学习能力就会产生强烈的求知欲,主动学习,合理地确定学习的目标、内容、材料和方法,科学地安排学习的时间、地点和进度,具有刻苦钻研精神,敢于质疑问难,乐于并有能力获取新知识和技能,并能对自己的学习进行评估和改善②。

(1)强化学生主体,发挥教师指导作用。新课程理念认为,学生是信

① 胡志刚,庄锦吓,蔡杰红.中学化学自主学习的最佳时机[J].福建教育学院学报,2008(6):18-20.

②赵向军.高中化学新课程实施中学生自主学习能力的培养[J].化学教育,2012(3):17.

息加工的主体、知识意义的主动建构者,教师作为学习的向导,是学生主动学习的帮助者、指导者和促进者。传统教学中学生缺乏主动参与和创新的意识,化学知识的综合运用能力较弱。因此,在教学过程中要确立为学而教的指导思想,充分发挥教师在课堂教学中的主导作用,逐渐把以教为重心转移成以学为重心,要注重学生能力和心理素质的培养,以学生为主体开展教学活动,尽量做好教与学的最佳结合。让每个学生都能主动地参与到学习过程中,让他们在兴趣中学习,学的知识也会更加深刻。比如在介绍有机化学时,把学生分成若干小组,通过他们自主查阅图书馆或网络资料,每个小组整理归纳一份报告,拿到课堂上来和大家一起探讨,这样可以极大地调动学生的积极性。

(2)创设教学情境,激发学生求知欲望。著名教育家苏霍姆林斯基曾说过,在人的心理深处,都有一种需要,这就是希望自己是一个发现者、研究者、探索者。实践证明,丰富多彩的教学情境可以提高课堂教学效率,培养学生自主学习的能力。创设教学情境也正是为了满足学生学习的需要。教师在教学过程中要有意识地创设各种教学情境,激发学生的兴趣,调动学生学习的积极性,让学生主动参与其中,因为将学生置于这种乐观的情感中不仅可以促进学生理解和掌握化学知识与技能,还能使学生更真切地体验到化学教学内容中所蕴藏的情感,激发出学生学习化学的热情和求知欲望,使学生从被动接受知识转变为主动获取知识,从而实现自主探究性学习。因此,教师在教学中应努力创设情境,最大限度地激活学生潜在的学习能力使学生主动参与到学习活动中。

化学是一门基础自然学科,它与社会生产有着密切的关联,这就有利于化学教师创设情境。因此情境创设的方法多种多样,主要依靠教师的教学经验、教学内容特点以及教学规律来选择情境,所创设的情境力求真实直观,对学生具有启发性。教师可以借助日常生活体验、日常生活中的一些习以为常的现象来创设情境,如大家小时候在过年时喜欢玩的鞭炮、冬天里的雪人融化等现象,其中究竟包含着怎样的化学反应呢?将这些包含化学知识的现象呈现给学生,引导他们深入思考平常的事情,逐渐养成主动探究的思维习惯。还可以通过设置问题悬念创设情境,如在学习氯气与水、氯气与碱的反应时,可设计如下问题:请根据已掌握的Cl_2的性质猜测Cl_2与水反应可能形成的产物是什么,并设计各种实验方案证明你的假设。通过假设、设计、验证得出结论后再用以下问题进行情境迁移:根据Cl_2与H_2O的反应设想一下,如果将Cl_2通入NaOH溶液中会发生怎样的反应?对于思维活跃的学生还可继续设计下列问题继续探究:往NaOH溶液中滴加酚酞溶液,再逐滴滴加氯水,会有什么现象?实验中酚酞呈褐色的原因是什么?是因为Cl_2与碱发生了反应还是因为氯水中含有的物质起了漂白作用?你是否可设计实验证明哪种猜测是对的呢?在此教学过程中,充分调动了学生主动参与探究学习的积极性①。我们还能利用趣味故事和化学史话创设情境,通过探究实验创设情境,利用化学小魔术创设情境,借助多媒体创设情境,结合化工生产和科研成就创设情境,联系自然环境和社会热点创设情境等。以境导学,以境促学,好的情境创设可以使教学变得更加丰富多彩和生动活泼,可以让学生更加兴趣盎然地学习和掌握知识。

(3)发挥实验功能,促进自主学习发展。高中化学是一门以实验为基础的自然科学。实验是化学的基础,是化学最重要的实践活动。著名科学家李政道说过,实验教学怎样强调都不过分。著名的化学家傅鹰先生也曾说过,实验才是最高法庭。在新课程标准当中也着重强调要让学生有更多的机会主动地体验实验,在知识的形成联系及其应用的过程中逐渐使学生养成良好的科学态度,获取更加科学有效的学习方法。实验教学在激发学生兴趣,培养学生会观察、会思维、会操作以及提高学生自主学习能力上具有非常重要的意义。所以教师应该高度重视化学实验教学,认真钻研课程标准教学要求和教材内容,努力挖掘教材中可供探究的知识点,根据教学需要设计成便于学生操作的探究实验,精心指导学生进行实验探究活动,并对教材中原有的一些不够合理的实验,现象不易观察、效果不够好的实验进行必要的改进创新,在保证实验安全、有序的前提下向学生开放化学实验室,为学生自主开展实验探究活动创造良好条件。学生在亲自操作、动手实验中可以体验到自主学习、自主探究的过程,感受到自主学习的乐趣,不断形成自主学习的方法。

① 刘飞雄.化学"自主学习"方式的实践与研究[J].广东教育,2009(2):40.

家庭小实验是加强化学教学与日常生活、生产联系的一种有效的第二课堂活动，是学生由课内向课外自主学习的一种延续。家庭小实验的趣味性比较强，内容与实际结合紧密，实验用品简单易得，能为学生提供许多动手的机会，弥补课堂教学的不足。例如，制作水果电池、用面碱水清洗锅碗上的污渍、鉴别毛织物和棉织物、用草酸去除蓝黑墨水渍、测定雨水的pH等。通过家庭小实验促使学生独立思考实验方案、自主设计实验的步骤和操作方法等，培养学生自主学习和探究的能力，同时也拉近学生与化学科学间的距离，使学生真切感受到化学就在我们身边，化学与我们的生活密切相关，不断增强学生对化学的好奇心和自主学习与探究的热情①。

(4)建立学案机制，强化自主学习效果。建立学案机制是自主学习的有效途径。教师应该重视发挥课本及学案的功能，提倡学生养成课前预习的好习惯，这样就迈出了主动学习的第一步。设计学案应从教材的编排原则出发，对学生的认知能力进行认真透彻的分析，做到重点突出、难点分散，达到启发和开拓学生思维、增强学生学习能力的目的。

学案上要精心设计预习提纲，确定学习目标，为学生提供适当的学习方法指导，促进学生自主学习，对知识点的设计也需仔细琢磨。学案在上课前就应发到学生手中，由学生在课外自主完成，以加深学生对基础知识的理解。遇到学习困难，同学之间可以先进行交流，协作学习，若问题没有解决，可把问题写在学案上的“提问与质疑”栏目处，以提醒自己上课时要集中精力和注意力，有意识、有目的地听老师讲自己不懂的问题，跟自己的想法详细对比，思路有什么不同，这样就能取得良好的学习效果②。教师也可以利用自习课了解全班同学的预习及掌握知识的情况，以便为上课做好充分准备。在课堂上，教师则要注重引领学生通过自主合作探究的方式解决教学中遇到的具体问题，把学生的自主性学习变成可操作的程序。课后还应要求同学对学案进行归类整理，装订成复习资料，充分

---

① 陈跃生，陈毅辉.在化学教学中培养学生自主学习的能力[J]. 厦门大学学报(自然科学版)，2011，50(9)：195-196.

② 顾琴芬.让自主学习为化学课堂导航[J]. 江苏教育学院学报，2009，26(1):83.

发挥学案的预习和复习功能,强化学生自主学习的效果[1]。

(5)开展课外活动,升华自主学习能力。开展课外实践活动和社会调查,为学生学好化学、形成自主学习的能力提供了广阔的空间。教师要结合当地实际,引导学生精心设计探究课题,让学生运用课堂内学习的科学探究方法去分析解决实际问题。

例如,在学习有关空气质量方面的知识时要求学生通过广播、电视、报纸等途径和媒介搜集本地区的空气质量情况,分析空气污染对环境的危害,并撰写有关造成空气污染的重要原因和改善空气质量的主要措施的小论文。还可以将学生分成若干小组,分别到不同的地方收集空气,并了解该地区的一些情况,对所收集到的空气进行实验分析论证和总结。这样的做法能够促使学生走出课堂、走向社会,去调查研究并获取知识,从而能在熟悉生活的过程中感受到化学的重要性,了解到化学与日常生活的密切联系,形成积极主动的学习态度,提高学生自主学习的能力,使学生在获得基础知识与基本技能的同时学会学习、养成良好的科学素养[2]。

(6)建立评价体系,反馈自主学习成效。心理学知识告诉我们:一个人只要体验到成功的喜悦,便会激起无休止的追求意念和力量。建立评价体系的目的就是为了充分了解学生的学习情况,更好地激发学生的学习兴趣,激励学生自主学习的动机。在评价过程中不仅要注重对学习结果的评价,而且要注重对学习过程的评价;不仅要注重学生的智力因素表现,而且要注重非智力因素的表现与发展,对学生应多从正面评价、引导,多挖掘学生的闪光点,充分关注学生的个性差异,保护学生的自信心,使学生能够在评价的过程中获得成功的体验,激发学生对于化学学习的热情,提高化学学习水平[3]。只要努力探索就要给予表扬,有了成绩要及时给予肯定,让学生体验到成功的快乐,激发学生更强烈的自主学习欲望,使学生真正成为学习的主人,这对于学生的发展会有很大好处。

① 杨磊.让自主学习在化学教学中落到实处[J]. 化学教与学, 2011(12):27.

② 陈跃生,陈毅辉.在化学教学中培养学生自主学习的能力[J].厦门大学学报(自然科学版),2011,50(9):197.

③ 王磊.论高中生自主学习能力的培养[J].新课程,2011(10):128.

二、如何引导学生进行合作学习

(一)合作学习概要

1. 合作学习的涵义

合作学习是指学生为了完成共同的教学目标,有明确责任分工的互助性学习。合作学习是在班级授课制背景下的一种教学方式,以学生学习小组为基本组织形式,通过指导小组成员展开合作,发挥群体的积极功能,提高个体的学习动力和能力,并以个人和小组成绩为评价标准。

2. 合作学习的基本要素

(1)异质小组。为保证化学合作学习的教学落到实处,在进行合作学习之前,要编排出各具特色、取长补短的异质小组,一般4~6人为一组,其中有1名发展全面的学生,2~4名较全面的学生,1名欠全面的学生。编组时,主要考虑以下几个因素:学生的能力、学生的成绩、学生的性别等,这样保证组内异质、组间同质,从而确保了小组间竞争的公平性①。

(2)个体责任。个体责任是指每个学生都必须承担相应的学习任务,并同时掌握所分配的任务。小组的成功取决于所有成员个人的学习。社会心理学研究表明,在群体活动中,如果成员没有明确的责任,就容易出现成员不参与群体活动,逃避工作的"责任扩散"现象。正是由于这种社会心理效应,在缺乏明确的个人责任时,小组就会变为学生逃避学习责任的"避风港"。为了避免这种现象的发生,在进行小组活动时必须做到明确分工,责任到人。

(3)社交技能。导致合作学习不能顺利进行的原因大多是小组成员不会合作,缺乏必要的社交技能,而并不是缺少合作的愿望。必要的社交技能可归纳为三种类型:第一类是组成小组的技能,包括"向他人打招呼问候""自我介绍和介绍他人"等;第二类是小组活动基本技能,包括"表达感谢与应答感谢""注意听他人讲话""鼓励他人参与及对鼓励参与的应答""用幽默的方式帮助小组继续活动"等;第三类是交流思想的技能,包

① 周海鸥. 高中化学新课程的合作学习教学模式探究[J]. 成才新观察,2011(10):8-9.

括“提建议及对建议的应答”“询问原因和提供原因”“有礼貌地表示不赞同及对不赞同的应答”“说服他人”等。

因此,教师在教学的同时,还要教会学生必要的社交技能。首先教师可以结合生活中的社交问题让学生认识到社交技能的重要性,接下来就要创造机会让学生去练习和运用这种技能,同时教师还要根据学生的实际运用情况对其进行反馈和强化。

(4)小组自评。小组自评指学生必须定期地共同评价活动的情况,检查小组运行情况和功能的发挥程度,以长期保持小组活动的有效性。小组自评能够为小组的合作提供有益的反馈,帮助小组成员维持良好的同学关系,学会怎样更好地合作。为此,在小组自评时应讨论以下内容①:

第一,总结有益的经验。比如,建议奖励某个积极帮助本组同学讲解难点的组员,请那些主动在课下为全组活动搜集有用资料的组员介绍经验等。教师要引导学生把这些成功经验具体表述出来,在不同小组之间交流,为以后的小组活动提供借鉴。

第二,明确方向和目标。在总结经验和分析问题的基础上,小组全体成员共同制定出本组今后的活动方案,明确在以后的小组活动中应当达到的目标,以及为达到目标所采取的措施。

第三,分析问题及原因。鼓励学生正视本组在合作中出现的问题,分析导致问题的可能原因并提出改进建议。教师可以教授学生用“头脑风暴法”来展开讨论,即小组中每个成员都要发言,充分提出自己的观点,发言结束后,其他组员再进行评价,这样可以比较充分地认识小组活动中存在的问题,得到尽可能多的解决方法。

(二)合作学习策略

(1)合理组建小组,明确分工、责任到人。合作学习试图借助学生与学生之间积极的相互作用来提高教学效率。这种生生之间的互动,包括成员间的互相接受和支持、准确地交换信息、积极的情绪投入、主动承担义务、发散性思维、利用他人的聪明才智、降低对失败的恐惧等。而小组

① 周海鸥.高中化学新课程的合作学习教学模式探究[J].成才新观察,2011(10):8-9.

内成员的差异性是决定小组成员互助合作关系的关键，是利用差异资源的前提。教师在分组时，应考虑包括显性和隐性的各种因素，及各种智力和非智力的素质，不仅要考虑学科基础、学习能力、合作态度、表达能力等，还应包括兴趣、爱好、特长、家庭背景等。对化学学科而言，还应特别考虑学生的实验能力和对实验的兴趣态度等[①]。

合作小组以4～6人为宜，小组长主持讨论，分配发言机会，协调学习进程；记录员记录合作学习中的问题及讨论结果；检查员督促小组成员积极参与，维持纪律，确保任务完成；汇报员负责将小组讨论的结果在班级中交流。明确分工、责任到人，这一点至关重要。如果不进行明确的分工则体现不出个人在小组中的价值。让每位成员都独立承担一定的责任，小组合作学习就不会被一些优等生所代替，组内成员的积极性和参与意识才能被调动起来。为了避免优等生一统天下，学困生盲从依赖，组内责任分工要注意角色轮换，让每一位成员都能体验各种角色，都有代表集体和展示自我的机会[②]。

(2)教师组织引导，精心设计问题任务。小组互助合作学习并不是弱化或边缘教师的作用，相反，它对教师提出了更高的要求。在学生进行小组合作学习时，教师首先应发挥组织者和引导者的作用，精心设计小组讨论问题和活动任务，在小组深入开展合作与交流时教师应成为学生学习的促进者和合作者。为使小组学习富有成效，教师必须置身于学习小组中，时刻观察小组的活动情况，包括学生的个人参与情况，以及与他人合作的情况；适时了解学习任务的完成进度，分析他们的解法，及时发现他们的失误，以便提供必要的提示或纠正，对整个合作过程进行有效的指导与调控。在这一过程中教师要采用一种友好的建设性态度和行为，既不能过多地干预学生的学习过程又不能对学习有困难的学生袖手旁观。在指导学生共同完成对新知识的总结和应用时，教师更多地应是一个指导者。教师需要倾听学生的总结发言，给予及时的反馈和建议，如回答学生提出的问题、帮助学生总结和概括发现的结论、提供应用知识的情境，对

① 王法高.谈化学课堂合作学习实施策略[J].化学教育，2005(3):29.

② 李家明.化学教学中开展合作学习的有效策略[J].钦州学院学报,2010,25(3):68.

于学生的创新要及时给予鼓励和支持①。

合作学习讨论的问题和活动任务应当具有一定的难度,具有合作学习的价值(如挑战性的问题、开放性的问题、发散性的问题、探究性的问题等),一般是学生通过自主学习无法完成或无法较好地完成,而合作学习小组通过相互配合、相互帮助、相互讨论、相互交流能够完成或更好地完成的问题和活动任务。如果问题和活动任务太简单(如针对课本内容提出的一些直观性的问题、判断性的问题、叙述性的问题等),或者学习的任务更适合学生自主学习,就没有合作学习的必要。

(3)及时反馈信息,公正评价合作效果。评价是学习的向导,是提高小组合作学习效果的重要途径之一。在小组合作学习的过程中,教师应关注学生在合作过程中情感态度的表现、语言思维的表达、交流讨论的气氛等情况,以及对于哪个小组分工合理、哪个小组善于合作、哪个小组更有效率,都应给予及时的反馈、积极的评价。具体可在班上开展"最佳组员""最佳小组"的评选活动,多肯定集体的智慧和力量。

评价方式可以多样化,自评、互评、组评、师生共评相结合,学习过程评价与学习结果评价相结合,客观公正、全面具体地评价学生合作学习的效果,从而促进每一位学生的发展。

三、如何引导学生进行探究学习

(一)探究学习概要

1. 探究学习的涵义

探究学习是指学生在主动参与的前提下,根据自己的猜想或假设,在科学理论的指导下,运用科学方法对问题进行研究,因此它不是单纯追求知识的传授,而是要在研究过程中自主构建知识体系,培养创新实践能力、获得思维上的发展。探究学习是学生学习化学的一种重要方式,也是培养学生探究意识和提高探究能力的重要途径。

探究学习的最终目的是要学生掌握科学研究的方法,如果不亲身体

① 朱国美.基于小班化的初中小组合作学习策略[J].江苏教育研究,2011(8):37.

验探究,学生就无法理解科学探究的艰辛,无法体会科学家在科学研究中可能遇到的各种困难、挫折,以及科学家怎样通过一次一次的尝试来解决问题。参与探究可以帮助学生提高自身科学素养,领悟科学的真谛。

2. 探究学习的特征

(1)开放性。探究学习在内容上是开放的,不应把学习内容限制在单个方面,只要学生想到而且力所能及的,都可以成为探究的内容。通过探究性学习,希望学生获得一种关于社会、自然、生活的综合知识,而不仅仅是学科知识。

(2)自主性。探究学习的另一重要特点是自主性,探究学习强调的是学生学习方式的转变,从被动接受学习转变为学生主动地发现学习。不论是探究的能力、严谨的科学素养、主动积极的求知态度,还是问题意识和创新精神,都只有通过亲身实践才能逐步形成,就算是知识,也必须通过学生的主动建构生成。学生可以根据自己的兴趣、特长自主选择研究课题,从选题、组织,到实施研究、撰写报告都是学生自己主动探索的过程。

(3)过程性。强调探究学习的教育价值,注重的自然是探究的过程。探究学习要求所有学生都要参与到探究过程当中,学生的体验和表现比结果更重要,让学生在探究中学会交流和合作,在探究中得到发展,是探究性学习的最主要目的。强调探究的过程性,但探究的过程没有固定的模式,提出问题、进行假设、制订计划、搜集数据、整理分析、得出结论、评鉴预测,是科学探究过程的要素,而不是固定的规范。它们之间也没有固定的先后顺序,也不必要求所有要素都包含其中。

(4)实践性。探究学习不同于学科知识传授,它是以学生的主体实践活动为主线展开的,学生在“做中学”“学中做”,学生的实践活动贯穿整个探究学习的始末。在实践过程中,学生把知识、推理和思维的技能结合起来,能动地获得对科学的认识理解,最终培养了自己善于发现问题、寻找规律、解决问题的探究能力。探究学习的实践性就是强调尽可能地让学生经历一个完整的知识发现、形成、应用和发展过程,在探究的实践中获得积极的情感体验,从中感受到探究的魅力。

(二)探究学习策略

(1)创设问题情境,激发探究欲望。教育家赞可夫说过,凡是没有发自内心求知欲和兴趣而学来的东西,是很容易从记忆中挥发掉的。因此在化学教学中,教师要注重引导学生关注和体验现实生活中的化学现象和问题,根据学生原有的知识基础或以具体的生活实际为背景,创设具有启发性的问题情境,设疑激趣地将问题展示在学生面前,把学生引入与现实生活类似的情景中,从生活走进化学,从化学走向社会,以此激发学生学习化学的兴趣,发挥情感在化学教学中的作用,培养学生的创新意识和探究能力。

例如,NH_4Cl 水溶液显酸性,是许多农村学生知道的一个事实,但 NH_4Cl 水溶液为什么会呈酸性,在学习盐的水解前,学生是不能解释的,因此利用这个事实就可以激起学生的探究欲望。许多学生还有过这样的经历:在同一平面上放两支蜡烛,一高一低,点燃后用大烧杯罩在蜡烛上,大多数学生认为短的蜡烛先熄灭,但结果是高的蜡烛先熄灭。推测与事实不同,使学生产生了探究的兴趣①。

(2)摆正师生关系,营造探究氛围。在探究学习中,师生关系是一个尊重、平等、民主、合作的交往关系。学生是探究的主体,教师是组织者、引导者和合作者。教师在学习活动过程中要少讲、精讲,让学生有充分的学习时间和活动空间,引导学生不断地提出问题,使学习过程变成学生不断提出问题、解决问题的探索过程。教师还要根据学生的个体差异来组织调控学生的学习活动,给予学生及时必要的指导帮助,针对不同的学习内容,选择不同的学习方式。凡是学生可以通过自己努力解决的问题,教师要充分放手让学生自主完成,对于学生取得的成果经验,可以在活动后进行展示交流,让学生体验成功的机会。

在探究活动过程中,教师要营造一种民主、开发、宽松、平等、愉悦的学习氛围,这样更加有利于调动学生的兴趣,发挥学生的积极性和主动性,使学生在学习过程中敢想、敢问、敢说、敢做,让学生在这样的氛围中

---

① 翁志岳.在中学化学教学中实践探究性学习[J].丽水学院学报,2004,26(5):110.

勇于探索，在知识的掌握和技能的形成过程中，充分展示自我，体验探究的快乐。教师还要善于表扬学生，肯定学生的探究成果，以科学的态度正确对待学生在探究过程中出现的偏差，通过共同研究、独立思考、分析问题、纠正错误，才有可能创造性地解决问题，完成探究任务①。

(3)发挥实验功能，培养探究能力。化学实验是进行科学探究的主要方式，开展探究性化学实验可以为学生创造一种探究学习的条件，使他们在主动参与实验的过程中培养探究能力。学生实验是日常教学中学生进行自主探究的主舞台，是经验积累和知识应用的重要阵地。如果教师把一些课堂演示实验和学生的分组实验结合成学生探究实验，这样既便于学生从实验中获得知识，培养了探究能力，还能养成严谨的科学思维。

开展探究性实验要求教师首先要选择好实验课题，可以以教材中的实验为基础课题，使学生掌握基本的实验方法和技能。学生在进行实验的过程中，依据教材实验的原理方法，将实验中遇到的问题进一步作为课题进行扩展性探究。例如，先在探究"空气中氧气含量的测定"实验的失败中，寻找导致实验失败的原因及改进方法，再进行探究。又如用滤纸、细铁丝或细铜丝能否代替火柴梗检验酒精灯火焰各层温度的高低。另外，教师还可以结合生活、生产实际来选择探究课题。学生根据自己的兴趣爱好，通过搜集相关资料信息，联系生活、生产实际，选取探究课题，将选好的课题，包括课题计划和方案呈报给老师，老师对学生申报的课题进行审查，依据科学性、可行性、实践性、创新性、安全性、趣味性等原则，确定是否立项②。

(4)全面综合评价，反馈探究成果。探究学习的评价关注学生的求知过程、探究过程，不仅关注学生知识和技能的掌握，而且关注学生的情感态度与价值观。评价环节不是外在于教学与学习的环节，它与教师的指导、学生的学习活动融合为一个有机的整体。一方面要使评价贯穿于选题、计划、总结、交流等各个阶段；另一方面，评价的内容要集中于学生在研究活动过程中的情绪情感、参与程度、投入程度等表现。评价要侧重保持学生探究兴趣，增进研究信心，关注学生优点与特长，促进学生情感态

① 陈思学.浅谈新课程下初中化学教学的探究式学习[J].化学教学，2007(2):32.

② 涂永明.以"化学实验"为主题的探究性学习实施策略[J]. 新课程导学，2011(12):20.

度及合作意识的协调发展,防止评价结果的不良使用。

第五节　探索化学课程资源开发

课程资源是教育资源的重要组成部分,是课程系统物质、能量和信息等结构元素的源泉,是课程实施中富含潜能的内容系统和活动支持系统,是课程实施得以高效开展的依托和保证[①]。"立足于学生适应现代生活和未来发展的需要""努力开发课程资源"是《普通高中化学课程标准(试行)》对教学提出的新要求。充分利用有形的和无形的、素材性和条件性的、校内和校外及网络性课程资源能够有效地促进化学教学[②]。因此,如何结合化学教材内容、学生生活经验,利用媒体媒介等途径充分开发课程资源是每一个教师需要思考的重要命题。

一、如何结合化学教材内容开发课程资源

在新课程理念下,教材是一种学习资源和信息的载体,是为师生互动产生新知识而提供的一种素材和范例。为使学生在教材内容的学习中得到全面和谐的发展,就要求教师既要尊重教材,又要勇于跨越和拓展教材,深入分析、精心钻研、自觉挖掘教材内容的潜在价值,有效地对教材内容进行课程资源的开发。

(一)为何结合化学教学内容开发课程资源

1. 新课程理念的提倡

传统课程重视"教教材",把教材当作学生学习的唯一对象,使教材被神化、绝对化,教师的创造力和学生的知识水平受教科书局限,这是一种"以本为本"的狭义的教学理念。教材并不是教学活动的全部内容和唯一目的,教师也不是教材的"克隆者"而是其开发者、研究者和创造者。因此,新课程提倡"用教材教",即创造性地使用教科书培养学生的科学素养。深刻理解教材、精心设计教学过程是有效使用新教材的前提和基础,

---

① 黄晓玲.课程资源:界定 特点 状态 类型[J].中国教育学刊,2004(4):36-39.

② 余先忠.充分利用课程资源促进化学有效性教学[J]. 新课程,2012(1):89.

对教科书内容作适当调整，合理开发利用课程资源等则是在此基础上的一次提升。

2. 教师个性化教学和专业化发展的需求

结合化学教学内容开发课程资源，首先要求教师了解各模块教材的基本结构，深刻分析各模块教材的编写思路，明确重点知识的内涵，揭示不同教材中化学核心知识的形成和发展规律；其次，要求教师能够根据社会的发展、学生的实际搜集有关的教学资源，对教材的单元内容进行适当的调整，删除新教科书中某些不适合学生的知识内容，并适当增加新的化学学习素材，改进演示实验和学生实验，充分利用信息技术等多种途径，以更好地符合学生的认知特点和发展需要。因此，对化学课程资源的开发体现了教师对教材内容的理解与诠释，有助于教师形成个性化的教学风格，提高教师素养和教学水平，促进专业化发展。

3. 多样化学习需求和课堂教学效果的保障

作为化学课程的载体，教材承载着编制者的课程理念。但由于各地区经济文化水平、教育政策和制度，教师的专业化水平，学生的兴趣、特点、需求和水平等呈现多样性和差异性，特别是高中化学新教科书具有很大的灵活性和变通性，无论教材的编写如何尽善尽美，其千篇一律的内容和所蕴含的整齐划一的教育要求仍然无法满足教学多样化和个性化需求。因此，教师必定要充当教材与教育情景之间的协调者，基于实际教育情景下的动态生成，结合化学教学内容开发课程资源，以提高教材对具体教育情景的适应性，从而满足学生学习的个性化需求，寻求生动的课堂教学效果[①]。

（二）如何结合化学教学内容开发课程资源

1. 二次开发，重整化学教材资源

所谓教材的二次开发是指在学者和专家编制教材的基础上，教师在课程标准指导下对教材作一定的调整和加工，主动将教材内容转化成教学方案，并在教学过程中动态生成教学内容，以实现实际课堂教学中教师、教材与学生之间互动对话的过程。这一过程融入了教师对教材的理

① 雷范军.高中化学教材的二次开发[J].广东教育，2007(1):40-41.

解、演绎和创造,是教师创造性地使用教材的过程①。化学教材作为重要的课程资源之一,犹如海面上的冰山,蕴涵着巨大的潜在价值。教师和学生可以将其看成一幅索引地图或者一台脚手架,因为它规划了化学课程的总体内容,并给予化学课程一种结构,使课与课之间保持连贯性和一致性。在化学教材使用过程中,教师应该深入分析知识与技能、过程与方法和情感态度与价值观,挖掘化学教材内容所蕴含的观点和思想,并注重知识的迁移,将教材与社会生活和学生经验融合起来,同时鼓励学生对教材的质疑和超越,创设丰富多彩的学习情境和探究活动,引导学生自主、探究、合作学习,全面实现课程目标。

教师对教材的二次开发是对课程进行重构或二次加工的过程。例如,为了提高学生学习化学知识的兴趣,在讲授枯燥的化学理论知识时,把《化学与生活》《化学与技术》这两个模块所能涉及的内容穿插到新课中,并且授课时做到内容与时俱进。再如,讲授"垃圾资源综合利用、环境保护"时适当增加了哥本哈根会议、番禺的垃圾焚烧事件,使学生认识到化学在身边,同时使他们客观地、科学地看待现代社会中的事件,从而培养学生的社会责任感、参与意识和决策能力②。

教材的二次开发还体现在必要时重整知识点的呈现顺序使之更符合学生认知规律。例如,人教版必修1中元素化合物知识的编排并非按照以往主族顺序和组成—结构—性质—用途的主线进行,而是按照综合性、实用性和时代性的特征来编写。如"金属及其化合物"一章采取横向比较法编写,也有章节采用纵向呈现。某些新型的编写方式使知识点比较分散,学生学习和记忆比较困难。因此,在教学中需要找准教学切入点,适当调整教学顺序,利用学科之间的内在联系进行知识体系的构建和课程资源的重整。

[案例一]

化学必修1"无机非金属材料的主角——硅"

(1)教材中"硅"的资源呈现顺序。

硅的氧化物及硅酸盐的存在和用途(岩石、沙子、土壤等)切入

① 林萍.中学化学课程资源整合的三个维度[J]. 福建基础教育研究,2011(8):28-29.

② 江自伟.浅谈高中化学新教材的使用[J]. 新课程,2012(1):180-181.

——对比碳介绍硅的原子结构——二氧化硅和硅酸性的质与作用——硅酸盐的性质和三大硅酸盐产品介绍——简介硅单质。

(2)调整后的"硅"的资源呈现顺序。

信息技术的明星材料——硅的应用(美国硅谷、苹果公司产品、芯片、光电池等)切入——对比碳介绍硅的原子结构——二氧化硅的结构、性质与应用——类比二氧化碳与碳酸的关系引出硅酸的性质——硅酸盐的性质和三大硅酸盐产品介绍。

与原有教材相比,新的呈现形式用更为前沿新颖的话题创设情境,更能够激发学生的学习热情。类比"$C-CO_2-H_2CO_3-CO_3^{2-}$"建构"$Si-SiO_2-H_2SiO_3-SiO_3^{2-}$"知识链条,按照由简单到复杂,由已知到未知的逻辑顺序,更加符合学生的认知规律。这样既能使学生在原有知识的基础上进行知识构建,又能防止其产生错误的同化而造成概念混淆,抓住了内在联系,建构了知识网络,实际效果比较好①。

2. 灵活运用,充分开发教学栏目

人教版化学教科书设置了"思考与交流""学与问""科学探究""实践活动""科学史话""科学视野""资料卡片"等多个栏目。但在实际的教学中教师往往由于时间和空间的限制或者对非考试内容的不重视心理,直接跳过很多栏目,教材栏目的设计意图并未得到应有的实现。因此,教师应根据各个栏目的不同功能(如表4-3所示),开展形式多样的教学活动,构建知识与技能、过程与方法、情感态度与价值观相融合的化学课程目标体系。

表4-3 人教版化学教科书栏目功能表

栏目类别	栏目名称	形式	主要功能
问题类	学与问	填空、回答	通过活动,提出问题或启发学生发现问题
	思考与交流	分析、讨论、举例、交流、解释、回忆、评价、体会	提出启发性、思考性问题,引发学生思维,并鼓励学生通过讨论、辩论等活动沟通和交流

① 高兴邦.中学化学教学设计中适度重整化学教材资源例谈[J].中学化学教学参考,2011(5):33-34.

续表

活动类	科学探究	实验、现象记录、分析、总结交流、表达	探究实验的原理、现象、结论,设计或完善实验方案,增强学生的动手能力和分析问题、解决问题的能力
	实践活动	查阅资料、调查、访问、撰写小论文、角色扮演、家庭小实验、实验室实验、模型制作等	设计研究方案,培养学生运用化学知识解决实际问题的能力;查找资料和社会调查,培养学生交流能力、社会实践能力和关注社会的情感;扮演不同的角色,培养学生自我表现能力和组织能力,等等
知识拓展类	科学视野 资料卡片 科学史话	辅助性阅读资料、图片,包括知识介绍、数据资料、化学·技术·社会、化学史料、小常识等	不增加学生负担的同时拓展学生视野
练习类	习题 复习题	基础练习、思考性题目、开放式习题、实践性题目等	对学生所学内容进行复习、巩固及进一步提高

下面以活动类栏目系统中的“科学探究”和“实践活动”栏目举例说明充分开发教学栏目的重要性。

(1)利用“科学探究”栏目开展探究学习——以人教版必修1“铁与水反应”为例。科学探究是化学新课程改革的突破口,它以探究为目的,提供探究课题,创设学习情境,呈现探究过程,体现知识获得过程和方法。在教科书中,不同类型的科学探究活动,涉及不同的科学探究过程,蕴涵了多种科学方法,有助于形成和发展学生适应未来生存和发展所必备的科学素养。在以往的大纲版教材中,“铁与水反应”的实验需要用烧瓶产生水蒸气,通入硬质玻璃管与铁粉反应,再通过干燥管收集产生的气体。实验装置较复杂,且要收集到并能点燃氢气往往难以成功。因此,大多数教师会绕过探究直接给学生一个方程式。但这就让学生失去了在探究过程中体会化学乐趣和魅力的机会。而在人教版教材“科学探究”栏目中,该实验在一支试管中用湿棉花产生水蒸气,使之与铁粉反应,产生的气体通入肥皂水中产生气泡,利用气泡来贮存一定量的气体并检验。装置简单,操作方便,现象明显。整个探究活动涉及让学生画装置图、组装实验装置、实验操作、实验分析及实验评价等能力。充分利用好这一资源并开展探究性教学，不仅能让学生知道其方程式，更主要的是学会了分析、判断、解决问题的能力[①]。

(2)利用“实践活动”栏目开展自主、合作学习——以人教版必修1“分析空气污染的成因”为例。实践活动栏目的设置，其意图主要是培养学生的实践能力和综合素养，多以搜集、整理资料为主，通过撰写小论文、调查报告等形式让学生联系社会生产、生活实际，体验身边的化学，感受化学的魅力，从而加深对知识的理解和应用。必修1第四章“硫和氮的氧化物”一节实践活动栏目要求学生分析空气污染的成因。在此处学生进行分组讨论，积极地思考社会问题，明白化学在服务社会的同时也给社会带来了一些负面效应，从而提高了学生的人文素养和公民意识。之后又需要小组代表进行汇报交流，培养了学生自我表现能力和组织能力。而整个过程中教师只是作为活动的引导者甚至是观众给予学生相应引导与鼓励，学生的积极性被完全调动起来。这是新课程理念下自主学习、合作学习的很好体现。

3. 发挥功能，开发化学实验资源

化学是一门以实验为基础的科学，化学实验在化学教育教学中承载着多种功能，在新课改教材中也体现出“重实验”的课程理念。根据义务教育化学课程标准，化学新教材选编了大量化学实验，既体现了化学是以实验为基础的自然科学的特点，也反映了突出科学探究的化学新课程理念。以人教版高中教材为例，除了各必修和选修课本中包含的演示实验、探究实验、家庭实验等，还专门编写选修6《实验化学》，系统地阐述实验知识、技能、方法及设计等。

新教材实验的一大特色就是更加突出了探究性实验的地位。据统计，初中化学课程标准给出的“活动与探究建议”中说明，50%以上的实验属于探究性实验[②]。这样的转变让学生变接受式的“听实验”“看实验”为亲自动手“做实验”，加强了学生实验学习的自主性和积极性。例如，人教版必修2“化学能与电能”一节中，学生根据氧化还原反应知识和电化学知识，利用教材提供的实验用品，动手设计原电池。通过该实验，学生不

① 余先忠.充分利用课程资源促进化学有效性教学[J]. 新课程，2012(1):89.

② 吴良根.化学实验课程资源的开发与利用[J].教学与管理,2008(9):71-73.

仅对刚学到的原电池原理、形成条件等加深了理解,而且把理论同实践密切地联系起来,其效果远远好于演示实验。

当然,在中学化学教材中,一些实验或多或少还存在着一些不足,如有的实验是疑难实验,有的实验可见度较差,有的实验操作较复杂,有的实验涉及许多有害物质的产生等。因此,课本实验的改进与创新也是教学资源开发的一个环节。教师应该结合教学的具体情况,删改一些不符合教学实际的实验,适当增添一些更为简单、效果更好的微型化、绿色化、生活化实验等。例如,在学习氯、溴、碘性质递变规律时,一位教师引导学生进行如下微型实验设计:在一张滤纸的中心处,滴上一滴饱和NaBr溶液,待其润湿之后,再滴上一滴氯水,滤纸呈现黄色的斑点;在呈黄色的斑点处,再滴上一 滴饱和NaI溶液,滤纸上的斑点颜色又变成浅褐色;浅褐色的斑点处,再滴上一 滴淀粉溶液,滤纸上的斑点再变为蓝色。该系列微型实验用滤纸代替常规的试管,变常规间断式实验为连续微型实验,节约药品和时间,实验现象明显而又有趣,耐人寻味①。

4.勇于创新,挖掘潜在教学价值

新课改中的一个"改"字就是要求教师改变传统的教学理念、教学方式;一个"新"字则是强调对化学教学内容的课程资源开发要力求创新。因此,教师一方面要学会解读教材,结合自己的经验和认识以及具体的教育情景对教材加以调整、改变或加工,同时还要赋予教学内容新的意义。

创新性在具体的教学实践中体现为师生主体地位的转换,比如以前的教学是学生看教师表演,而现在新课改要求教师引导学生表演,让学生参与到教学中,成为教学中真正的主体。很多教师担心让学生表演,课堂纪律"乱"了。其实只要教师善于引导,通过精心设计和调控,让学生"乱"得有"形","形"乱而"神"不乱,就能收到良好的教学效果。例如,在讲离子键和共价键的形成过程时,让部分学生分别扮演不同的原子,由他们介绍自己的电子层结构及自己变成稳定结构的方法。这样,让学生身临其境感受化学键的形成。在外人看来,这节课很"乱",但在这乱象中贯穿了同学们的思考、教师的引导、教师和学生们的点评,所以在新教改中,

① 刘一兵,沈戮.微型化学实验课程资源的开发和利用[J].课程·教材·教法,2007(3):62-66.

这就是一节优质课[①]。

创新性还体现在积极开发符合具体情况的校本课程中。由于各地区经济水平、文化背景、教学条件的不同，开发校本课程有着各自不同的优势，避免了因教学设备不足而无法按照教材内容开展活动的短板，同时也让化学的学习更加切近生活，学以致用。例如，某校开发的《厨房中的化学》校本课程，先让学生在一周时间内搜集在厨房中所发生的与化学有关的知识。经过一周思考和讨论，学生归纳出了许多题目，如趣说“米醋”，食用醋的制取方法，蒸锅水不能喝，如何除去鱼胆的苦味，铁、铝餐具不宜搭配使用等。然后教师汇总、分类，最后组织安排时间与学生一起分析、探究各课题。这样的创新在严格把握新课标的同时摆脱了教材框架的束缚，灵活运用不同的教学模式，紧密结合社会生产和生活实际，做到与时俱进，开拓创新。

二、如何结合学生生活经验开发课程资源

化学课程标准中指出，高中生会接触到很多与化学有关的生活问题，教师在教学中要注意联系实际，帮助学生拓宽视野，开拓思路。新课程加强课程内容与社会生活、科技发展的联系，重视学生已有的生活经验和形成科学过程的感受，从过分侧重学科知识体系向课程内容的社会化、综合化转变。因此，中学化学教师要善于探索社会生活中的道理，勤于开发日常生活中的课程资源，从社会发展和学生的生活经验中选材，对有关的知识内容进行适当延伸。

（一）为何要结合学生生活经验开发课程资源

1. 符合学生认知特点和学习规律

建构主义理论认为，学习不单单是知识由外向内的转移和传递，而且是学习者主动建构自己知识经验的过程，即通过新经验与原有生活知识经验相互作用，来充实、丰富和改造自己的知识经验[②]。作为教学素材之一的学生生活经验，是学生已有认知结构的重要组成部分，包括生活经验

① 江自伟.浅谈高中化学新教材的使用[J].新课程，2012(1):180-181.

② 张克龙.高中化学教学的生活化策略[J].化学教学，2007(4):13-15.

的累积以及通过已有的知识经验对一些日常现象作出的解释和推论等。因此,充分挖掘符合学生年龄特点、认知水平的材料是开发化学课程资源的重要途径与方法之一。教师要善于利用这种课程资源,依托生活中的化学常识、周围的化学环境,让学生感受化学就在身边,体验学习知识的价值与乐趣,逐步形成"化学即生活"的理念①。

2. 激发学生兴趣,消除对化学的畏惧感

由于一些化学基本概念和原理的内涵和外延比较抽象,加之当今社会对化学学科形象的误读,认为化学就是与"污染""毒害"紧密相连,使学生产生了学习化学的畏惧感。因此,根据学生的生活经验或体验来创设一定的生活化教学情境,结合生活实例类比抽象的概念原理,使学生感受化学就在身边,从而激发学生学习的兴趣和信心,降低了化学学习的难度,打破了以往沉闷、枯燥、低效的化学课堂。

3. 学以致用,提升学生科学素养

学习的目的在于什么?在于学以致用,更在于教育学生,提高学生的道德素质。结合生活经验开发课程资源不仅可以将生活经验融入化学,还在于用化学知识服务生活。与生活相关的实践活动能够为学生提供丰富的感性认识,便于学生上升为理性认识。因此在进行化学教学时,适当布置一些生活实践活动,让学生将所学化学知识运用到实践中,从而形成知识的有效迁移,而不是知识点的零碎堆积,在实践中不断提高自身解决问题的能力,同时养成严谨的科研态度,不断提升自身科学素养②。

(二)如何结合学生生活经验开发课程资源

1. 教学情境生活化

建构主义理论认为情境是达到意义建构的条件。我国教育家陶行知强调"为生活而教育",即在进行教学时尽量由教材回归于生活,捕捉学生对生活关注的"兴趣点"或充分利用生活中的实例来创造情境,最终不断提高学生解决问题的能力。教师在教学前应认真钻研教材,挖掘其中蕴含的化学"生活化"元素,进而创设"生活化"的教学情境,让学生感受生活中的

① 林萍.中学化学课程资源整合的三个维度[J].福建基础教育研究,2011(8):28-29.

② 黄都,程亮斌.高中化学"生活化"教学策略初探[J].中国科教创新导刊,2010(24):41.

化学，进而由情境产生一些驱动性问题，最后师生共同解决问题，提高学生解决问题的能力。在化学教学中，创设生活化教学情境的途径有多种。

(1)通过生活常识创设教学情境。生活中处处涉及化学知识。我们可运用真实的生活情境创设教学情境，让学生从感性上体会到学习化学知识的重要性，从而提高学习动机。例如，在讲“分子概念”时，教师可联系生活实际创设教学情境，让学生思考一些日常生活中的现象：为什么墙内开花墙外香?为什么湿衣服在太阳下很快就能晒干？为什么衣服干了以后会有白色的痕迹？为什么一勺食盐放在水里不见了，水却变咸了？为什么一体积的水混合一体积的酒精后，体积总和不等于两体积?等等，以此引导学生认识分子的存在和分子的性质[①]。

(2)通过社会热点创设教学情境。化学是一门与社会生活紧密相连的学科。无论是生活中接触到的新材料和新药物，还是新能源开发、环境保护等社会热门问题都与化学息息相关。教师平时要善于积累时事热点的相关素材，并与课堂教学适当联系起来。例如，学习有机化学中的蛋白质时，选取震惊全国的“毒奶粉”事件，思考蛋白质的组成；列举“非典”和“禽流感”时杀菌消毒的方法，联系晒太阳、高温蒸煮、擦酒精等方法创设蛋白质变性的条件。此外，也可以通过分析新闻报道材料的方法来创设情境。例如，在进行氯气一节内容教学时，通过播放记者采访上海某化工厂氯气泄漏事故的新闻视频来创设情境，然后结合教学情境向学生提出一些驱动性问题：为何发生氯气泄露时，人应往高处逃生？为什么可以用钢瓶来储运液氯？氯气泄露后，有什么办法来处理？等等[②]。这不仅能激发学生的学习兴趣，也能开阔学生的视野，提高学生的科学素养和文化修养。

(3)通过化学故事创设教学情境。中学生热衷于听故事，许多化学史实、名人轶事、典故传说都妙趣横生，引人入胜，容易吸引并激发学生的求知欲。因此，用化学故事创设问题情境是非常行之有效的方法。例如，关于苯分子结构的由来，可以用德国著名化学家凯库勒“做梦”的故事来创设情境：当时凯库勒正日夜思索着苯的分子结构该是什么样子。一天，他

① 王浩.创设情境，实现化学教学生活化[J].中学生数理化，2011(8):45.
② 黄都，程亮斌.高中化学“生活化”教学策略初探[J].中国科教创新导刊，2010(24):41.

坐马车回家,由于过度的劳累,便在摇摇晃晃的马车上睡着了。他做了一个梦,梦见几个月来设想过的种种苯的分子结构式在眼前跳舞。忽然,其中有一个分子结构式变成了一条蛇,这蛇首尾相衔,变成一个环。当天晚上,凯库勒就在这个梦的启发下,终于画出了首尾相接的环式分子结构,解决了有机化学上的这一难题。如此趣味性的课堂导入立刻调动起了学生的兴趣,紧接着创设问题情境:苯的凯库勒式是否完美?引导同学们进一步思考苯的结构式的科学认识。

(4)通过认知冲突创设教学情境 。在生活中,人们有很多思维定势式的认知,往往是未经科学认证的。一旦这种定势被打破,人们便会牢牢地记住这个认知冲突。在教学中,学生也会更倾向于记住自己的错误。因此,利用学生日常观念和科学事实之间的矛盾形成认知冲突来创设教学情境,往往会收到惊人的教学效果。例如,在讲解金刚石是自然界最坚硬的物质时,先请同学回答玻璃和铁那个更坚硬。学生会想当然地回答是铁。那么果真如此吗?再请同学们观察相互刻划实验,结果证明竟然是玻璃更硬,从而引发学生认知心理上的矛盾与冲突,产生问题情境。接着再分析以上观点错误的原因是把硬和脆两个概念弄混了。实验结束后,再让学生用金刚石来刻划玻璃,最后绝大多数学生能够记住,金刚石是最坚硬的物质,并且有广泛的用途。

(5)通过地方文化创设教学情境。地方文化是在当地特定的历史、宗教和地理环境下,人们在生活中积累的物质和精神财富,包括历史文物、人物传说、风俗习惯等。其中蕴含着丰富的化学教学资源,如博物馆中的陶瓷、金银铜器等文物;历史掌故和人物传说中的化学人物;各地风俗饮食文化中的化学;自然环境资源的利用及鉴定;造纸术、印刷术、制碱工艺等传统技艺中的化学……节庆活动中的服饰文化和制造气氛的烟花爆竹文化中离不开化学,史籍文献如地方史、地方志和地方文化宣传片、地方网站资源中,也不乏对化学技术、化学发展的记载。因此,利用学生熟识的家乡文化资源来创设情境,契合学生热爱家乡文化的心理,更能激发学生学习的积极性,同时也对地方文化的传承和发展起到重要的作用①。

① 孙叶,王伟群.地方文化背景下化学教学资源的开发[J].化学教与学,2010(5):6-9.

2. 教学内容生活化

美国教育家杜威提出“教学即生活”,我国教育家陶行知先生提出“生活即教育,用生活来教育,为生活而教育”。但是我国当前传统的教学往往比较重视学生解题技巧的训练,而忽视了学情分析,远离了学生的生活。事实上教学的过程是一个“还原生活”的过程。教学活动内容应扎根于现实生活,对生活的意义进行探寻,使学生在体验生活的过程中达到对人生意义的感悟与领会,超越现实与自我,让学生将所学的知识用于解决实际问题,从而实现知识到能力的转化。

教学内容生活化体现在围绕生活化的主题开展教学活动,或是呈现与生活材料息息相关的问题串。它并非等同于创设“生活化”情境只用于导入新课,而是可以作为整个教学活动的线索贯穿全程,让学生感受到知识源于生活而又高于生活。生活化的教学内容给学生营造了一个亲和的学习氛围,摆脱了枯燥死板的传统课堂,尤其适合对化学有畏难情绪的学困生和初学者以及应用性较强的课型使用。

[案例二]

含硫化合物的性质和应用

材料一:(1)50年前,故宫太和殿台阶的栏杆上雕刻的各式各样精美浮雕花纹还清晰可见,而现在大多模糊不清。

(2)美国的象征——自由女神像,正受到来自大自然的侵蚀,美国人正想办法拯救。

(3)1995年,几场大雨过后,我国四川奉节县9万亩华山松全部枯死,重庆面山的2.7万亩马尾松死亡。

材料二:酸雨是英国化学家R.A.Smith 1872最先提出的,一般是指pH小于5.6的雨、雪、雾等大气降水,数值5.6是指蒸馏水与空气中CO_2达到溶解平衡时的酸度。酸雨被称为“空中杀手”,是因为它对生物、土壤、建筑等危害很大。我国西南、华南是世界三大酸雨区之二,我国政府已制定《两控区酸雨和SO_2污染防治“十五”计划》。

材料三:我国酸雨主要是硫酸雨(即雨水中含有硫酸),某校

科技小组在某地采集了酸雨样品,每隔一段时间测定pH,得到下列数据:

时间	开始	8 h	16 h	24 h	32 h	40 h	48 h
pH	5.0	4.8	4.5	4.3	4.2	4.0	4.0

问题: ①随时间推移,雨水酸性怎样变化?②雨水中硫酸怎样产生?

材料四:减少酸雨的途径之一　脱硫技术是在含硫的矿物燃料中加入生石灰吸收燃烧过程中产生的SO_2,这种方法称为“钙基固硫”;另外也可以采用烟气脱硫技术,即用石灰浆液或石灰石在烟气吸收塔内循环,吸收烟气中的二氧化硫。

问题:请同学们分析原因。

材料五:白木耳又叫银耳,属真菌类食品,具有生津、止咳、降火等功效。一些不法分子为了得到更白的银耳,在大棚内放置了硫黄,采用传统的“硫黄熏蒸”工艺对银耳进行熏蒸。熏蒸后的银耳中往往含有一定量二氧化硫。最近上海质监部门对21种银耳进行抽查,二氧化硫含量居然全部超标,最高达2.23 g/kg,最低达0.125 g/kg。因此银耳并非越白越好。

案例评析:结合上述一系列与主题相关的生活化材料和问题,学生在对素材的归纳和演绎中掌握了含硫化合物的危害、性质、应用,酸雨的形成与防治,脱硫技术等知识,同时增强了环境保护和自我安全防范的意识。在生动的生活情景体验中完成了知识的获取以及知识向实践能力的转化[①]。

3. 化学实验生活化

化学是一门实验科学,也是一门生活科学。在化学实验教学中,巧妙地利用生活资源中的元件做实验,不仅原料节俭易得、过程简单易行,而且比“正规实验”更富有亲切感。对于一些化学实验课程资源极其紧缺的学校,化学实验的生活化还逆转了教师“巧妇难为无米之炊”的尴尬局面,“化腐朽为神奇”地开发出了许多极具特色的校本实验。生活化的化学实

① 张克龙.高中化学教学的生活化策略[J].化学教学,2007(4):13-15.

验建立在学生已有的经验基础之上，使学生原有的认知结构与化学知识更为贴近，消除了学生的畏难情绪及对化学的神秘感，顺应学生爱玩、爱动脑的心理，使其“玩”出化学规律。化学实验的生活化包括以下几点：

(1)化学仪器生活化。生活中很多材料都能用于化学实验中，如废旧电池、易拉罐、眼药水瓶、各种饮料瓶、吸管、输液管、注射器等。如注射器除了用于替代分液漏斗、滴管或是气体的发生装置外，还能作为气体压缩和抽气装置，应用于气体反应平衡、气体的取样、简易吸滤装置、气态和液态物质微粒间间隔大小的比较等方面。在教学过程中，还可以简化操作的规范，选取生活中常用的材料作为实验仪器，忽略一些不影响安全的注意事项。如在学习浓H_2SO_4溶于水放热这个知识点时，选用湿润的温度计水银球部位蘸取浓H_2SO_4，观察温度计读数的变化，1 min温度可以上升14 ℃左右，实验既安全、变化明显，又直观易理解。利用这些现有的材料安排实验，还能启发引导学生在生活中随时利用生活中的物品进行一些简单的实验探索[①]。

(2)化学药品生活化。生活中，建筑材料、废旧电池、食品添加剂、过期药品……只要想得到，没有什么不可以经过改头换面，拿到实验台上进行实验。例如，用花草植物、食醋、苏打做酸碱指示剂实验；用贝壳/鸡蛋壳(碳酸钙)和食醋反应做二氧化碳的生成实验；用铁钉、铜钉、导线、小灯泡、水果做原电池实验，等等(如表4-4所示)。这既降低了课程资源的成本，也培养了学生的节约与环保意识，同时也从侧面教育了学生只要在生活中处处留心，化学是无处不在的。

表4-4　中学化学常用的化学实验药品替代品

类别	示例
食品类	食盐、白糖、面碱/苏打(碳酸钠)、发酵粉/小苏打(碳酸氢钠)、白酒、白醋、土豆(淀粉)、蛋清(蛋白质)、豆浆(胶体)等
药品类	碘酒、PP粉(高锰酸钾)、果导片(内含酚酞)、中药紫草(其酒精浸出液可作石蕊试液)、农用硫酸铜等
生活用品类	食品干燥剂(生石灰/硅胶)、84消毒液(次氯酸钠)、洁厕剂(盐酸)、火柴盒贴(红磷)、铅笔芯(石墨)、木炭、鸡蛋壳(碳酸钙)、干电池拆下来的碳棒等

① 蓝峻峰，谢济运.化学实验教学生活化策略[J].柳州师专学报，2010(5):107-109.

续表

类别	示例
金属材料类	易拉罐(铝)、铁钉、电线(铜丝)、干电池拆下来的铜帽、锌片等
建筑材料类	石灰石/大理石(碳酸钙)、生石灰、熟石灰等

(3)实验内容生活化。实验内容的生活化并非一定要使用生活化的仪器和药品,而是指在内容上与生活联系较为紧密的教学或课外实验,这样的实验重在培养学生的生活实践能力和学习的积极性。如自制家庭净水器、生活中硬水和软水的区分、酸雨的危害、乳化作用的应用、身边物质的pH及测定方法、溶液酸碱性对头发的影响、除去水壶中的水垢等一些家庭小实验。例如,学生看书上有泡沫灭火器原理演示实验,就自己设计制作,经多次改进,将矿泉水瓶嵌入大可乐瓶中,内装饱和碳酸氢钠,外套内装稀盐酸,做成与真实泡沫灭火器相似的模型。当强烈喷射迅速熄灭一盆熊熊烈火时,学生的成功感油然而生,同学们也因此明白了家中楼道里那种红色泡沫灭火器为什么用时要倒过来①。这些实验对培养学生学习化学的兴趣是不可或缺的,而且也让学生对化学原理有了一个更深的理解。

在化学教学中改进传统的实验教学,有意识地创造更多让学生把化学实验和生活联系起来的机会,让学生充分感受化学知识、化学实验的魅力,这样才能真正发挥实验教学作为化学与生活沟通桥梁的教学功能。由于学生的认知水平和思考问题的角度不同,实验结论往往有差异,但是实验的结果并不是最重要的,重要的是学生在实验中对知识的体验和对实验现象的思考过程②。

4. 课后实践生活化

《普通高中化学课程标准(实验)》强调学生要有参与化学科技活动的热情,有将化学知识应用于生产、生活实践的意识。在教学中,尽量创造学生进行实践的机会和条件,通过参观、访问、讲座、讨论、实习等途径,使学生多接触社会,了解化学与社会和科学技术的关系,使学生在实践中不断将感性知识上升到理性知识,形成知识的有效迁移,在实践中丰富自身

---

① 林长春.论化学实验教学资源及其开发策略[J].中国教育学刊,2004(3):42-45.

② 蓝峻峰,谢济运.化学实验教学生活化策略[J].柳州师专学报,2010(5):107-109.

的生活经验，在实践中体验学习的乐趣。

课外化学教学资源很多，有社会提供的科普教育资源，如科技馆、博物馆、化学科研院所、各种社区的科普教育基地以及所在地区高校可利用的科学教育资源等；有可以作为科学教育的间接社会资源，如化工厂、污水处理厂、农场、农业科技示范田等；有日常生活和生产中的素材，如在教师指导下，测定工业废水的污染情况，设计防治对策等[①]。因此，可以结合化学课外资源开展丰富多彩的生活实践活动，如废电池的污染调查与处理方法、清洁能源的发展趋势、厨房里的化学知识、饮食科学与身体健康、酸雨的形成与危害调查、塑料制品利弊分析等。这样，通过把所学的知识运用于实践中，让化学从生活中来，再回归生活中去，使学习与生活融为一体，避免学生产生“学而无用”的思想，同时使教学变得生动形象充满活力[②]。

三、如何利用媒体媒介开发课程资源

（一）为何要利用媒体媒介开发课程资源

1. 信息爆炸时代的教学需求

在新闻媒介如此发达的时代，传统的“黑板+粉笔”教学模式已不再能满足当代学生对学习信息资源的需求。同时海量的信息资源也为化学教学提供了大量的课程资源。充分利用媒体技术、网络资源、视频和图片可以为学生直观、形象、具体地展示相关的化学知识，引导学生形成科学的世界观和方法论，帮助学生拓展知识面和社会视野。同时促进了教师教学方式的成功转型，使教师更高效地利用课堂。

2. 特殊知识点的有效突破

信息技术与化学学科的整合，对于化学教学中某些特殊的知识点有很好的突破。如有危险或有污染、化学现象瞬间即逝不易观察、难以重现或实现以及错误操作可能产生严重后果的实验，通过利用多媒体技术把实验的过程制成课件，在教学中形象、生动、直观地展现，不仅保证了课堂

① 陈新峰.新课程理念下化学课程资源的开发和利用[J].课程·教材·教法，2004(3):62-65.

② 熊言林，郑东影.课外科技活动由“短板”变“长板”的思考[J].中国教育学刊，2009(11):61-63.

的秩序和安全、省时省力,而且现象更加明显,更容易加深学生对知识的理解和巩固。再如,对于一些难以理解的化学概念、反应规律、复杂的反应环境、微观的反应原理等,通过信息技术的合理使用,以图片、动画等形式展示,辅以讲解,同样会产生比单纯讲授法更好的教学效果。

(二)如何利用媒体媒介开发课程资源

1. 开发高质量多媒体课件,辅助课堂教学生成

多媒体技术在教学中的应用,主要是通过多媒体课件来实现的。课件的质和量决定着多媒体技术在教学中的价值和生命力。因此,制作高水平的应用课件是每一位教师面临的现实问题。

多媒体技术是化学教学过程中的辅助工具,它不可能完全替代教师的讲解和演示。将整个课堂的教学内容、教学程序以及板书内容等统统编入课件是不可取的,这样会使教师成为媒体播放的机器,课堂缺乏应有的教学互动。因此,教师应有选择地将教学内容制作成小课件配合课堂讲授,做到有的放矢,突出教学的重点与难点。

适合制作成课件的内容主要是一些化学的微观原理以及复杂的、有危险性的实验。微观原理包括原子的组成、电子的运动、晶体结构、杂化轨道、有机分子的空间轨道等,这些知识比较抽象,看不到、摸不着,通过多媒体技术把它们用动画惟妙惟肖地模拟出来,教师教得省力,学生也学得透彻。复杂的以及会产生有毒气体等具有一定危险性的实验,如Cl_2、SO_2的制取,胶体的电泳等一直是传统课堂教学难以实现的内容,如今可以通过录像资料或以动画的形式在课堂上播放,弥补了传统课堂教学的不足①。但需要注意的是,凡是能够用模型、挂图讲解清楚的或者可在课堂演示的普通化学实验就不应该用录像或动画代替。特别是化学实验,对于培养学生观察问题、分析问题的能力,锻炼学生的动手能力有着至关重要的作用,不可轻易用课件播放图片或视频替代。

重视信息化教学资源的建设,并非要求教师们全都亲自去搞多媒体课件或计算机软件的开发。教师需要具备一定的课件制作水平,但是由

① 王贵银.化学教师与多媒体课件[J].中国电化教育,2002(7):47-48.

于时间和精力有限,不可能人人成为课件制作的高手。因此,教师更重要的是要学会搜集、下载、整理和充分利用因特网上的已有资源,形成校内外之间的教学资源共享,达到事半功倍之效。

2. 善用直观视觉媒介,加强课堂感染力

研究表明,人类关于外在世界的信息80%以上是通过视觉通道获得的。人类处理视觉信息的速度一般比处理文字信息快6000倍,使用视觉辅助能够将学习效率提高400%。因此,直观形象的图片以及多感官综合运用的视频、动画等更能够刺激学生的大脑,使学生学得更快、理解更透、记得更牢。这就需要教师在课下多积累一些与化学教学相关的图片、影音等材料。除了相应的化学教学网站中的教学图片、视频,还可以多关注一些电视节目和视频网站,如新闻联播、焦点访谈、优酷视频等,以获取更新、更前沿的资源素材①。

例如,在学习金属钠与水的反应时,可通过实验使学生掌握钠与水反应时"浮、熔、游、响、红"的现象,但对于金属钠与水反应可能爆炸或燃烧以及所造成的后果,受课堂的局限,只能靠教师描述。此时就需要教师在大量的媒体资源中找寻能够反映金属钠造成的火灾、爆炸等视频或图片资源,使学生信服并知晓如何灭火等。如2010年6月29日,浙江临海沿江镇的一家化工厂车间200千克的金属钠突发火灾的视频及2010年1月9日洛阳新安电力集团液态钠导致火灾的视频等。这些资源的运用,不仅提高了学生学习的注意力和兴趣,大大提高了课堂效率,而且其巨大的感染力,并非语言描述能够比拟的②。

3. 巧用信息化网络资源,建立教学资源库

21世纪是信息化的时代,网络上包罗万象的信息资源使学习者思路更为开阔,多媒体强大的模拟功能提供了实践或实验的模拟情境和操作平台,网络便捷的交互性使交流更及时、更开放。因此,充分利用网络信息资源,对于化学课程资源的开发以及学生的信息意识和信息的检索、搜集、筛选、分析、处理等能力的提高都有着不可替代的作用③。

---

① 段维清.知识可视化方法的教学应用之研究[D].重庆:西南大学,2007.

② 余先忠.充分利用课程资源促进化学有效性教学[J].新课程,2012(1):89.

③ 陈新峰.新课程理念下化学课程资源的开发和利用[J].课程·教材·教法,2004(3):62-65.

(1) Internet 化学教学信息资源的利用。国际互联网(Internet)的出现及迅猛发展,使当今世界跨入了真正的信息时代,它是世界上最大的信息资源库,已经成为人们生活、学习和工作不可缺少的工具。在这个信息的海洋中,人们能够以空前速度在网上索取自己需要的信息和知识。网上的化学资源具有分布广泛、数量巨大、互动性强、更新快等特点,已经成为化学教学资源开发的重要领域。互联网上的化学教学资源主要的类型如表4-5所示。

表4-5　互联网上的化学教学资源主要的类型

类型	简介
化学教学参考资料	包括化学史、化学与社会、化学与健康、化学与科技、化学与生活、趣味化学、化学游戏、化学谜语、化学练习题、测试题及其参考答案和其他资料等
化学软件、教学课件	课件可以直接或者根据需要稍作修改后在课堂上使用;课件素材则需要按照一定的意图设计成课件之后才能用于课堂教学。此外,网上还可以下载一些化学软件
化学教研活动信息	化学教研活动的情况,提供学习、考察和交流的线索
化学教学优秀教案	大量的教案实例,可为教师备课提供参考
化学教育论坛	行内和行外人士的文章或意见,社会各界交流化学教育教学观点和思想的场所
化学图书、报纸、期刊	有关化学专业的站点提供丰富化学资料和文献;在Internet上出版化学杂志(E-journals and E-publishing)已经成为互联网上化学资源发展的一个重要趋势

由于网络资源具有高度的共享性、强大的交互性以及内容丰富等特点,教师可以通过网络使学生以独特的方式进行学习,学生也可以在适合自己的时间、地点获得有关学习资料。例如,化学教师在进行"太阳能、生物质能和氢能的利用"教学时,由于课本上内容有限,教师就引导学生利用网络资源,让他们从互联网上了解常见能源和新能源的开发及利用情况,并选择自己最感兴趣的一类能源进行深入了解和研究,写成小论文,最后大家一起共享劳动成果,大大充实了教学内容[①]。

一些涵盖化学资源的优秀网站也可以起到辅助教学的作用。例如,

① 吴招坛,吕芳芳,马志成.高中化学新课程教学资源的开发与利用[J].中国教育信息化,2009(10):83.

2011年是国际化学年，中国科学院开通了“国际化学年在中国”的官网，其资源之丰富、内容之具体，是化学教学不可缺少的资源。特别是在高一新生的绪言课上，展示其网页中的百年诺贝尔奖获得者头像，可使学生增强学习化学的动力；进入其“读书知化学”栏目，可以让学生知晓并选择各种化学书籍来学习等[①]。常用的中学化学教育教学类资源网站如表4-6所示。

表4-6 常用的中学化学教育教学类资源网站

类型	网站名称	网址
基础教育资源	中国中小学教育教学网	http://www.k12.com.cn
	中国园丁网	http://www.teacher.net.cn
	中国基础教育网	http://www.cbe21.com
	人教网	http://www.pep.com.cn
	中国教育和科研(CERNET)	http://www.net.edu.cn
	中国教育资源网	http://www.learningchina.com
化学教学资源	中学化学教学资源网	http://www.yeschool.net/phd
	化学与软件	http://chemsoft.yeah.net
	化学在线	http://www.huaxue.net
化学科技科普	中国科普网站	http://www.kepu.gov.cn
	中国国家图书馆	http://www.nlc.gov.cn
	中国科普博览	http://www.kepu.ac.cn
	北京科普之窗	http://www.bjkp.gov.cn
	网上科学馆	http://www.inetsm.com.cn
国外化学教育	The Catalyst(中学化学教师的化学资源网站)	http://www.thecatalyst.org
	Chem4Kids(为青年学生设计的基础化学知识学习网页)	http://www.chem4kids.com
	ChemCAI(加拿大Simon Fraser大学化学系建立的网站)	http://www.sfu.ca/chemcai
	Journal of Chemical Education(美国化学会主办的化学教育杂志的网站)	http://jchemed.chem.wisc.edu
	Webelements(英国University of Sheffield化学系建的元素周期表网页)	http://www.webelements.com
	ChemCom(美国化学会化学教师资源中心)	http://www.lapeer.lib.mi.us/chemcom/index.html

① 余先忠.充分利用课程资源促进化学有效性教学[J].新课程，2012(1):89.

(2)校园网课程资源的开发。依托校园网的学校化学教育信息资源建设更多的给教师和学生提供信息的渠道和信息本身,以其内涵建设为中心,采取相应措施,使获取资源的效益最大化。交互性和共享性是其最大的特点。如建立教师备课系统,提供教师与各种资源的链接,实现教师间的交互;建立学生的网上学习系统,提供网上探究的主题,引导与各种资源的链接,实现学生间及师生间的交互;建设信息资源库,开发和筛选引进的各种多媒体教学课件、网络课件及学习资料,推介各种网站资源信息,搜集学生的优秀作业和探究论文等。学校和教师在充分利用互联网资源的同时应加强校园网的建设,变公共信息为校内信息,可以节约资源获取的精力和成本,做到资源共享,更好地服务于教学①。

化学学科有着广阔丰富的课程资源,合理整合中学化学课程资源,在新课程改革不断推进的今天,不仅仅是中学化学教师要研究的一个课题,更是新世纪向我们提出的严峻考验。中学化学教师在教学实践中应逐步强化课程资源意识,以现代教育理念去辩证地进行开发和利用;树立终身学习的意识,保持开放的心态,不断对自己的教育教学进行研究反思,对自己的知识与经验进行重组,从而不断适应新的变革,迎接新的化学教育教学改革挑战。

① 陈新峰.新课程理念下化学课程资源的开发和利用[J].课程·教材·教法,2004,24(5):65.

第五章　教得如何:课程改革与化学教学评价

化学教学评价是教学的重要组成内容,对化学课程标准的实施具有目标导向和效果监控作用,是化学课程改革成败的关键环节。因此,中学化学教师要了解化学教学评价理念和类型,研究学生化学学业评价和化学教师教学质量评价等相关内容,以便更好地了解自己的化学教学效果。

第一节　课程改革对化学教学评价理念的影响

新一轮的基础教育课程改革涉及方方面面,如教育理念、课程设置、教学内容、教学形式、教学方法和教育评价等。从理论上来说,课程改革的方向是由课程目标规定的,但由于高考指向标的存在,教学评价对课堂教学实践的影响远远超出了课程目标的影响。也就是说,真正的课堂教学实践活动的改革,往往不是跟着课程目标规定的方向,而是以教学评价的标准和内容为导向。教学评价已不单纯是一种手段和工具,而成为目的本身,成为凌驾于课堂教学实践活动之上的指挥系统。所以,教学评价对整个课程改革来说意义重大,其研究具有很高的理论和现实意义。

一、课程改革对化学教学评价理念的影响

(一)课程改革倡导的化学教学评价理念

1. 关注学生发展

新课程背景下的化学课堂教学评价,要体现促进学生发展这一基本理念。这一理念首先体现在教学目标上,即要按照课程标准、教学内容的科学体系进行有序教学,完成知识、技能等基础性目标,同时还要注意学生发展

性目标的形成。其次,体现学生主体,鼓励学生探究,高效实现目标。

2. 强调教师成长

依据新课程评价目标的要求,化学课堂教学评价要沿着教师成长的方向发展,其重点在于鉴定教师的个人发展目标,满足教师的个人发展需求。

3. 重视以学论教

新课程课堂教学要真正体现以学生为主体、以学生发展为本,就必须对传统的课堂教学评价进行改革,体现以学生的"学"来评价教师的"教"的"以学论教"评价思想,强调以学生在课堂教学中呈现的状态为参照来评价课堂教学质量[①]。

(二)课程改革背景下化学教学评价理念的转向

教学评价是教学的重要组成内容,对课程标准的实施具有目标导向和效果监控作用,是课程改革成败的关键环节。评价的基本功能是诊断与甄别、促进与发展、调整与管理,但其核心是依据并服务于课程标准和目标的。反过来,教学评价的目的和功能、内容标准、方式和方法等都对课程培养目标的实现、课程功能的转向和实施产生影响。可见,评价目标与课程目标具有很强的对应性。因此,课程目标的多元化决定了评价目标的多元化。

1. 评价内容的多元化

化学学习不仅是概念、化学反应式、化学原理和实验现象的死记硬背,题海战术的机械训练,而且是通过纷繁多变的化学实验操作和奥妙无穷的结构探索来解密化学与生活。因此,化学教学评价要从单纯重视学科知识的评价转向重视学生全面素质的评价。评价的内容包括学科素养的各个方面,不仅要对学生化学知识与技能的掌握情况进行评价,而且要对学生科学探究过程、方法和能力的发展情况,情感态度与价值观的形成情况进行评价。同时,化学教学评价内容不宜过于"学术化",应紧密联系学生的生活实际和社会实际,使学生在真实的情境中解决与化学有关的各种问题[②]。

---

① 刘一华.新课程课堂教学评价初探[J]. 湖南教育,2002(18):35.

② 陈良.新课程下化学教学评价[J].中学生数理化(教与学),2011(11):24.

2. 评价主体的多元化

新课程中学学业评价要改变过去只有教师评价学生学业的状态，重视学生在评价中的主体作用，强调发挥学生作为评价者和被评价者的双重作用，同时鼓励家长及参与活动的全体对象都加入到评价中来，将学生自评、同学互评、教师评价、家长及校领导评价等有效结合，形成多样化的评价模式，同时注意评价的实效性和准确性，谨防形式主义。如果学生自己、其他同学以及学生家长等与学生有密切联系的人都参与评价，成为评价的主体，使得评价主体多元化，评价会更真实有效[①]。

3. 评价方式的多元化

对于智力、能力和情感等内容的评价，量化评价手段已显得无能为力。化学教学评价要改变过去基本以书面考试为唯一方式的定量评价方式，从单纯笔试转向运用多种评价方式，努力超越定量评价“一统江山”的局面，将定量评价与定性评价相结合，形成以学习档案为手段的自我评价，以学生的活动表现为手段的能力、情感态度与价值观评价，以学生考试为手段的认知评价相结合的多样化评价形式，做到兼容并蓄，发挥各种评价方式的特点，提高评价的有效性。高中学生学业评价的主要方法有：口头测验评价法、纸笔测验评价法、成长记录评价法、活动表现性测验评价法等。

4. 更多地关注评价的发展性

教学评价根本目的是为了更好地促进学生的发展。发展性评价考虑学生的过去，重视学生的现在，更着眼于学生的未来。它所追求的不是给学生下一个精确的结论，更不是给学生一个等级分数并与他人比较，而是更多地关注和关怀学生，不但要通过评价促进学生在原有水平上不断提高，达到基础教育培养目标要求，更要发现学生的潜能，发挥学生的特长，了解学生发展中的需求，帮助学生认识自我，建立自信，集中体现了“一切为了学生发展”的教育理念。

5. 更多地关注评价的过程性

发展性评价注重过程。学生的发展是一个过程，促进学生的发展也是一个过程，重现学生学业发展过程的关键资料具有重要意义，分析这些

① 李志厚.学习论与新课程学习理念研究[M].广州：广东教育出版社，2004.

资料能够形成对学生发展变化的认识。这个评价过程贯穿学生的学习生活，是漫长持久的，所以新课程的教学评价要求改变过去只关注评价结果忽视评价过程的错误，重视评价的过程性[①]。

教师可以通过搜集、保存学生发展过程中的关键资料，并在此基础上针对学生的优势和不足，给学生以激励或具体的、有针对性的改进建议。在发展性评价中，要不断搜集学生发展过程中的信息，掌握学生的具体情况，并据此判断学生存在的优势与不足，给学生提出具体的、有针对性的改进建议，确定个体化的发展性目标。

6. 更多地关注评价的激励性

新课程学业评价强调评价的功能不只是鉴定、选拔，更要注重评价的反馈激励性，给予学生正面的效应，关注学生的进步。评价的目的是让学生更清楚地了解自己的长处与不足，给学生衡量自身学习境况的一个标尺，使学生对自己的情况有个深刻的了解，正确认识、提高和发展自我，而不是把学生区分出好与坏。

学生是不断发展和成长的，学业评价当然也是动态的，其结果只能说明在过去的时间里学生的学习表现与发展状况而不定论，不能单凭一个结果抹杀掉学生发展自己的愿望。新课程注重评价结果人性化，提倡个性化和鼓励性评语，允许学生对评价的结果作出解释和辩护，师生双方就评价结果进行对话，据此使教师了解学生哪些需要未被满足，学生也能明白自己的优势与不足，从而促进学生和教师进一步发展[②]。

7. 更多地关注个体的差异性

传统学业评价过于强调共性，而忽视了学生自身的个体需求、个性发展，故评价要尊重学生个体差异和创造性，不能片面追求评价标准的统一性。学生在学业方面的差异不仅表现在学识、能力和业绩上，还包括生理特点、心理特征、兴趣爱好等各个方面的不同。由于每个学生的成长和生活环境不同，所以具有不同于他人的素质，有自己的爱好、长处和不足。这使得每一个学生发展的速度和轨迹不同，发展的目标也具有一定的个体性。发展性评价要依据学生的不同背景和特点，正确地判断每个学生

① 梁云鹏，吕立新. 学生学业评价与考试改革研究及探索[J]. 教育评价研究，2010(10)：10-12.

② 王娟娟. 高中新课程学生学业评价研究[D]. 石家庄：河北师范大学，2011.

的不同特点及其发展潜力，为每一个学生提出适合其发展的、具体的、有针对性的建议。

（三）课程改革背景下化学教学评价对教师的要求

化学教学评价究竟如何在课堂中展开，重点在于教师。教师能否灵活地认识和应用发展性评价的理论与方法辅助教学，结合自己学校的实际情况，将理论性的评价落到实处，成为这次评价改革的关键所在。

1. 教师应掌握多种评价手段

评价手段应是多种多样的，化学教学评价是建立在教学理念和评价理念的基础上，在实践中必然会遇到很多新问题，没有现成的模式照搬。教学评价的实施依靠广大教师的创造性智慧和综合设计评价的能力，这就要求教师能够掌握多种评价方式，并且在自己的实施过程中，不断摸索改进，只要有益于学生的发展，就可创新①。简而言之，就是教师不仅要“学会用”，而且要“用好”。

2. 教师应积极提倡多主体评价

新课程背景下的课程评价要求改革以往评价主体单一的现象，让更多的人参与到评价当中来，实行教师评价、学生自评与互评、家长与校领导评价相结合的综合性评价。这就要求教师能够调动各方面积极性，并有针对性地建立行之有效的评价方案。如家长的评价，主要是对学生在家中的学习态度、学习方法进行评价，如果让家长对学生的具体学科学习进行评价，家长可能感到无从下手，这样做还会造成家长感觉教师推卸责任、教师感觉家长不负责任的相互误解②。同样，在学生互评中，应引导学生关注其他同学的优点和长处，进行自我反思，淡化等级和分数，避免学生之间相互比较，否则，学生之间互不服气，只盯住对方的缺点和不足，使评价变成互相“挑错”和“指责”，而无助于相互学习。

3. 教师应树立“以人为本”的思想

新课程提倡重视学生的主体性，这不仅要求教师在课程实施中注意调动学生的积极性，也要求教师在教学评价中能够具体问题具体分析，重

① 梁为. 如何掌握化学教学评价[J]. 基础教育研究，2009(8)：49-50.

② 梁云鹏，吕立新. 学生学业评价与考试改革研究及探索[J]. 教育评价研究，2010(10)：10-12.

视学生的个体差异性,针对不同的学生群体,创造出不同的评价手段与内容,使每个学生都能够受益。

二、课程改革以来化学教学评价的发展

(一)课程改革以来化学教学评价的成果

1. 注重学生学习发展过程的评价

教师更加注重对学生日常学习和发展的评价,关注学生在学习过程中的点滴进步和变化,及时给予学生评价和反馈。广大教师充分发挥评语的及时性优势和激励性作用,加强了师生之间的联系,使学生能够及时了解自己的进步和不足,从而改进自己的学习。

利用一些成长记录的方法关注学生发展的过程。学校为学生建立成长档案袋,其中搜集了学生方方面面的资料,包括父母的期望,教师、同学和自我的评价,各次的作业和竞赛成绩,自己满意的作品等。学生通过成长记录看到自己进步的轨迹,发现自己的不足,并通过成长记录加强了自我反省和自我评价能力。

一些学校将日常评价、阶段评价和期末评价有机结合起来。在期末成绩中,日常表现和作业、单元测试以及期末考试各占一定的比例。这样做可以使学生和家长不再只关注期末考试,体现了形成性评价的精神,并将评价融入日常教学中,做到教评相长。

重视实验过程的评价。新课程要求重视学生的动手能力以及探究性思维,所以不少学校开始意识到化学实验的重要性,从不同的方面加强学生实验,并在此基础上建立了一套行之有效的化学实验评价体系。另外,改变以往只重视对实验结果和现象的评价,更多地考查学生在实验过程中所表现出的动手操作能力、应变能力等,突出实验过程的重要性。

2. 使用范围逐步扩大

新课程开展以来,关于新课程各个方面的理论开始渗透到全国各地的校园中,学校领导和一些具有创新意识的教师开始接受这一新型的理念,并尝试将其应用到实际的教育教学工作中。他们开始尝试改革最初的化学教学评价体系,引入一些全新的评价方式如档案袋评价等,收到了

一些效果，并将其结合自己学校的实际情况进行改革，创新出一些行之有效的本土化化学教学评价方式。

3. 评价的个性化加强

新课程强调一切为了学生的发展，这就要求我们将学生看成一个个独立的个体，重视每个学生的个体差异性，增强评价的个性化，承认个体之间的差别和个体发展的多样性和丰富性，使评价成为为每个个体发展提供有效帮助的工具。随着新课程的展开，教师和校领导已慢慢理解并接受了这一理论，并在具体的实施中进行了各种尝试，提出了各种各样有针对性的个性化评价方式，如分层管理，给不同学生布置不同的作业等。

(二)课程改革以来化学教学评价遇到的问题

1. 重视理论建构，忽视实证研究

目前，对于教学评价，研究者倾向于研究其概念、方法、标准等理论方面的问题，缺乏具体的实证方面的支持，使评价结果缺乏信度和效度。究其原因，一方面实证研究需要大量的人力、物力，且时间较长；另一方面由于地区差异、文化差异，实证研究的结果并不一定具有代表性①。

2. 教学评价技术手段和应用的研究比较薄弱

新课程实施以来，多数学者已经认识到原有的评价技术手段已经显露出种种弊端，跟不上现实的需要。以教学评价工具为例，已有的评价工具——试卷的评价标准和指标只能对学生作出量化评价，电子学档虽然能在一定程度上弥补纯量化的“结果性评价”的不足，但是它的建立需要一定的技术做支撑。另外，像录像、影音等作品的搜集也是一个费时费力的工作，对教学要求较高，成本较大，很多时候评价就流于形式，很难发挥评价工具的作用。目前，在评价技术手段和应用方面几乎没有专门论述的研究文献，这些都是教学评价研究中的薄弱部分，成为教学评价研究的“瓶颈”。

3. 忽视对教学评价中现实问题的探讨

目前，关于教学评价中现实问题的探讨大多停留在表面层次，很少有

① 傅敏，齐新鉴. 高中新课程实施以来我国教学评价研究的进展与展望[J].当代教育与文化，2012(1)：54-57.

学者就教学评价中重学轻教的现象、量化评价影响学生多元智力的发展、学生综合素质评价、教育质量保障等问题进行研究。在新课程实施中这些问题应该加以重视,把教学评价中现实问题的研究作为我们研究的出发点,才能够使评价更加科学、合理。要解决这些问题就需要研究者深入教学实践,细心观察现实中存在的种种问题,用发展的眼光和辨证的思维来分析和解决问题。

(三)课程改革以来化学教学评价的发展趋势

1. 注重评价的发展性功能

随着新课程的逐渐深入,教学评价的激励改进功能在各种教育活动中日益显现出来,奖惩性评价会逐步被发展性评价所取代。随之,形成性评价和自我评价等发展性评价方法会越来越被重视,使被评价者通过自我分析和自我认识达到自我提高。增加评价者与被评价者之间的交流,通过互相了解,修正自己的观点,以使评价结论尽可能取得一致①。

2. 注重运用现代方法和手段

随着网络和电子计算机的进一步普及与教育教学评价理论和方法的深入发展,网络和计算机技术在教育评价工作中的运用将越来越普遍。从未来教育的发展趋势来看,教育种类在不断增多,学校规模在不断扩大,学校内部结构变得更加复杂。因此,未来教育教学评价工作要顺利进行,必须借助于网络和计算机技术,否则,将很难广泛和持久地开展下去。

3. 加强评价的本土化研究

在评价理论的研究上,我国起步较晚,近几年虽然在理论研究上取得了不少的成果,但是这些研究成果主要还是依靠国外的教学评价理论。因此,评价理论的本土化研究是亟待加强的领域。我们应借鉴和吸收各种理论与方法,确立适合自身特点的研究范式,进而促进我国教学评价理论的发展。总之,进行动态、跟踪式的实证研究,搜集教学实践中的问题,并对问题进行准确的描述,在此基础上讨论教学评价的理论框架,加强学科教学的评价研究,加强评价的本土化研究,这是未来一段时期教学评价

①刘尧.中国教育评价发展现状与趋势评论[J].中国地质大学学报(社会科学版),2003(5):60-62.

研究工作的重要内容[①]。

4. 重视对评价的实证研究

教学评价研究是一个应用性、实践性较强的研究领域，是为直接解决教学实践中的问题服务的，因此，进行教学评价研究的最基本要求是进行实证研究，研究者在现场搜集观察资料，进行理论假设的检验。只有进行实证研究，教学评价研究才能有实质性的突破，才能解决实际问题。随着教学评价和我国教育事业的进一步发展，对教学评价的实证研究将会受到越来越多学者的重视。

5. 重视质性评价和量化评价的结合

发展于20世纪初的现代课程评价，是以整个世纪飞速发展的现代科技为背景的，它以科学崇尚的客观、量化为标志，对科学的盲目崇拜导致了人的量化。在课程改革实施以来，人们已经意识到这个问题的严重性，提出了量化评价的局限性，积极提倡质性评价模式，在课程与教育评价的改革上，迈进了积极向前的一步。在大肆批判量化评价的同时，有些教育者又走向了另一个极端，即积极推广质性评价的评价方法，而否定了量化评价的作用。量化评价是以科学、客观的标准为基础，在一定程度上促进了我国现代课程评价体系的建立，而质性评价正好弥补了量化评价的不足，这二者的评价方法并不是对立的。在今后的课程与教学评价发展中，问卷调查、观察、访谈、对话、实地笔记等质性评价方法与测量、考试统计分析等量化评价方法应更好地结合运用[②]。

第二节　学生化学学业评价

课程评价在课程改革中起着导向与质量监控的作用，是课程改革成败的关键环节。其中，评价改革最重要的内容是学生学业成绩评价的改革。在基础教育课程改革的浪潮下，学生学业评价受到教育领域工作者广泛、深入、密切的关注。新课程下的普通高中学生学业评价是指在高中

① 傅敏，齐新鉴. 高中新课程实施以来我国教学评价研究的进展与展望[J].当代教育与文化，2012(1)：54-57.

② 田迅，李林.课程与教学评价的发展趋势[J]. 现代教育科学·普教研究，2011(1)：112-114.

学校教育情境中，由教师、家长、学生等多元主体作为评价者，运用新课程学业评价理念，使用恰当的多样化评价方式（如观察、交流、实验操作等）来全面获取学生在模块修习过程中的所有表现，进而记录学生在校期间的成长经历以及受教育程度，从而对学生的学业进展情况和学习成果进行全面的描述和综合性的分析，实现对学生学习过程中所获得的知识与技能、过程与方法、情感态度与价值观情况的判断[①]。

一、学生化学学业评价的类型

学生化学学业评价的类型多种多样，划分的标准也各不相同。一般来说，化学学业评价可以有如下几种划分方式：按评价的功能划分，可分为诊断性评价、形成性评价和总结性评价；按参与评价的主体不同，可分为自我评价和他人评价；按分数解释的参照点划分，可分为常模参照评价和目标参照评价；按评价所依据的标准和解释方法划分，可分为相对评价和绝对评价；按评价表达划分，可分为定性评价和定量评价。

（一）诊断性评价、形成性评价与总结性评价

1. 诊断性评价

诊断性评价也称“教学性评价”，一般是指在某项教学活动开始之前对学生的知识、技能以及情感等状况进行的预测，了解学生的知识基础和准备状况，其目的是判断他们是否具备实现当前教学目标所要求的条件，并分别将学生置于最有益的教学程序中，设计出可以满足不同起点水平和不同学习风格的学生所需的教学方案，为实现因材施教提供依据。诊断性评价的实施时间一般在课程、学期、学年开始或教学过程中。其作用主要有二：一是确定学生的学习准备程度；二是适当安置学生。高考就是典型的诊断性评价。

2. 形成性评价（或过程性评价）

形成性评价是指教师在教学过程中通过观察、座谈与访谈、活动记录、问卷调查、记读书笔记、纸笔测验、学生自评与互评等形式对学生的学

① 朱伟华.从课程标准到评价标准——高中生物学业评价标准制定的调查研究[D].长春：东北师范大学，2009.

习行为、学习能力、学习态度和合作精神等进行的持续性评价。其评价方式可以采取测试与非测试、个人与小组相结合的形式;学生、同伴、教师和家长可以共同参与评价。形成性评价是在一种开放、宽松的氛围中进行的,评价结果虽可采用描述性评价、等级评价或评分等形式来体现,但它更重视质性评价。化学学业评价中常用的形成性评价方法有档案袋评价(也称成长记录评价法)、探究学习活动评价、活动表现评价、单元学习测评等。

3. 总结性评价

总结性评价是指在一个模块学习结束后,以水平测试的要求为主,采用纸笔考试的形式对学生进行评价。在我国现行的高考体制下,总结性评价将依然是最为重要的评价方式。建议将及格率控制在90%~95%,将优秀率控制在20%~25%,将总体难度控制在0.7~0.8,易、中、难题的比例约为7:2:1。对必修模块,应采取闭卷考试的形式,而对选修模块则可以使用闭卷考试和开卷考查相结合的形式。

(二)相对评价与绝对评价

1. 相对评价

相对评价的评价标准建立在参与评价的对象内部,然后把其他对象与标准相比较,以确定其相对位置和优劣程度。如以一个群体(班、校、地区)中的平均状况(平均分)、离散程度(标准差)为常模作为评价标准,评价每个学生在此群体中所处的相对位置,以便显示学生之间的差异。因此,相对评价又称为常模参照评价或相互参照评价。相对评价不关心学生对教学目标的实现程度如何。

2. 绝对评价

绝对评价的评价标准是参与评价对象之外的客观指标。它是指以预先设定的教学目标为评价标准,来评价每个学生的目标实现程度。因此,绝对评价也称为目标参照评价。绝对评价不关心群体中每个学生所处的位置,只要预先确定达标的标准,将学生的答对率与达标标准相比较,即可作出评价。绝对评价一般多用“通过”与“失败”两级标准表示,凡达到指定标准的为通过,否则就被认定为未通过或失败。

（三）定性评价与定量评价

1. 定性评价

定性评价是评价者运用分析和综合、比较和分类、归纳和演绎等分析方法，根据评价对象平时的表现、状态或文献资料，对评价对象做出的描述性评价，比如：评出等级、写出评语等，强调观察、分析、归纳与描述。

2. 定量评价

定量评价是从“量”的角度，采用统计分析、多元分析等数学方法，搜集和处理数据资料，对评价对象的特性用数值进行描述和判断的一种评价方法，强调数量计算，以教育测量为基础。

二、学生化学学业评价的程序与方法

（一）纸笔测验评价

纸笔测验是一种重要而有效的评价方式，在使用这种评价方法时，教师应根据新课改的需要对其作出相应的改进①。在中学教学中运用纸笔测验，重点应放在考查学生对化学基本概念、基本原理以及化学、技术与社会相互关系的认识和理解上，而不宜放在对知识的记忆和重现上；应重视考查学生综合运用所学知识、技能和方法分析和解决问题的能力，而不单是强化解答习题的技能；应注意选择具有真实情景的综合性、开放性的问题，而不宜孤立地对基础知识和基本技能进行测试。近年来，我国教育工作者开始重视纸笔测验改革方面的研究，并得到了突出的成就，所研究的一些方法已经在不少学校试行，且效果非常明显。归纳起来，有以下三个方面的改革趋势。

1. 以论题代替部分试题

“以论题代替部分试题”，即不只由闭卷笔试成绩决定学生的学习成就，也可以包括学生在教师指导下自由选择与教学内容有关的论题，进行研究性学习，撰写的小论文的成绩。例如，上海中学生撰写的论文“同一

---

① 闫蒙钢.化学教学测量与评价导论[M].北京：北京科学技术出版社，2004.

苹果不同部分V_C含量的比较研究”“SO_2对植物生长的影响及植物对SO_2净化作用的研究”“氟利昂制冷替代品的研究”等都是很好的例子。学生参与积极性高，通过上网和翻阅书籍查找数据资料、设计和完成实验、进行社会调查等途径完成论文，并在这个过程中得到了锻炼。研究性的论文撰写对学生的研究性学习提出了明确的考核要求，这显然是符合素质教育方向的，改变了评价单纯依靠客观定量的硬评价的局面①。

2. 开放性和情境性试题的开发

开放性试题是指试题的条件开放（解决问题的条件不足或多余，不足的要求学生自己查阅工具书补足，多余的要求学生经过思考剔除）、内容开放（试题背景材料不都来自教材，可以超出教材，如来自学生面对的社会、生活问题，但能为学生已有知识理解）、思维过程开放（可以发散，沿不同思维路径展开，有利于学生提出独立见解和个人决断）和结论开放（可以是相同结论，也可以有不同结论）的试题。只要其中有一个方面的开放，即可称为开放性试题。开放性试题的开发，可以有效地为学生提供自由展开个人才能的机会，对培养学生的创新精神和创新思维能力很有益处。

情境性试题则是先提供一定的情境性背景材料，要求学生在充分了解背景材料前提下，经过思考寻求解决问题的答案。这种试题在前几年的考试中多有出现，并被大家所熟悉，当前情境题开发方向似乎集中在提供学生独立发表个人见解的机会上。

3. 综合级和评价级试题的编制

布鲁姆认知领域教育目标的分类中，只有“综合”和“评价”级教学目标对学生有创新要求。综合往往要求学生提出解决问题的计划和方案，评价则要求学生提出判断事物价值的标准（特别是提出基于外部准则的标准），也会对学生提出创新要求。在化学教学评价中多使用综合级和评价级试题，必然会促进学生创新精神和创新思维的发展。

① 解守宗. 试述化学教学评价改革的三个动向[J].化学教学，2001(4)：1-2.

(二)档案袋评价(也称成长记录评价)

1. 档案袋评价的含义

档案袋评价(portfolio assessment)又称为“学习档案评价”或“学生成长记录评价”,是20世纪90年代伴随着西方教育评价改革运动而出现的一种新型质性教育教学评价方式。它是指教师和学生有意识地将各种有关学生表现的材料搜集起来,并进行合理的分析与解释,以反映学生一段时期内学习、思想和成长等各个方面的发展轨迹。

档案袋是指学生在教师的指导下搜集起来的,可以反映学生的努力情况、进步情况、学习成就等一系列的学习作品的汇集。它展示了学生某一段时间、某一领域内的技能发展,可以说是记录了学生在某一时期的成长过程。

2. 档案袋评价的类型

(1)教学型(课堂型)。指教师根据本年度的课程和教学计划,对于学生的学习情况和学业成绩的综合性评价。它的材料构成有:教师本年度的课程和教学计划;教师对学生表现的总结;教师给学生的评语。

(2)评价型。指由教师按一定标准建立的学生作品集。

(3)展示型。由学生自己选择出来的最好的或最喜欢的作品组成。幼稚的作品真实展示自己,反映成长中的快乐和成长中的烦恼。

(4)文件型。包括学生的平时作品和形成性检查表格(行为检查和观察记录),对于学生的评价更客观全面。

(5)理想型。研究者认为这是一种比较理想化的档案袋评价。它鼓励学生自我反思,对于被选入的作品好的、坏的方面加以评价。

3. 档案袋的组成

一般来说,一个相对完整和规范的档案袋由六部分构成:

(1)前言。对有关化学学习档案的一个总的说明和提示,具体阐明档案袋中材料的种类、搜集的方法等。

(2)目录。以提纲的形式展示各部分化学学习材料的关联,并配有页码。

(3)内容。包括核心内容和选择性内容。核心内容是每个学生档案袋中必须包含的内容，它为学生的自我评价和教师、家长及同伴的评价提供基础性的信息，如化学测验试卷、化学学习信息和资料、化学实验设计方案和操作过程、化学课外实践报告、化学实验记录表等；选择性内容是学生自我选择的、最能反映学生自己化学学习情况的材料，如化学学习方法和策略、单元知识总结、化学实验失败原因分析、化学学习中遇到的疑难问题及解答、化学实验小窍门等。

(4)时间。对于每次收录在档案袋中的材料，应注明日期，以显示随着时间的推移所取得的进步情况。

(5)反思。对于自己化学学习过程和结果方面所做的自省，如实验心得、学习方法总结、学习中遇到的疑惑等。

(6)交流。档案袋中的材料虽然是学生自主构建的，但它却不是封闭的。因此，其中应该显示同伴评价、家长评价和教师评价的一些信息。

4. 档案袋评价的实施与案例

(1)档案袋评价的实施过程①。

①组织计划阶段，明确评价目的。要确定评价的目的和目标，通常由教师和学生一起结合学生特点、教学目标与计划，有组织、有目的地要求学生搜集一系列作品来展现自己的能力和进步。在进行评价之前向学生说明学业档案袋评价的内涵和重要作用，要具体和明确告知学生评价标准，以便他们按照目标和评定标准来搜集资料；要让学生明确学业档案袋的建立目的是为了激励学生学习化学的积极性、总结归纳学习方法等，不要使学生产生心理负担；要做好跟家长的沟通工作，获得家长的支持，有利于实施档案袋评价。家长通过阅读学生的档案袋，可以感受到自己孩子的成长和进步。

② 资料搜集与自我反思阶段，明确内容要素。搜集资料要有针对性和代表性，不能贪多求全。对于档案袋的部分内容和数目等教师要加以引导，如学习计划、学习作品、学习总结和学习反思等，同时也留给学生自主选择的空间，发挥他们的主动性和创造性。学生可以将自己最好或最喜欢的作品，或者将自己对该作品的反思装入学业档案袋中。化学学业

① 钱琼华，沈理明. 化学档案袋评价的实施及案例[J].科教文汇(下旬刊)，2011(8)：119-120.

档案袋中可以包括掌握基础知识档案,如对所学知识的总结和反思、重大考试的试卷分析;实验探究能力档案,如实验报告、研究性学习报告、探究性活动的情况等。为了更好体现同学间的交流讨论情况,反映学生在讨论中的表现,还可以建立小组讨论档案,对学生在小组讨论中的积极表现予以肯定,培养学生团结合作的精神。教师要鼓励学生自己设计学业档案袋,显示自己的个性。学生要对其放入档案袋中的作品进行回顾性反思,包括完成一次具体任务后的反思和阶段性学习反思。教师应该帮助学生制定具体的反思要求,如测验后的反思内容包括:分析出错原因,是基础知识掌握不牢,还是解题方法不会;重做错题,定期自查;与预期目标的差距,找到自身的问题。阶段性学习反思一般每月总结一次,主要包括:自己在这一阶段的学习哪些方面(包括学习方法和策略)做得比较好,哪些方面还需要改进,下一阶段的努力方向是什么;对教师的教学还有何建议等。

③成果展示与评价阶段,进行多元评价。这个阶段是学生体验成功的重要阶段,可以将成果展示和评价活动结合起来。如:召开档案袋交流展示会,由学生介绍自己的学习成果,包括化学小论文、实验报告、学习笔记等学习档案;鼓励学生积极参与,凡参与者都能得到一定的基本分;根据不同学生档案袋的特点可以设立各种富有特色的奖项。由于教师较难全方位评价每一位学生,所以应该让学生自己、其他同学以及学生家长等都参与评价,使得评价主体多元化,评价更真实有效。

(2)案例探讨。例如,学习“身边的化学物质”这一主题的有关内容时,可在学习档案中收录以下资料:

①自己或同伴搜集到的有关化学物质的资料,如新闻和科技动态的剪报、图片、照片、实物等。

②学习空气、水与溶液、金属、生活中的化合物等项内容后,对这些物质的性质及其与社会生活关系的认识。

③有关氧气、二氧化碳气体学习的探究活动资料(包括提出的问题与假设、设计的方案、实验记录、对实验活动的自评和他评、对实验的反思与体会、问题讨论中的主要观点等)。

④对当地污染状况的调查和防治污染的建议。

⑤对化学在空气污染的形成与防治中的功过认识。

⑥对自己学习状况的评价（包括基础知识、实验设计和探究活动等情况），有待改进的问题和改进的设想。

（3）化学学习档案的评价标准和评价结果。评价者可以借助具体的评价标准来对被评价者进行评价，这样得到的评价结果更接近客观，可以避免自己的喜好对结果的影响。具体的评价标准的制定可参照表5-1[1]。

表5-1　化学学习档案的评价标准和评价结果

班级	姓名	第　章的学习档案	评价者	
内容项目		评价标准	评价等级	本项的评定等级及评语
固定项目	①封面、前言与目录	封面美观、大方。前言简洁、逻辑性强、重点突出，展示了成果中最优秀的部分与证据。目录配有页码。书写认真、规范、工整（以下每项都含有这一要	4 3 2 1	
	②小组内互评作业记录和学习体会	按时间先后收入所有互评作业、小测验及评语、错因分析、订正等。学习过程中的体会、收获和问题及解决等全面、准确、清晰、有深度	4 3 2 1	
	③学习笔记	按学习过程收入所有预习、课堂、课后笔记，内容充实、具体，清晰地展示了自己的学习过程和进步。知识总结科学，呈现方式新颖、多样。按时参加组内互评，对互评中发现的问题及时改进	4 3 2 1	
	④实验和探究活动记录	实验报告内容全面、结论真实。探究活动的要素完整、问题有深度、假设合理、解决方案巧妙有创新、实验易做、结论可靠、自评与体会客观深刻、交流积极、有他评、及时与他人合作。家庭小实验方案合理、实验效果好	4 3 2 1	
	⑤自评与他评记录	自评的反省意识强、反思全面深刻、证据明确具体，真实地说明了本章的学习情况和档案的建立情况。他评人员全面，评语客观且激励性强	4 3 2 1	

① 蒋良.化学学习档案评价及其实施策略[J].教师论坛，2006(3):11-13.

续表

内容项目		评价标准	评价等级	本项的评定等级及评语
可选项目	①化学史研究	小论文内容正确、无科学性问题,紧扣主题、构思巧妙,有自己的认识与体会,语言流畅、表述简洁清楚、信息量大,注明参考文献	4 3 2 1	
	②研究STSE	调查研究的化学问题有意义、具有挑战性且与社会紧密联系,调查报告的内容真实、结论科学可靠、建议合理有据、说服力强且可行,综合、归纳和推理等方法运用得好,表述简洁清楚,调查报告的文本格式规范,注明参考文献	4 3 2 1	
	③其他活动资料	展示了活动的完整材料与成果证据,内容正确、协调连贯,具有真情实感和相当的深度	4 3 2 1	
总体评定结果		等级　　　　评语		

说明:"评价等级"中的数字分别代表"评价标准"的表现程度,如优秀、良好、一般、及格等,也可作为用分制量化记分的分值;自我评价、同伴评价、教师评价等均可使用本表进行

(三)活动表现评价

1. 活动表现评价的含义

《全日制义务教育化学课程标准(实验稿)》中指出,活动表现评价是通过观察、记录和分析学生在各项学习活动中的表现,对学生的参与意识、合作精神、实验操作技能、探究能力、分析问题的思路、知识的理解和认知水平以及表达交流技能等进行全方位的评价。评价结果以简单的方式加以记录,在比较、分析基础上,给出恰当的反馈激励学生进步。活动表现评价可以采用独立、小组或团体的形式,既可以在学习过程中进行,也可以在学习后进行。在评价过程中,教师应该注意既评价学生在活动过程中的表现,又评价学生的活动成果。

2. 活动表现评价的特点

活动表现评价法通常通过表现任务的水平(难易、包容性范围等)及各分解任务的等级、任务对照表(对评定的内容的规定)或总体水平等几个方面来进行,既可以给学生评分,也可以对学生的学习情况进行诊断,其重点在后者。

活动表现评价法比较擅长的评价领域，不是知识与技能的回忆与再现，而是知识与技能的应用及非智力因素的发展，重视的是演示和运用概念与技能的能力、进行科学表征的能力等各种能力的提高。

活动表现评价法的问题情境是比较真实的，需要学生解决的问题是现实中的问题，而不是脱离现实情境的抽象问题。

教师需要在特定的时间与状态下评价学生的表现，使学生不会感到意外；学生和教师均需事先知道有关要求，并且做好准备。事先向学生说明衡量标准，可让学生真正知道对自身的要求，并且让学生能主动地改造在技能或其他方面的弱点。

活动表现评价法需要学生完成的任务一般是比较复杂的，需要学生综合运用多学科的知识与技能来加以解决。

操作是活动表现评价法的一种方式。这种方式能有效地测知学生的理解能力，特别是配合面谈进行更为有效。活动表现评价法鼓励学生的发散性思维，允许追求答案的多样性①。

3. 活动表现评价的实施与案例

(1)化学实验操作情况活动表现评价。表5-2是一个对学生的化学实验操作(过滤)技能情况进行评价的案例，将技能的评价置于“水的净化”这一现实情景中，不是单纯对实验技能进行评价，而是与具体的实验探究活动相结合。对学生在实验探究活动中的表现，不是仅从技能一个角度去考查，而是从促进学生科学素养的全面发展的视角来进行评价。不仅对学生的行为表现进行评价，而且还将学生的自评作为评价内容之一②。

(2)实验探究“溶液的酸碱度对头发的影响”③。

①活动表现评价的准备。在这个阶段，教师需要做以下几项工作。首先，制定评价的目的和目标。其次，制定评价的标准(见表5-3)。最后，确定评价的方式与方法。

① 闫蒙钢.化学教学测量与评价导论[M].北京：北京科学技术出版社，2004.

② 郑长龙，沈理明.化学实验教学中的活动表现评价方法[J].中学化学教学参考，2004(1)：82-84.

③ 司艳玲，王秀红.活动表现评价案例一则——实验探究溶液的酸碱度对头发的影响[J].中学化学教学参考，2004(8)：34-35.

表5-2　对学生的化学实验操作(过滤)技能情况进行评价的案例

实验活动	评价方式	评价要点(外显行为)
【活动1】向盛有浑浊水的烧杯中加入明矾,搅拌使明矾溶解;静置,观察现象	【观察】 【口头、书面交流】	【技能】搅拌操作 【探究能力】观察加入明矾后液体的情况 【探究能力】记录观察到的现象
【活动2】制作过滤器	【口头交流】 【观察】	【知识】过滤方法,滤纸及其作用 【技能】过滤器的制作
【活动3】安装过滤装置	【观察】	【技能】过滤装置的安装
【活动4】将静置后烧杯中的上层液体倒入另一只烧杯中,余下的液体慢慢地沿玻璃棒注入漏斗中,直到液体全部过滤完	【口头交流】 【观察】	【知识】液体倾倒知识 【技能】液体倾倒操作(过滤实验中)
【活动5】取出滤纸,观察滤液和滤纸上的物质	【观察】或【书面、口头交流】	【探究能力】观察滤液和滤纸上的物质 【探究能力】记录观察到的现象
【活动6】交流实验结果	【口头交流】	【情感态度与价值观】交流实验结果的主动性
【活动7】将滤纸放入废液缸中,清洗仪器,整理归纳	【观察】	【情感态度与价值观】保持实验仪器的干净、实验台的整洁,爱护实验环境
【反思】	【自评】	【实验心得】实验过程中的心得与体会

表5-3　评价标准

评价标准(权重:每项10分)	是	否
1.能否根据给出的问题设计简单的实验方案		
2.能否对实验方案的可行性进行初步论证		
3.是否积极参与实验操作活动,并善于与他人合作		
4.是否规范地称取药品		
5.是否注意节约化学药品		
6.是否保持试验台的整洁		
7.是否客观、准确地观察和记录实验现象		
8.对所获得的数据能否运用表格、线图等形式进行处理		
9.能否规范地书写化学实验报告		
10.是否体验到实验探究活动的乐趣		

②活动表现评价的实施。第一,明确问题。教师设置问题情景:“在生活中我们发现,有的同学头发有光泽,而有的同学头发发乌,有的同学

发丝很容易拉断,但只要换一换洗发水,就会有所改变。原因在哪里呢?我们知道不同牌子洗发水的pH不同。那么是不是不同pH的洗发水对头发产生了不同的影响呢?"同学们对此产生了疑惑与兴趣,于是确定这次实验探究的题目为:溶液的酸碱度对头发的影响。第二,确定实验小组。每3人一组,每次进行6组。小组集中讨论并提交实验方案。这里抽取了一位同学提交的实验方案,见表5-4。第三,观察。学生开始实验操作,教师参照活动表现评价标准进行观察、记录,并且一定要请电教室教师进行分组录像,以此作为活动表现评价结果评定的第一手有效资料。

表5-4　实验方案

实验步骤	将收集的未经任何处理的头发样品分成5份,分别用线系成一小束; 分别量取pH=1,4,7,10,13的溶液50 mL于小烧杯中; 将5束头发分别放入不同pH溶液的烧杯中,静置20 min; 将各束头发取出,用纸巾吸干后进行观察。					
实验现象记录	在不同溶液中浸过后:	pH=1	pH=4	pH=7	pH=10	pH=13
	①观察各束头发光泽:					
	②分别取一根头发, 用两手拉直至拉断, 记录拉断的难易程度:					
实验结论						

③评价结果的评定与反馈。第一,评价结果的评定。将学生的实验报告收上来后,便可以进行评价结果的评定工作。结果的评定分三步进行:学生自评、小组互评、教师评价,见表5-5。

第二,评价结果的反馈。评价结果的呈现工作完成后,要向学生进行结果的反馈。这里需要注意两个问题:

反馈的及时与全面性。评价活动结束后,要及时、全面地将结果反馈给学生,使学生获得这次实验探究活动的全部信息,即在哪些方面表现突出,哪些方面需要加强,以便学生及时进行反思与总结。

反馈的具体方式。将评价结果反馈给学生时要尽量保护学生的自尊心,在全面了解学生心理状况的基础上,根据实际情况决定是否公开反

表5-5　活动表现评价的结果评定

学校：	班级：　组号：　姓名：
学生自评 (0.5)	分数： 评语： 签名： 年　月　日
小组互评 (0.2)	分数： 评语： 签名： 年　月　日
教师评价 (0.3)	分数： 最后得分： 综合评价： 签名： 年　月　日

馈。同时要和学生多沟通，使他们正确地认识自我，形成改进和发展的愿望，真正从评价活动中受益。

三、化学学科高考研究

高考是从中学选拔适合的人才输送到高校的必经过程，它直接影响着中小学校的教育工作，历来为各界所关注。随着新课程的改革，高考命题也在不断改革和探索中前行。

（一）高考的特点

(1)高考是区分考生差异的选拔性考试。

(2)高考不是全面检查中学教学效果的考试，而是结合基础知识着重考核学习能力。

(3)高考的分数不是绝对分数，而是相对分数。

(4)在高考与中学教育的关系上应注意以下几点：

①高考是中学教育工作的第一环节，并不是中学教育工作的一部分。

②考试内容不等于学习内容。

③高考的对象与教学对象不同。

④高考的好坏不等于教师教学的好坏。

⑤高考的具体安排以及高考命题与中学教学有一致的一面，也有相互矛盾的一面[①]。

（二）新课程高考化学卷命题特点

1. 注重核心知识和主干知识的考查，体现基础性和综合性

现阶段，新课程高考命题的主要依据是新课标、新考纲及考试说明，这就决定了高考化学试题的命制必须紧扣化学学科的核心知识和主干知识。新课程高考化学试题涉及物质的量、氧化还原反应、离子反应与离子共存、热化学、电化学、化学平衡、常见无机化合物的性质及反应、化学实验基本原理及操作、化学基本计算、有机化学基础知识等内容，基本涵盖了高中化学学科的主干知识和核心知识。这有利于教师在教学中引导学生理解化学核心概念和基本理论，从而提高学生的化学素养。

另外，新课程高考化学卷中相当一部分试题，不是单就某一个知识点来考查，而是以核心知识和主干知识为载体，多角度、多层面地考查，充分体现了基础性与综合性的并重。如2011年宁夏卷第27题，以“科学家利用太阳能分解水生成的氢气在催化剂作用下与二氧化碳反应生成甲醇，并开发出直接以甲醇为燃料的燃烧电池”为素材，考查盖斯定律、热化学方程式、反应速率、化学平衡常数、原电池原理、基本化学计算等化学知识，该题还结合题干所给信息考查了学生对化学信息获取、整合的能力和应用化学原理解决问题的能力[②]。

2. 体现课程的现代性与选择性

（1）现代性。化学知识与生产、生活、科技、社会、环境密切相关，关注社会，联系生产、生活实际是高中化学新课程的理念，也在新课程高考化学考试大纲中有所体现。所以，新课程高考的试题不仅重视考核学生对具体知识点的理解程度，同时力求体现化学知识、技术与社会的相互关

---

① 闫蒙钢.化学教学测量与评价导论[M].北京：北京科学技术出版社，2004.

② 曾兵芳，郑燕，李金海. 2011年新课程高考化学试题的特点与思考[J].教育测量与评价，2011(11)：45-50.

系。在试题选材上,大量题材来自生产、生活实际,内容涵盖了现代技术、生活与日用品、医药、化工、材料、能源和环境等领域,且近些年所占的比重逐渐增多。如2011年福建卷第6题关于化学与生产、生活的认识不正确的判断,涉及造成温室效应的气体、酸雨的防治、低碳经济和新能源可燃冰等知识。

(2)选择性。课程改革的一个亮点在于高中化学课程结构模块化,它突出了新课程的基础性、选择性、层次性特点,体现了新课改的基本理念。新课程实施后,选修模块是否纳入高考以及如何纳入高考,一直是社会各界关注的热点。新课程高考化学卷和一些省市开始了在试卷中设置选做题的尝试。必做题突出化学主干知识的同时,着力于化学学科素养和学科能力的全面考查;选做题不偏不难,集基础性与灵活性于一体,充分体现了模块的课程特点,加强了主干知识的考查。一些省市在选修模块的选择上进行了规定,如安徽省规定文科学生必须学习选修1和选修2的内容,以提升他们的科学素养,理工科学生必须学习《物质结构与性质》《化学反应原理》《有机化学基础》的一些章节,并设置为必考内容。

3. 重在学习能力的考查

新课程背景下的化学试题以"能力立意",全面考查考生在新情景下运用所学知识和技能解决相关化学问题的能力。试题大多以教科书中从未出现的生产、生活中的典型化学案例为背景,创设新的问题情景,综合考查考生的化学学习能力。考试大纲中对化学学习能力的要求分为3大类。

(1)接受、吸收、整合化学信息的能力:能够对中学化学基础知识融会贯通,有正确复述、再现、辨认的能力;能够通过对实际事物、实验现象、实物、模型、图形、图表的观察,以及对自然界、社会、生产、生活中化学现象的观察,获取有关的感性知识和印象,并进行初步加工、吸收、有序存储的能力;能够从试题提供的新信息中,准确地提取实质性内容,并与已有知识整合,重组为新知识的能力。

(2)分析问题和解决(解答)化学问题的能力:能够将实际问题分解,通过运用相关知识,采用分析、综合的方法,解决简单化学问题的能力;能够将分析解决问题的过程和成果,用正确的化学术语及文字、图表、模型、图形等表达出来,并做出解释的能力。

(3)化学实验与探究能力:了解并初步实践化学实验研究的一般过程,掌握化学实验的基本方法和技能;在解决简单化学问题的过程中,运用科学的方法,初步了解化学变化规律,并对化学现象提出科学合理的解释。

4. 重视化学计算题的考查

新课程高考化学考试大纲没有将"化学计算"单独列出来,而是将其分散到"化学基本概念和基本理论""常见无机物及其应用""常见有机物及其应用""化学实验基础"四块内容中,但这并不代表化学计算不重要,而是更多地强调计算的实用性以及考查学生认识、解决问题的综合性。自2007年实施新课程高考以来,每一份新课程高考化学卷都涉及计算题,且分值接近或超过20分。考查内容涉及物质化学式、物质的量、浓度、质量分数、体积分数以及化学反应方程式的计算、阿伏加德罗常数、焓变等中学化学中最基本的化学计算知识,新课程新增内容如pH、化学平衡常数、盖斯定律、溶度积、沉淀溶解平衡等知识。而且,试卷中的化学计算题大都以生产、生活实际为背景,在探究或解决实际问题的过程中考查考生的化学计算技能,突出一般方法、通用计算技能的掌握和运用,而不刻意追求计算技巧。如2011年浙江卷第27题,以"某研究小组在实验室探究氨基甲酸铵(NH_2COONH_4)分解反应平衡常数和水解反应速率的测定"为情景,突出的是探究活动中对实验数据进行处理的计算能力,主要考查化学平衡常数和反应速率等内容①。

5. 更注重学生心理素质的考查

高考不是单纯的知识考试,而是全方位的素质考验。时代需要开拓型、竞争型的人才,这种人才不仅要知识广、能力强,还要情绪稳定、心理素质好。一个人能否成功地应对新问题,固然需要一定的经验和知识,但只有经验、知识,缺乏勇气和能力,还是不够的。一些考生面对复习训练中见过的类似考题再难也有思路,但当他们面对情景陌生、题型新颖的考题,即使不难心里也发憷。原因在于他们遇到问题时总习惯于寻找与之类似的

① 曾兵芳,郑燕,李金海. 2011年新课程高考化学试题的特点与思考[J].教育测量与评价,2011(11):45-50.

经历过的问题或学过的内容，套用相同的思路、方法作答，一旦没有找到可匹配的问题“原型”，没有可借鉴的经验，就不知所措。高考试题作为对学生考查的载体，创新的题型层出不穷，主要是从看似“反常”的发问角度、新颖的情境性、试卷中试题的编排方式等方面考查学生的心理素质。

6. 关注社会发展，有地方特色

《普通高中化学课程标准(实验)》提出，从学生已有的经验和将要经历的社会生活实际出发，帮助学生认识化学与人类生活的密切关系，关注人类面临的社会问题，培养学生的社会责任感、参与意识和决策能力。高考试题将保护环境、合理使用资源、开发新能源这些关于社会发展的重大问题展现在考生面前。同时我们也能明显地观察到各地高考试卷的地方特色，如2006年江苏试卷的14、25题考查了新型能源的相关问题，体现了江苏化工和高新技术大省的特色；2008年重庆理综化学试卷考查了以天然气为原料制工程塑料PBT的反应路线，体现了重庆市化工的特色。

(三)高考对高中化学教学的启示

1. 研究课标，用好教材

化学课程标准是进行化学教材编写、考试命题和教学评价工作的基础，而化学教材又是化学课程标准中课程性质、理念和目标的最重要体现。化学教师应该对化学课程标准的具体内容有着深刻的认识，理解新课程的目标要求和内容标准，从而准确把握高中化学教材中必修和选修模块教学要求的迥异，进而充分发挥化学教材中各部分内容在具体教学中的作用，以达到科学规划教学策略、创新教学方法的目的。

2. 研究考纲，把握动向

考试大纲是专门为考试命题而设置的纲要性要求，对命题的形式和要求都作出了详细的解释，是学生备考的主要依据。高考命题的题型绝大多数与本省区《考纲说明》中的“题型示例”部分一致或源于“题型示例”，所以在高考复习时要认真研究考纲，以便明确解题的思维方法、步骤，明确答案的标准和试题的难易度，准确把握高考命题方向，关注动向。只有这样才能合理地分配复习的时间和精力，使复习达到更好的效果[①]。

3. 夯实基础，注重方法

从历年高考化学试题来看，各省（区、市）的新课程高考化学卷都比较注重考查考生对基本化学原理、基本化学实验等基础知识的掌握情况。因此，教师在日常教学中应重视分类与归纳、比较与求同、转化与分析推理、宏观与微观、定性与定量相结合的化学思想方法的应用，启发学生充分发掘各类知识之间的联系，构建化学学科基础知识体系，使自己的化学知识具体化、系统化、条理化。例如，学生可以将化学知识划分为化学基本概念原理、元素及其化合物、有机化学、化学实验、化学计算五类分类攻克；还可将知识板块细分为小专题，如化学实验基本操作、气体制备知识、化学实验报告的填写、综合实验等，按专题逐一解决。

4. 精选习题，范例精练

习题在高中化学复习中占有重要位置，习题质量的高低直接决定学生的备考效果。近年来的高考化学试题，突出“稳、新、活”，所以化学教学不宜搞题海战术，更不能钻“难、偏、怪”题。教师应引导学生多做些具有代表性、典型性、综合性的试题，并多做历年高考题，在精练的同时，引导学生对解题思路、过程及方法进行分析研究，力求做到举一反三、融会贯通，达到事半功倍的效果。

5. 归纳整理，注重迁移

化学学科的特征之一就是知识点繁杂，因此化学教学中要找到知识间的内在联系，寻求规律，归纳零星知识，将分散的知识条理化，组织专题训练，从而构建起知识网络体系。另外，化学知识和原理只有在迁移中才能得到升华，所以高考化学试题通常通过提供新信息来考查学生的迁移能力。这就要求教师在化学教学中引导学生深入挖掘试题给出的各种信息，训练学生从题干、设问中找出与解题有关的有效信息和隐含信息，从而成功解决问题。

6. 强化实验，培养能力

新课程改革下的高考化学试题中明显加大了对考生实验与探究能力

① 张世勇，高杰，李玲. 2010年11套新课程高考化学卷的特点及启示[J]. 教育测量与评价，2011(3):54-58.

的考查,这就要求教师在教学过程中应当对化学课程中的实验与实践活动给予特别的重视。具体而言,可以给学生多提供进行自主探究化学问题的机会,同时引导学生积极参与化学实验与实践活动、勤于动手。教师还需及时思考分析教学效果,注重培养学生搜集和处理信息的能力、获取新知识的能力、分析解决具体化学问题的能力和同学之间交流与合作的能力。

7. 关注STS,联系实际

化学作为当今社会发展的一门中心学科,与食品、能源、环境等领域紧密相连。新课程标准提出,从学生已有经验和将要经历的社会生活实际出发,引导学生关注人类面临的与化学相关的社会问题,提出有探究价值的化学问题,体验科学探究过程,培养学生的社会责任感和决策能力。从新课程改革下高考化学试题命题中可以看到,与生产、生活联系紧密的试题的出现有增大的趋势。因此,在高中化学教学中,要求教师能够向学生介绍生产、生活和最新科技中的具体例子,引导学生了解并掌握生产、生活中的化学知识,有意识地从化学视角去观察社会现象,解决社会生活中的实际问题,激发学生学习化学知识的兴趣。

第三节　化学教学质量评价

新一轮基础教育课程改革提出了“一切为了学生,为了学生的一切”的理念,教师不再是教学的主导者,而是学生的引导者,但是教师仍然是教学活动中最重要的组成部分之一。教师是教育改革的实施者,所以如何评价教师教学质量是一个重要课题。

一、化学教学质量评价的标准

(一)化学教学质量评价的类型

因为所依据的评价标准不同,教学质量评价可以分为多种类型,通常根据教学过程不同阶段对教学质量评价所起的作用不同,将教学质量评价大致分为准备性评价、形成性评价和总结性评价。

1. 准备性评价

教学质量评价的本质是为了检验教学过程是否达到一定质量要求。这里所谓的质量要求具体表现为教学目标，所以明确教学目标是教学质量评价的前提，但是教学目标的确定也离不开教学评价，这就是准备性评价。准备性评价可以分为背景评价、教学目标评价和诊断性评价三方面内容。

背景评价是对教学活动开始之前广泛的实际教学背景和理论背景进行考查，从中选出教学面临的问题和基本要求，从而为系统、科学、符合实际的教学目标的制定奠定基础。教学目标评价是对教学目标体系的合理性、科学性、实现的可能性所做的价值评判，以最大限度地减少由于教学目标制定不当带来的对教学不利的影响。诊断性评价是在教学前明确学生现有的知识水平和学习状态，以便依据学生的客观情况对教学活动进行适量调整，促进学生的全面发展①。

新课程化学教学的准备性评价也随着教学理念的改革有一定的改变，尤其是教学目标的评价，新课程倡导知识与技能、过程与方法和情感态度与价值观有机组成的三维教学目标体系评价，相较于传统的"基本知识"和"基本技能"的双基教学目标更加注重学生的素质教育，有利于学生的全面发展和教师的专业发展。

2. 形成性评价

教师在教学过程中分阶段地实现教学目标，在这一过程中进行的评价主要是形成性评价。形成性评价是以教学质量的管理为目的进行的教学过程评价，其主要内容包括教师的"教"和学生的"学"两个方面，在"教"和"学"中评价教学目标的实现程度，并针对实际教学情况对教学进行适当调整，确保总体教学目标的实现。形成性评价的评价项目与具体教学内容具有密切的关系。

新课程化学教学活动的形成性评价也有较大的改变。传统的形成性评价过多关注教师对知识的灌输，评价一节课的标准侧重于教师是否把本节课的知识讲透彻，是否紧扣大纲进行教学，但是对于教学过程中教师

① 陈中永.教学质量评价的基本理论问题[J].内蒙古师大学报，1997(2)：16-17.

对学生情感态度方面的培养没有关注。这种单一的评价模式与新课程的精神背道而驰。新课程形成性评价主要侧重学生如何主动地学习知识，是否具备主动探究获取知识以及独立思考等能力，教师是否在教学过程中注重三维目标的实现。

3. 总结性评价

总结性评价是在全部教学活动结束后对教学目标的实现程度作出的结论性评价。对学生而言主要是考查其实际学力的水平及学习的非智力因素，对教师而言主要是考查其教学绩效的水平。总结性评价的主要依据是形成性评价，具有很大的回顾性。

传统的总结性评价主要采取要素量化的方法，将教学活动分为“教学目标”“教学环节”“学生活动”以及“教学效果”等大而空的评价要素进行评分。这种评价方法的优点在于各个指标具有独立性，整个评价体系比较完整，便于实施，但是这种评价标准的要素过于简单，很难全面地评价教学活动，且这种评价标准注重的是他评，不能使评价标准成为被评价者自我调节的内在标准，无法促进教师的专业发展。

准备性评价、形成性评价和总结性评价虽然对应着教学的不同阶段，但是三者并不是孤立的评价活动，有一定的交叉。

(二)化学教学质量评价存在的问题

1. 评价的主体错位

教学质量评价多为政府、学校、教师评价，在开展评价时更多地呈现为“他评”，忽视了被评价者的作用，被评价者处于被动的地位。传统的教学质量评价以教师为中心，以教论教，评定一节课的标准也是从教师的角度出发，评价的标准含糊不清。

教学质量评价的主体应该是学生的“学”，强调教学内容与学生生活以及现代社会科技发展相联系，倡导主动、合作、探究的学习方式，重视在教学中使学生学会学习，形成正确的价值观。所以在教学质量评价的标准中，不应该仅仅关注教师的“教”，还应该注重学生的“学”，具体来说包括以下三个方面：(1) 教学中注重培养学生创造性。(2)学生的参与状态，指学生是否主动、积极地参与学习，如学生参与学习的时间和广度、学生独立思考和个别学习的时间、学生在教学活动中情感因素的投入等。(3)教师教学设计。学生的学习效果和参与程度,不仅取决于学生自身的主体意识和能力,还取决于教师的教学能力和教学设计,教师对学生客观情况的了解程度,教师对教学内容、方法的整体把握等①。

2. 评价的目的功利

评价目的在教学质量评价中具有非常重要的地位,为了什么而评价决定了评价的标准和价值取向,不同的评价目的具有不同的评价方式和方法。因此,在教学质量评价中首先应该确立评价目的,但是评价目的常常陷入功利怪圈。

对于教师教学质量的评价可以分为奖惩性评价和发展性评价。在很长一段时间内,教师教学质量评价只与教师的奖惩、调动、加薪、晋升等功利化的目的挂钩,直到现在很多学校的教师教学质量评价仍然具有很大的功利性。但是教学质量评价最根本的目的并不是这些功利的目的,而是提高教师的教学质量,促进教师专业化发展和学生的全面发展。评价的目的如果只是为了考核教师进而决定教师的奖惩,那么评价目的就被功利化了,就无法提高教师课堂教学的质量,更加无法促进教师的专业发展,这样的评价就没有了任何意义。

应当说,奖惩性评价和发展性评价这两种不同的评价制度都是需要的,但是应该以发展性评价为主,如果本末倒置就会造成一种畸形的评价。

3. 评价的标准不当

想要进行教学质量评价就必须有一个科学、严谨、合理、可操作的标准。由于地域环境、教师个人素质、学校办学理念、学生学习情况等诸多因素的影响,教学质量评价的标准会受到这些因素的制约,所以建立一个合适的、广泛的标准的难度非常大,这就决定了教学质量评价标准的多元化。社会在发展,教育也在发展,所以教学质量评价标准应该是动态的标准,评价的目的是促进教学,那么标准就必然是一个发展中的标准。

尽管建立一个科学的、合理的标准体系有很多的困难,但是关于教学质

① 金娣,王刚.教育评价与测量[M].北京:教育科学出版社,2002.

量评价的理念却是相同的,那就是评价应该以促进教师专业发展和学生全面发展为目的,所以在制定标准的过程中要关注教师的"教"和学生的"学"。

(三)化学教学质量评价的标准

对于课堂教学的研究,我国在新课程改革之前受苏联教育理念的影响比较大。苏联教育家巴班斯基依据他的教学过程最优化理论,对教师的课堂教学进行了全面的分析,提出了以下标准:(1)教学任务:包括教学任务的全面性、客观性、综合性;是否考虑班级全体学生和个别学生的特点;是否在教学中对优生和差生区别对待。(2)教学内容:是否全面完整地依照教学大纲教学;教学内容是否正确科学,达到教学目标。(3)教学方法:应当采取多种教学方法,提高学生学习兴趣,调动学生学习的积极性和主动性;知识讲授应该准确、清晰、有逻辑;要帮助学生解决问题。(4)培养学生技能技巧:重视学习技能训练;启发学生自主观察、解决问题的能力,以及归纳、比较、总结、概括的技能。(5)师生交流:提问的方式和时机要恰当;尽量创造轻松和谐的课堂氛围;注重通过表扬培养学生学习的兴趣,激发学生学习的积极性。(6)作业:不要布置过多过难的家庭作业;作业不要占用学生的其他活动时间①。

斯塔夫比姆制定的美国课堂教学评价标准为:(1)对学生学习内容的组织。其评价要点为:熟悉学生已有的相关知识和经验;教学内容适合学生;清晰地表达教学目标;理解已学过的内容、正在学习的内容和今后学习的内容之间的关系;建立或选择适合学生且符合教学目标的教学方法、教学活动、教学材料或教学资源;建立或选择适合学生且符合教学目标的评价策略。(2)创设学生学习的氛围。其评价要点为:营造公平的氛围;建立和保持和睦的师生关系;对学生提出挑战性的学习要求;建立和保持一以贯之的课堂行为标准;尽可能创设安全的、有利的环境。(3)教学。其评价要点为:使学生清楚地了解学习目标和教学程序;使学生理解教学内容;鼓励学生拓展思路;通过各种方法确保学生对教学内容的理解并为学生提供反馈信息帮助其学习,同时依据实际情况对教学活动适当调整;有

① 巴班斯基.论教学过程最优化[M].吴文侃,译.北京:教育科学出版社,2001.

效使用教学时间。(4)教师专业发展。其评价要点为:对教学目标的达成度作出反思;具有效率意识;同事之间建立专业联系,共享教学的真知灼见,协调学生的学习活动;向学生家长了解学生的学习情况①。

我国的教育学者对于教学质量评价也有研究,李秉德在其主编的《教学论》中提出了一节好课的标准:(1)教学目标明确。(2)教学内容的组织和安排合理。(3)教学方法的运用恰当。(4)教学结构优化。(5)教学基本功扎实。(6)教学效果良好②。

但是化学课堂教学除了具有一般教学的特征外,由于其学科的性质,还具有自身的特点。不同类型课应该具有不同的评价标准。

1. 不同目的化学课的评价

(1)合格课评价。合格课是对刚刚参加工作,还缺乏教学经验的年轻教师的要求,对这类课的评价应该主要侧重教师的教学基本功。

(2)优质课评价。优质课评价是对有一定工作经验、教学基本功比较扎实的教师的评价,如公开课。评价标准大致分为5个方面:教学目标明确;教学内容科学;教学方法得当;教学能力强;教学效果好。主要侧重教师课堂教学水平以及教学效果。

(3)典范课评价。典范课也叫作示范课、观摩课。这是对教学经验非常丰富、业务水平较高、有自己特色的优秀教师进行的评价。评价的侧重点应该在优质课的基础上,注重教学思想、教学方法的创新以及教师教学的特色。

(4)检查课评价。检查课是教学管理人员经常对教师的化学课进行质量检查的一种形式,如校长等学校领导的跟班听课。这类评价不需要全面的评价指标体系,更加侧重化学教师教学过程的规范性。

2. 不同课型化学课的评价

(1)新授课评价。新授课是指教师向学生讲授新知识的课堂教学,主要分为:基本化学概念课,基本化学理论课,元素化合物知识课,有机化学知识课等。

基本概念的课堂教学评价标准可以分为:概念讲授是否准确;是否突出了概念的本质;是否注意区分易混淆概念;是否注重概念的发展;是否

① 王斌华.教师评价:绩效管理与专业发展[M].上海:上海教育出版社,2005.

② 李秉德.教学论[M].北京:人民教育出版社,2001.

培养学生的能力。在基本化学理论教学课的评价中,评价标准可分为:理论讲述是否形象;逻辑论证是否严密;深度和广度掌握是否合适;对学生辩证思维的培养是否灵活;理论联系实际的教学是否有效。元素化合物知识和有机化学知识的课堂教学评价标准主要包括:是否以基础理论为指导;是否运用了实验、多媒体等直观手段;元素化合物知识讲解是否透彻;是否注重学生探究能力的培养。

(2)实验课评价。实验是化学的基础,在化学教学中实验教学具有重要的地位。化学实验课主要分为两类,一是随堂实验,主要包括教师课堂的演示实验;二是学生分组实验课。在实验课评价中,应该注重教师实验操作是否规范;实验现象是否明显;实验是否具有创新性;是否体现化学美;是否指导学生正确进行实验;学生是否独立思考完成实验。

(3)复习课评价。复习课评价应注重复习方式的多样化;复习计划是否有针对性;学习方法是否科学;复习内容结构是否网络化。

(4)习题课评价。习题课评价应该注重习题讲解是否透彻、精炼;是否做到讲练结合;习题是否精心选择;是否培养学生迁移知识、解题思维的能力。

3. 课堂教学质量评分表

理论上,在教学质量评价中应该根据课型不同采取不同的评价标准,但是在实际教学和评价中,将不同类型的课完全区分开进行不同标准的评价是不现实的,所以在实际操作中通常采取评分表的形式进行评价。一份科学、合理的课堂教学质量评分表具有很强的可操作性,易于对教师的教学质量进行评价。常见的评分表如表5-6所示。

表5-6　教师的教学质量评分表

评价内容	评定指标(教师在某指标上突出的,可在该指标后注"*")	满分(100分)	实际得分
教学过程	1. 体现探究式教学,达到教师主导性和学生主体性有机结合		
	2. 有效创设教学情景		
	3. 动脑与动手相结合		
	4. 讲授内容与活动内容具有科学性、思想性和逻辑性		
	5. 教学重点突出,教学难点突破		
	6. 灵活处理教学事件,有效实现所设计的教学目标		

续表

教学技能	1. 语言清晰、直观、准确、逻辑性强 2. 教学演示(或实验演示)规范、熟练,效果良好 3. 板书清晰、美观 4. 提问富有启发性 5. 与学生有效互动、沟通 6. 有效地控制时间、组织课堂活动
教学创新	1. 内容创新:包括情景创设独特、教学内容理解独特等 2. 手段创新:包括效果显著的实验手段设计,有创意的教具、多媒体课件设计等 3. 形式创新:包括有特色讲授,有特色的学生活动,互动性强的教学形式,恰当的学法指导等
综合表现	1. 科学素养水平高 2. 态度积极、向上,具有较强的感染力 3. 着装整洁得体,教态自然大方,亲和力强 4. 有一定的教学特色,有自己的教学思想和特点
评语(用简短的文字评价授课教师的优点和不足):	
合计得分:	日期: 年 月 日

二、化学教学质量评价的方法

(一)化学教学质量评价的原则

1. 多因素评价原则

教师的教学活动是非常复杂的,影响教学质量的因素有很多。在教学质量评价中,我们不可能对每一种影响因素都进行评价,但是也不能仅仅对某个单一的因素进行评价。在传统的评价中,就是因为过度看重学生升学率这一智育因素评价标准导致了"应试教育""填鸭式教学"的出现。所以在化学教学质量评价中,应该选取影响教学质量的主要因素进行评价,它们大致分为教学态度、教学内容、教学方法和教学效果四个主要因素。教学质量的好坏,离不开这些因素的相互作用,因此在评价中要遵循多因素评价、全面评价的原则,同时也可以综合参考教师的职业道德、学科知识、文化素养等因素。

2. 客观性原则

化学教学质量评价的主体是人,参与评价的也是人,并且在当前评价体系中,评价结果带有一定的功利性,所以在化学教学质量评价中或多或少会有一定的主观性因素。但是在化学教学质量评价中要尽可能排除一切主观性因素,根据评分表得出客观的数据,再根据所得结果进行客观性评价,这样才能保证化学教学质量评价公平公正。

3. 导向性原则

教学质量评价的目的在于促进教师的专业发展以及学生的全面发展,所以在教学质量评价中要时刻注意遵循这一目的进行引导。因为教师教学质量评价通常与职称、薪资、升迁等结果挂钩,所以教师在教学中可能会根据评价的条款来引导自己的教学,进而可能会造成每一个教师都是一个教学模式,一个教学方法,一个教学风格,这在无形中又束缚了教师的专业发展。

4. 定性与定量相结合原则

在化学教学质量评价中,教学质量评分表对教学质量通常有一个量化的数据。定量的结果有利于数据处理和比较,直观准确。但是教学活动是个复杂的活动,有些内容是无法得出量化数据的,如教师教学艺术性、教师教学风格等方面的评价。这就决定了定量评价并不是教学质量评价的唯一手段,只有定性和定量相结合才能得出准确的结论。但是在教学质量评价中仍然要以定量评价的手段为主,因为定性评价受主观因素影响较多,不利于客观地进行评价。

(二)化学教学质量评价的方法

根据以上原则,教师评价的方法有很多种,主要包括课堂观察、课堂绩效评定、学生学业成就评价、成长档案袋评价、学生/家长评价、同行/专家评议、教师自我评价等方法[①]。

① 王斌林.教师评价方法及其适用主体分析[J]. 教师教育研究,2005(1):42-43.

1. 课堂观察

课堂观察是一种常用的教学质量评价方法，主要是通过教室观察、教学录像、教学观摩等形式观察了解教师的教学实际情况并进行分析和判定。这就要求评价者具备相关的专业知识，主要是由有关领导、教学管理部门、教研组长组成听课小组，进行听课、评课等。

2. 课堂绩效评定

所谓课堂绩效评定就是在课堂观察的基础上，对教师的教学效果、教学方法、教学态度、教学内容等进行评定。大多是专家和同行等在课堂观察中以教学质量评分表为标准评判教师课堂行为绩效。绩效评定和课堂观察相辅相成，课堂观察是绩效评定的基础，绩效评定是课堂观察的整合。

3. 学生学业成就评价

学生学业成就的评价方法在新课程改革之前是教师教学质量评价的主要指标。家长和社会对教学活动和教师专业发展并没有太多的了解，他们评判一个教师的好坏还是根据学生的成绩来进行判断。所以根据学生在一定时间内学习进步情况和学生的学业成就（主要包括学生就业和升学情况）判定教师教学质量的方法无疑会成为一种主要的评价方法。

4. 成长档案袋评价

随着新课程理念的深入，档案袋评价的方法也被越来越多的人接受，不仅学生有档案袋评价，对于教师同样有档案袋评价。所谓教师成长档案袋评价就是搜集教师在2～3年内具有代表性的“证据”，构成记录教师成长的履历档案。档案袋可以凸显教师的教学能力、学科知识、教学艺术等不断进步的过程，有利于教师专业发展和自我反思，也可以作为教师间分享经验的平台。

5. 学生/家长评价

学生评价已被研究证实是评价教师教学质量最直接、最有力、最重要和最客观的评价方法。学生喜欢的教师才是真正的好教师。但是学生对教师的评价必然会掺杂过多的主观因素，而且学生对于教师教学质量也不具备过多的评判能力，所以这种方法得出的结果通常作为参考数据。

6. 同行/专家评议

通常由职级水平相当或相同学科背景的人员对相互的教育实践进行

充分的讨论、咨询和反思，进而对相互间的能力提高、工作改进提供有价值的建议和帮助，采取的形式通常是公开课、教学研讨会等。

7. 教师自我评价

教师自我评价、自我反思是促进教师专业化发展最有效的途径。教师作为自身教育活动的直接参与者和主导者，对教学效果具有最直观的感受，进行自我反思，能够发现自身的优势和不足，发现课堂教学的成就和失败，在以后的教学活动中提高优势、改进不足，达到自身专业发展的目的。

三、化学课堂教学评价的视点

新课程实施以来，化学课堂教学评价也取得了丰硕的改革成果，最突出的改革成果就是发展性课堂教学评价。发展性课堂教学评价是以充分发挥评价对学生全面发展和教师专业发展促进作用为根本出发点的评价理念。

（一）发展性课堂教学评价理念

1. 形成的而非终结的

传统的课堂教学评价注重的是学生的课堂回答与教师预设的答案吻合的程度，而对学生的思考过程、思维品质漠不关心。而发展性课堂评价虽然也注意到学生答案的正确度，但更重视学生在回答过程中发展、推理与创新能力的显现。

2. 多元的而非单一的

传统的课堂教学评价存在简单化倾向，主要表现在追求答案的唯一性和纯知识化；运用单一的评价手段与方法，评价显得苍白无力，不能有效地促进学生的发展。而发展性课堂教学评价则强调丰富性原则，从多元的角度去考虑问题，主要表现在：评价的对象是全体学生；评价的内容是多方面的；评价的标准是多重的；评价的方式是多样的。

3. 互动的而非单向的

在传统的课堂教学评价中，教师以自我为中心，以绝对裁判者的身份来评判学生，主观色彩过浓，使学生难以获得客观的评价，也很容易造成师生之间的对立。而发展性课堂教学评价注重评价中的互动，以便与学生的心灵世界产生强烈的共鸣。

4. 发展的而非奖惩的

传统课堂教学评价以奖惩为主要目的，视奖惩为引起学生重视学习和使学生课堂表现更为优秀的法宝。而发展性课堂教学评价承认学生的个性差异，重视学生的个性发展，相信学生的判断能力，承认学生在课堂教学中的独立价值，尊重学生各方面的发展需求，尽管偶尔也会使用一些必要的奖惩，但它的本质特征是发展的而非奖惩的[①]。

(二)发展性课堂教学评价价值取向

发展性课堂教学评价的价值取向对新的教师观、学生观、教学观、评价观的形成有较大的促进作用。它可以将教师的教育观念、教育思想统一到现代教育思想上来。发展性课堂教学评价的价值取向表现在以下几个方面。

1. 教师的“教” 以学生的“学”来评判

发展性课堂教学评价强调对教师“教”的评价要围绕着学生的“学”来展开，它的着力点是关注学生在课堂学习中的各种状态表现，把对教师的评价建立在学生学得怎么样的基础上，改变传统的课堂教学评价重“教”轻“学”的评价观。

将学生的参与状态、交往状态、思维状态、发展状态作为评价教师教学的重心。在教学过程中，教师能否使学生的这些状态达到最佳效果，取决于教师能否创造出适宜的学习情境，并以学生的学习状态为参照点来调整自己的教学策略，进而找到自己教学中存在的问题。它将评课的出发点转变到以学生的实际收获上来，而不是以教师教学技巧评课。这样可以使“教”真正是为了促进学生的“学”，并以学生的“学”来评价教师的“教”。

2. 教学内容是否与学生实际生活紧密联系

教学应当是一种面向社会的实践活动，它注重以学生生活中的经验为学习基础，只有源于学生实际生活的教育活动才能引发他们内心的情感和体验、提升他们的认知。因此，发展性课堂教学评价关注找到学科知识与现实生活和学生经验的结合点，使教学内容与学生生活建立联系，选

① 蔡伟.发展性课堂教学评价的基本特征[J].中国教育学刊，2003(3):62-63

取学生感兴趣的、有发展意义的内容,让学生在自己的生活中接受教育引导。

3. 关注课堂的开放性和生成性

以往的课堂教学评价强调教案的预设和完成,重点观察教师教学内容的选择是否忠实于教材,上课成为执行教材和预设教案的过程。但是并没有关注教学的开放性和生成性,如教师对课程资源的开发能力、对教材的建设能力、对预设教案的调整能力,以及学生在学习过程中生成新问题的能力缺乏关注。而发展性课堂教学评价观关注教师在教学中是否能使自己和学生成为课程的有机构成部分和最具活力的部分,是否能根据学生实际和本地实际状况突破教材的规定性,成为课程的开发者和创造者。

4. 倡导学生将有意义的接受性学习方式与合作、探究性学习方式相结合

传统的学习方式把学习建立在学生的客体性、被动性基础之上,忽略了学生学习的主动性、独立性和合作性。新课程要求学习要由被动的、接受的学习方式转变为主动的、探究的、合作的学习方式,并以此来培养学生学会学习的能力,促进学生的全面发展。同时对于某些理解性的教学内容需要教师有意义的传授并进行解释,这比让学生去重新发现和探究更有效果,所以在倡导学习方式转变的同时,对有意义的接受性学习也不应当完全排除,不能只注重学生学习方式在形式上的转变,所以发展性课堂教学评价提倡把两种学习方式有机结合起来。

5. 强调教学过程中的即时评价

教学过程中的即时评价能直接起到促进学生进步与发展的作用,是教学的及时雨。教学时教师应当认真倾听学生的发言,观察学生的表现,敏锐地感知从学生那里反馈的信息,随时评价并认同学生的进步。教师要善于运用鼓励性的语言去评价学生,教师对学生积极的评价对学生的发展将会起到较大的促进作用。

6. 注重学生由课内学习向课外学习的转变

发展性课堂教学评价不过度追求课堂教学产生立竿见影的教学效果,它强调让学生带着问题走出教室,在与生活的联系中去继续求得解决问题的答案,重视引导学生学会学习。它要求教师尽量将课内教学内容向学生课外的学习和活动延伸,能引导学生结合课堂学习内容,阅读有关的课外书籍和参与课外实践活动。

7. 倡导教师在自我反思中发展

发展性课堂教学评价的价值取向之一是为教师教学构筑一个可以发展的平台。新课程倡导把评价的结果以科学、恰当的方式反馈给被评价的教师,让教师建立起对自己更为客观、全面的认识,促进其专业的进一步发展。课堂教学评价要促进教师不断提高,最关键的是教师要能积极主动地对评价结果和自己的教学行为进行反思,有效地调整自己的教学行为,从而促进自身的专业发展。因此,发展性评价倡导主体的多元化,要建立以教师自评为主,校长、教师、学生共同参与的评价体系。

第六章 教、学、研并重:课程改革与化学教师专业发展

课程改革中,成败关键在教师,没有教师的专业发展,就没有课程改革的发展。化学教师的专业发展,应以化学教学为载体,自主学习为动力,教科研为抓手,只有这样才能使化学课程改革持续发展。

第一节 课程改革对化学教师的挑战与希望

一、课程改革对化学教师的挑战

课程改革给教育带来的最大挑战莫过于对教师专业化的挑战,这是因为教师是课程改革中最关键、最活跃的因素,也是最重要的决定因素。

教师的教育思想观念决定课程改革的方向和性质,教师的专业才能和教育智慧决定课程改革的质量和深度,教师的专业精神是课程改革与发展的内在动力。可以说,在课程改革中,成功的关键在教师,没有教师的专业发展,就没有课程改革的发展。

(一)实现教育观念的转变

思想是行动的先导,有什么样的思想观念必然会有什么样的行动。教师旧有的观念,教师对原有课程理念、教学经验的认同和习惯,使得教师很容易在实施新的课程中沿延旧的教学习惯。许多教师不知道课与课程意识是并存的;不知道教学大纲与课程标准是并存的;不知道终结性评价与发展性评价是并存的;不知道国家课程和地方课程及校本课程是并存的;不知道列入课表的课程与未列入课表的潜在课程都是课程;在培养学生时只注意培养认知目标,缺乏价值、情感、态度等的培养;没有认清教

师应该由知识的权威者转变为学生学习的指导者、支持者、合作者与伙伴；把学生当作知识的容器，一味灌输，不知道学生应该从知识的被动接受者转变为主动的学习者。

本次课程改革要想取得实质性的进展和预期的效果，首先要转变广大教师的教育观念。为此，要通过各种途径帮助教师理解并树立新的课程观、学生观、教学观、评价观。在新时期，科学技术迅猛发展，教师不仅仅承担“传道、授业、解惑”的职能，同时更要具备开启学生智力、建构学生能力的教育技巧和能力，要从单纯的注重传授知识转变为引导学生学会学习、学会合作、学会生存、学会做人。

（二）实现教师角色的转变

1. 从传授者转变为指导者、参与者

我国长期以来形成的传统师生关系，实际上是一种不平等的关系。教师是“讲坛上的圣人”，学生则是被动接受知识的“容器”。教学模式基本上是“教师讲，学生听、记”，这种教学模式忽视了对学生学习方式的研究，忽视了学生是通过怎样的方法和过程获得知识，这不利于培养学生的实践能力和创新精神，不利于学生的学习和发展。

新课程强调，教师是学生学习的指导者、促进者和参与者，教学过程是师生交往、共同发展的互动过程。作为参与者，教师不再是“知识的化身”，而应是问题的发现者和问题解决的合作者。当学生自主进行实验、观察或讨论时，教师要积极地观察、积极地听，设身处地地感受学生的所作所为、所思所想，随时掌握课堂中的各种情况，考虑下一步如何指导学生学习。化学课程标准提倡的科学探究，是课程改革的重要理念，它以学生积极主动地获得化学知识、亲身经历和体验科学探究活动、认识和解决化学问题等为主要特征。它涉及提出问题、猜想与假设、制订计划、进行实验、搜集证据、解释与结论、反思与评价、表达与交流等要素。学生通过亲身经历和体验科学探究活动，可激发学习化学的兴趣。著名教育家苏霍姆林斯基曾经说过，在人的心灵深处，有一种根深蒂固的需要，希望自己是一个发现者、研究者、探究者。如何适应并满足学生的这种需求，这就要求教师在教学中，将科学探究活动引入课堂，指导学生进行自主探究

活动、学习,在探究活动中教师应给予适时提醒、恰当点拨、积极引导。新课改下的化学教学非常注重学生的探究性学习,所以在教学过程中教师要利用本学科的优势特点,开展化学实验教学,提高学生的学习兴趣,培养科学探究的学习精神。

2. 从控制者转变为帮助者

在传统教学中,教师是学生学习活动的控制者,学生的一切学习活动都要在教师的监控之下。在新课程理念中,教师成为学生学习的帮助者、引导者。为了帮助学生学会学习、掌握获取知识的本领、提高学习效率,教师要充分调动学生学习的积极性和自主探究的能动性,帮助学生寻找、搜集、整理和利用学习资源;帮助学生反思自我,明了自己想要学习什么和获得什么,确立能够达成的目标;帮助学生营造、维持和完善学习过程中积极、健康的心理氛围;帮助学生对学习过程和结果进行评价;帮助学生发现、利用自己的特长和潜能。当学生在学习中遇到困难时,教师不是包办代替,而是指导学生寻找解决问题的线索与方法,帮助学生化解矛盾,促进问题的解决。教师还应帮助学生了解科学、了解科学技术和社会发展的相互联系,引导学生学会应用化学知识和技能来解决实际问题,提高学生的科学素养。

3. 从仲裁者转变为激励者

传统教学注重评价的甄别与选拔功能,忽视了教学评价促进学生发展的功能;重视知识信息的传递,忽视情感与动机的激发。因此,在传统教学中教师是知识的传递者与学习结果的仲裁者。

新课程要求教师成为学生自主学习的激励者。教师在教学过程中至少应从以下几个方面进行激励:

(1)情境激励。要通过创设丰富的教学情境,激发学习动机、充分调动学生的主动性和积极性。

(2)成功激励。教师要为学生提供自我表现的机会。讨论是培养学生探究能力的好方法。在学生按设计的实验方案进行探究后,往往会得出不同的结果或遇到有争议的问题,教师应鼓励学生积极讨论。在讨论中,教师要尊重学生不同的观点和结论,让学生发表不同的意见,对学生探究的结果和发表的观点给予充分的肯定;对探究过程给予积极的评价;

对每一位同学的成功实验、积极探究的态度或创新的探究方式均给予表扬,使学生体验到成功的愉悦。教师要给学生以成功的期待,这种期待具有巨大的感召力和推动力,能激发学生奋发向上的学习主动性和自信心。

(3)评价激励。教师要充分发挥评价的激励功能。对优秀学生,要提出更高的要求,激起他们更大的成就感和进取心;对暂时后进的学生,要给予鼓励,激起他们的自尊心和自信心;对有自卑情绪的学生,要亮化其闪光点;对学习中受到暂时挫折的学生,要给予理解和积极帮助,帮助他们增强学习信心。教师在评价过程中,要学会正确地看待学生。一是着重看学生的学习过程,不过多计较学生的分数;二是着重看学生是否努力,不过多计较教学目标是否达成;三是着重看学生是否进步,不过多计较学生原有的基础;四是着重看学生的特长,不过多计较学生的某些弱势项目等。这样教师就可以发现每一个学生都有可爱之处和闪光点,从而能给予更多的赞美、激励和鼓舞。

4. 从教书匠转变为研究者

传统教学中,很多教师扮演了教书匠的角色。他们的工作在很大程度上是机械重复,他们教上几年书,便把自己的教学模式变成周而复始、固定不变的“老簿子”。在新课程教学中,要求教师开发课程。“教师成为研究者”已经成为时代对教师的基本要求。苏霍姆林斯基说过,如果你想让教师劳动给教师带来乐趣,使天天上课不至于变成一种单调乏味的义务,那你就应当引导每一位教师走上从事研究的这条幸福的道路上来。新课程的实施给教师提出了多方面的挑战,教师只有正确定位自己的研究身份,才能成为课程实施的主动适应者。教师的研究主要指教育教学研究,因为教育教学问题具有极大的实践性和情境性,所以教师进行研究主要是针对自身教学中的问题和困惑,采用行动研究的方法,进行反思性实践研究、学习、讨论、总结、再实践,重在解决教学中的实际问题。教师要在研究的基础上开展教学工作,要经常去研究教材的特点,研究学生的心理、研究学校的实际、研究教育的趋向等。

(三)注重教学方式的转变

学习方式的转变是本次课程改革的显著特征。改变原有的单纯接受式学习方式,建立和形成旨在充分调动、发挥学生主体性的探究性学习方式,促进学生在教师指导下主动地、富有个性地学习,自然成为教学改革的核心任务。通过对前人经验的总结及对国际人才培养模式的比较,此次课程改革在继承传统的接受式学习的基础上,增加了发现学习、探究性学习、研究性学习、体验性学习等,这自然成为了本次课程改革的亮点。这一改变,自然对教师的教学方法提出了新的要求。传统的教学方法应该已经为每一名教师所掌握,然而随着教学改革的不断深入,许多新的、有效的教学方法不断产生出来,教师原有的教学方法已不能适应教育改革发展的需要,这就要求教师虚心学习新的方法。从某种意义上来说,教师的专业特性正体现在教师掌握了别人不曾掌握的方法上。更为重要的是,教师还要学会在何种情境中使用这些方法,毕竟在不同的条件下,用哪种方法最适合、哪种方法所达到的效果最理想,确实需要教师认真研究,仔细揣摩。

在传统的教学过程中,教师往往把一些活的动态知识总结为现成的结论直接告诉学生,让学生注重知识点的记忆,而不是让学生去探究、去思考。新课程要求培养学生的探究意识,提高探究能力,这就需要教师创设问题情景,创设科学的探究活动①。

随着时代和教育的发展,人们对传统的"授受式"课堂教学提出了越来越多的质疑,并进行了大量的改革实践,努力使教学形式适应教育思想、教育观念、教学内容等变化的需要,并努力使之与中学课堂教学这个动态过程具有的主体性、基础性、活动性、层次性、开放性、生成性相适应。课堂教学形式、活动程序也出现了集体、小组与个体有机结合的多种具体方式,体现了生生、师生多向交互的关系。

首先,对化学教学模式的认识上,不仅要有一个大致的教学模式框架,还要在实践中进一步将其具体化,为创造性的教学提供各种可能性,将化学教师"教"的艺术和学生"学"的规律有机结合,把教学模式的概括性与操作性有效结合,使教学模式的完善与教学实践的丰富有效融为一体,形成良性循环。其次,对教学方式的选择上,要改变注入式教学,而着眼于认知领域的启发性教学,让学生学会思考,具备一定的实践能力。要

① 杨晶晶. 化学教师在新课程实践中转变教学观念和教学方式的实践和研究[J]. 辽宁教育行政学院学报,2008,25(2):19-21.

让学生针对不同的化学学习阶段、不同的化学学习内容,产生相应的学习方式,如接受式、体验式、探究式等。如果化学教师在教学过程中能根据实际需要采取相应方法,适时适宜地发布指令,势必会促进教学效率的最优化。再次,要注意对学生学法的指导。如果化学教师在教学过程中能针对学生偏爱的学习风格或方式采取相一致的"匹配策略",就能对知识的获得直接有利,能使学生学得更快、更多,并且能丰富、完善学生的学习风格。因此,化学教师在对学生的学法指导中要体现针对性和民主性,针对学生的认知水平、处理信息的能力状况,安排相宜的方法指导,引导积极的人际互动。最后,要注意学生学习的环境。学习环境是支持和促进学生进行自由探索和自主学习的场所。良好的教学环境能激发学生积极的情感,并以此为中介来促进智力活动的进行和良好个性的发展①。

(四)开发、利用和整合课程资源

课程资源的开发是课程改革的一项重要而紧迫的任务,也是保障新课程顺利实施的基本条件。新一轮基础教育课程改革以来,课程资源作为一个新的概念得以提出并得到教育研究者的高度重视。长期以来,我国中小学课程资源的结构比较单一,甚至在很长一段时间内把教材作为唯一的课程资源。教师很难主动积极开发并有效利用课程资源,解决教育教学中的实际问题,提高教育教学的经验、知识、方法和理论,更别说承担课程资源创生的责任,并深入到具体的教学情境之中。显然,其结果是不仅达不到新课程改革的目标,而且大大阻碍了教师专业发展。课程资源的开发与实施,在认识、主体、基地、内容、条件等方面没有引起教学实践的足够重视。

现代课程改革要求教师从一个教材内容忠实的执行者逐步转变成一个能够针对学生学习与发展需要,自主能动地对课程与教材内容进行再开发和再创造的实施者。作为化学教师,需要以新的视野审视那些教材以外的知识、信息等,并把它们与教育教学活动联系起来,使之成为现实的课程资源。

应该说,课程资源含义是非常广泛的。新课程观下的课程资源可分

① 张辉.新课程理念下中学化学教师专业素养的发展研究[D].北京:首都师范大学,2007.

为素材性资源（包括知识、技能、经验、活动、方式方法、情感态度等可开发利用的资源）和条件性资源（人力、物力、财力、时间、场地、媒介、设施和环境）；从表现形式上可分为隐性资源（校园文化、校园生活、人际关系、集体活动、班级氛围）和显性资源（学校正规的学术性课程和计划内的活动课程）；从构成上可分为直接资源和间接资源，它们是一切有利于学生学习与成长和教师教学与专业发展的物质条件。作为化学教师应把握这些资源的特征以便于开发和利用。

新课程提倡国家、地方、校本三级课程结构，而它们各自都有相对独立的运作体系。国家级课程代表的是国家的意志，行使的是国家的权力，表达的是整体的要求，它是三级课程中的主课程；地方课程代表的是这个地区的教育特色，是三级课程中的特色课程；校本课程体现的是学校办学特点，着眼于人才特长，它是三级课程中最具典型的课程。如何将三级课程协调一致，有序进行，这又是新课程观下教师急需提高的一种能力——整合能力，即根据三级课程的性质、特点，以国家课程为主体、地方和校本课程为两翼组织实施，进行统整。

以前的课程重视的是传授知识，此次课程改革强调课程应当更注重引导学生学会学习，学会生存，学会做人。那么，在选取知识的过程中突出了以下内容：能够激发学生喜欢化学、对化学感兴趣的知识；化学发展史中体现化学家科学精神的内容；教育学生关心社会，关心自然，养成良好品质的知识；学以致用，理论联系实际的知识；能够把基础知识与现代科技相联系，使学生认识到化学学习与现代生活实际有密切联系的知识；体现科学方法和科学态度，对于发展学生的思维方式、提高学生解决问题能力有利的知识；启迪学生心灵、教给学生方法，能够提高学生探究能力和创新能力的知识；与高新科技相联系的化学知识；现代化学研究方向和发展前沿的知识；与环保、能源、材料等学科相联系的知识[①]。也就说，只有整合了科学态度、科学方法、科学精神的科学知识才是对学生发展最有价值的；只有与学生生活实际密切相关且与社会发展紧密联系的化学知识，才能真正促进学生科学素养的全面提高。

---

① 毕华林. 化学新课程理念与实施[M]. 济南：山东教育出版社，2004.

还有一方面就是对综合性课程的整合。综合性课程是多学科知识内容、方法、过程、组织形式等多元多维的呈现，它要求教师将这些知识都能准确地展现给学生，并使这些知识为一个主题服务，运用自如，恰到好处。它超出了教师现有的知识储备，超越了教师现有的教学技能。因而，教师的当务之急就是向课程学习，精研细读，领其要旨，抓住实质①。

二、化学教师的理想与发展

（一）化学教师的职业理想

1. 理想对于教师的意义

雨果有一个著名的命题：人有了物质才能生存，有了理想才能生活。理想是人们对美好未来的向往与追求，反映了人们对生活的态度，寄托着个人的希望，是人的最高价值的体现。贺麟先生如是说：人类所以异于禽兽，伟人所以异于常人，全看理想的有无和高下。人类能够凭借他的理智，构成一理想的世界，以提高其生活，改造现实，征服现实。在一个人用理想来指导他的行为的时候，也就是他发挥他最高的灵性以实现其自身的时候。这句话高度地概括了理想对于人的心灵和行为所起到的重要导向作用。

可见，理想对人生是至关重要的，有没有理想，有什么样的理想，直接关系到一个人的成长和发展。教师更是如此，教师作为一种特殊的职业，其职业理想既是教师素质的重要内容，又是促进教师其他素质提高的重要动力。教师理想的缺失与否及其对实现理想的信念的坚定程度，不仅关系到教师本人的成长和发展，更关系到整个国家和民族的前途和命运。因此，关注和加强教师理想教育有着时代意义。

2. 化学教师的职业理想

那么对于化学教师而言，他们的职业理想是什么呢？

在此之前，首先应该明确教育的终极价值。教育的终极价值是什么呢？教育是为人创造的独特的实践，或者说，教育是为人而存在的，教育

① 车雪琴.论新课程改革对教师专业能力的要求[J].吉林省教育学院学报，2012，28(1)：88-89.

与人性的教化相关，与人的精神的优秀相关。否则教育怎么叫作人性培育事业呢？因此，教育的过程是人的经验、能力以及完整的人格精神得以生成和丰富的过程。教育帮助和促进人的精神的圆满发展，也就是说，教育行动自身的终极善就是促进人的心灵的丰盈和健全，即人的精神的健全成长、灵魂的提升净化、德性的优秀卓越是教育的终极目的。

教育是一种全面和全体的教育。它主张学生德、智、体、美全面发展，面向全体学生，它还是一种尊重学生主体性和主动性，注重开发学生智能的教育，它主张学生主动地、生动活泼地发展，形成健全的个性，以人的发展和社会发展的需要为依据，以全面提高国民素质为根本目标。

教师是教育终极价值的实践者和守护者，教师的行动体现着教育"照顾人的精神灵魂"的责任，这是教师至高无上的使命。所以教师的职业理想就应该以教育的终极价值为依据。教师的理想应该是召唤精神的生成，召唤经验的更新，召唤人性的优秀，促进人的精神完满和人格健全。如果教师的理想仅仅在培养获得知识的认知能力，或者训练某一种特定化的工作技能，那仅仅是在训练人的部分职能，很难说是在培养一个完整的人①。

具体来说，就是化学教师应帮助学生主动构建自身发展所需的化学基础知识和基本技能，了解化学学科的特点，加深对物质世界的认识；有利于学生体验科学探究的过程，学习科学研究的基本方法，加深对科学本质的认识，增强创新精神和实践能力；使学生形成科学的自然观和严谨求实的科学态度，更深刻地认识科学、技术和社会之间的相互关系，逐步树立可持续发展的思想；帮助学生理解化学对社会发展的作用，能从化学的视角去认识科学、技术、社会和生活方面的有关问题，了解化学制品对人类健康的影响，懂得运用化学知识和方法去治理环境污染，合理地开发和利用化学资源；增强学生对自然和社会的责任感，使学生在面临与化学有关的社会问题的挑战时，能做出更理智、更科学的决策。

我们要注意的是，教师的理想是教书育人。教书是一方面，而育人在当代看来更为重要。化学教师不能造就单纯的"信息肥胖儿"，而应在学生获得必要的化学核心知识的基础上，培养学生的综合素质、创新能力，

① 杨昆仑.化学教师开展教学研究情况的调查与分析[D].长春：东北师范大学，2008.

使学生学会学习，具备终身学习的能力。即使学生成为“有能力在自己的一生中抓住和利用各种机会，去更新、深化和进一步充实最初获得的知识，使自己适应不断变革的世界”的人①。

3. 加强理想教育

第一，教师自身要转变观念，要正确认识本职工作与理想的区别。一个有理想的教师是把教书育人当作事业来做，而不是仅仅把教书育人看成一种职业。

第二，各级各类学校、社会各教师培训机构，应把理想教育、思想政治教育同时有效纳入师资培训系统，设置专门的理想、思想教育科目，并采用合理高效灵活的教育教学方法、考核方法，以保证理论层面的教学效果，同时要尽量创造良好条件，以促进和鼓励教师把学到的理论知识运用于生活实践，磨砺他们的意志，从而进一步升华他们对理想的认识和理解，使理想成为每一位教师的精神支柱，成为他们在工作和生活中奋发向上、不断进取的永恒动力。

第三，教师应注重自身修养的提高，并尽力做到客观地评价自身价值，增强抵制社会经济、文化等方面不良诱惑的能力，理性思考个人理想与现实生活间的关系，正确定位自身奋斗目标，使其合理化、可实现化。

第四，注意长期与短期目标之间的作用。古语有云：千里之行，始于足下。任何理想的达成都要有正确的实现途径、方法或方案，所以在对理想有了准确认识及合理化定位后，应制定切实可行的具体实施方案，并持之以恒、循序渐进地加以实施。

（二）化学教师的专业化发展

教育的宗旨是促进学生的全面发展，使学生成为能够自我实现的个体。然而，学生的发展离不开教师的专业发展。随着终身教育理念的提出，社会各界包括教师群体自身反省了以前对教师专业发展所持的错误观念，意识到将教师形象比喻为“蜡烛”“春蚕”的局限性，明确了教师专业发展的长期性。

① 金生鈜.教育的终极价值与教师的良知[J].教师教育研究，2012(4)：1-7.

教师在从教五六年后已基本定型,如果不实施强有力的继续教育,使其职业价值、性格、手段等全方位更新,不通过回归进修的形式摆脱对原教育文化环境、现实利害关系、心理习惯定势等方面的功能性固着,职业水平将在垂直层级上停顿。这表现为职业性格的封闭保守、职业性知能结构的僵化陈旧、思维领域的世俗功利,以及创造个性的萎缩凋谢。社会上不少人,包括教育系统内部的一些人也认为中小学教师所教的知识较浅,没有很高的学术性,谈不上专业性,似乎谁都可以做中小学教师。同时,部分教师在从教几年后,由于各种原因迅速出现职业倦怠,认为自己的教育教学风格已经形成,不可能有太大的变化了,教育教学工作对自己已经没有什么挑战性了,从而也就没有了以往的成就感,自己的人生价值似乎无法体现。其实,由于视野的局限,这部分教师存在着认识上的不足,他们无法了解自身存在的缺失,无法为自己设计专业发展的蓝图,实现对自我的反思与超越。当他们了解了教师群体和优秀教师的专业发展状况,掌握了教师专业发展的相关理论,并以此来审视自己的专业发展路径后,他们往往可以获得更广阔的专业发展空间①。

1. 化学教师专业发展的概念

按不同的构词方式,汉语中的"教师专业发展"可以有两种理解,一种是"教师专业·发展",另一种是"教师·专业发展"。按前一种构词方式,"教师专业发展"可能被理解为教师所从事的职业作为一门专业,其发展的历史过程;按后一种构词方式,"教师专业发展"则被理解为教师由非专业人员成为专业人员的过程②。

我国学者对于教师专业发展的概念研究有代表性的观点有:

叶澜教授认为,教师的专业成长或教师内在专业结构不断更新、演进和丰富的过程就是教师专业发展。

朱新卓认为,教师以包括知识、技能和情意等专业素质的提高与完善为基础的专业成长与成熟的过程,并由非专业人员转向专业人员的过程就是教师专业发展。

朱玉东认为,教师在专业素质方面不断成长并追求成熟的过程,教师

---

① 张华. 新课程背景下中学化学教师专业发展研究[D]. 南昌:江西师范大学,2007.

② 叶澜,白益民,陶志琼,等.教师角色与教师发展新探[M]. 北京:教育科学出版社,2001.

专业信念、专业知识、专业能力、专业情意等不断更新、演进和完善的过程，就是教师专业发展。

刘万海认为，以教师专业自觉意识为动力，以教师教育为主要辅助途径，教师的专业技能素质和信念系统不断完善、提升的动态发展过程即是教师专业发展。

综合学者对于教师专业发展的界定，可总体概括为：教师是专业人员，应具备相关的专业特性；教师是发展中的人，应注重专业成长，注重教育教学的一体化；教师是学习者，应注重自身的学习，尤其是研究性学习。只有这样，教师在专业发展过程中才能逐渐由不成熟走向成熟[①]。

从上面的界定中，我们可以看出教师专业发展是一个长期过程，发展的范围非常广泛；同时，教师专业发展是多方面共同作用的结果，其中最主要的是教师自身和教师专业组织。教师专业发展不是传统的教师培训的代名词，而是具有更加丰富的内涵。这里所谈的教师专业发展是指教师的"专业发展"，强调教师由非专业人员成为专业人员的过程。教师专业发展的概念把教师看作是一个"反思实践者"，一个具有缄默性知识基础的人，能够对自己的价值和与他人的协调实践关系不断进行反思和再评价的人[②]。

2. 化学教师专业发展的阶段论

教师的成长、成熟需要一个长期的发展过程，需要经历一个较长的发展阶段。有关教师的专业发展阶段的研究大都根植于美国学者费朗斯富勒的研究。他通过对教师关注问题的研究，提出教师专业发展过程中的四阶段模式：第一为任教前关注阶段。师范生仍扮演学生角色，没有教学经验，只关注自己。第二为早期求生存阶段。初次实际接触教学工作，所关注的是作为教师自己的生存问题。第三是关注教学情境阶段。教师更重视自己的教学表现，而不是学生的学习。第四是关注学生需求阶段。

我国叶澜教授则提出教师专业发展的五阶段论：

(1)非关注阶段。指进入正式教师教育之前的阶段。尽管后来做教师的人在这阶段很难说有从教意向，更没有专业发展的意识，但它对后来

① 方娇，梁敏.我国教师专业发展研究综述[J].教育教学论坛，2012(15)：106-109.

② 吴慎刚.新课程背景下化学教师专业发展的研究[D].济南：山东师范大学，2006.

从教的影响却不容忽视。这一阶段生活经历所养成的良好品格是教师成长中重要的生活基础。

(2)虚拟关注阶段。指师范学习阶段师范生的发展状况。因为这时的师范生所接触的中小学实际上带有某种虚拟性。这种虚拟性的主要问题是，师范教育没有形成教师专业发展的特殊环境，师范生的自我发展意识淡漠。

(3)生存关注阶段。指初任教师阶段，此阶段中教师有着强烈的专业发展忧患意识，他们特别关注专业发展结构中的最低要求——专业活动的"生存技能"。这个阶段的教师急于找到维持最基本教学的求生知识和能力，他们努力解决课堂纪律、激发学生动机、处理学生个别差异、评价学生作业、与家长建立联系。

(4)任务关注阶段。指教师专业结构诸方面稳定、持续发展的时期，由关注自我生存转到更多地关注教学上来，以便更好地完成教学任务，获得良好的外在评价和职称、职位的升迁。

(5)自我更新关注阶段。教师不再受外部评价或职业升迁的牵制，直接以专业发展为指向。教师有意识地自我规划，以谋求最大程度的自我发展。这些已成为教师日常专业活动的一部分[①]。

3. 教师专业发展的主要途径

教师专业发展即教师由不成熟走向成熟的过程。在此过程中，关于通过怎样的方式和手段才能使教师掌握专业所要求的知识、能力和素养，学者们做了深入的研究工作。由于中学化学教师的专业发展受到多方因素的影响，目前我们可以从以下几种途径或方式着手：

(1)反思研究。有教育学家提出教师要成为反思性实践者，要通过"实践—反思—总结提高—再实践"的形式促进教师的专业发展。反思性教学已经被国内外研究者普遍认为是教师专业发展的一个重要方式。何谓反思？反思是立足于自我之外的批判地考查自己行动及情境的能力。教学反思的认识对象是教育教学活动本身，它是不断进行审视、深思、探究、评价和调整，进而提高自身教育教学效能和素养的过程。也就是说，

① 江家发.化学教学论[M].合肥：安徽人民出版社，2007.

教师以自己的实践过程为思考对象,来对自己所做的行动、决策以及由此产生的结果进行审视和分析,它是一种通过提高参与者的自我觉察水平来促进能力发展的途径,有助于教师向专家型发展①。

具备一定的教学反思能力是一个优秀教师必备的基本素养之一,认识自己的不足才能追求更高层次的完美。教学作为一门科学,借助反思可以使自己的教学行为更符合科学规律,实现教学过程的最优化和教学效益的最大化。培养教师的教学反思能力作为改善课堂教学、提高教育质量、加速教师专业发展的重要保障。

进行教学反思,首先要明确反思的对象,即反思什么,这是一线教师最感困惑的一个问题。教学实践是教师宝贵的财富,在实践中反思,在反思中提高。做反思型教师,就是要学会对自己的教学实践进行反思。一节课从教学目标的制定、教学计划的设计到教学实践的反馈,这中间每一个环节都是教学反思的对象,因此教学反思的内容是十分丰富的,可以根据自己的需要单从一个环节进行反思,或者单从某一个"点"来进行反思,也可以将反思的内容涵盖教学的各个环节、各种现象。其次,中学化学教师要掌握反思的程序与方法,即如何反思。教学反思的过程都是一样的。化学教师要对发生的教学实践始终问自己这么几个问题:我做了什么?我所做的有效吗?我做的合理吗?我还能怎样做?对于中学化学教师来说,最有效的方法是写教学后记。在教学后记中记下教学中的成功与失败,记下学生在学习中的困惑与见解,记下教学再设计(也就是改进的方法)。在记录之后就是反思,教师的反思不是一般意义上的"回顾",而是思考、反省,探究自己的教育过程中各个方面、各个环节中的各种现象,寻找行为与现象之间的因果联系。

(2)校本教研。在各种教育研究形式中,对教师专业发展影响最大的莫过于校本教研。所谓校本教研,概括地说,就是为了改进学校的教育教学,提高学校的教育教学质量,从学校的实际出发,依托学校自身的资源优势、特色进行的教育教学研究。

校本教研有三层基本含义:①研究教学,包括教学的内容、目的、手

① 黎琼锋.教师培训与教师专业发展[J].云南师范大学学报,2002,3(3):29-34.

段,教学模式及其建构,教学设计与实施,教学评价等,在现今时代就是研究课程及其实施,特别是校本课程的开发及实施。②从学校的实际出发进行研究,按照新课程的要求,从学生状况,教师构成,学校历史、现状及其资源环境出发进行研究。③教学研究的主体是学校领导、教师。以往的研究已经表明,校本教研是一种有效促进教师专业发展的途径。教师互助合作是校本教研的主要形式,而中学教师的合作往往在同学科教师组成的教研组内更容易进行。所以,有一个好的教研组就成了实施校本教研的灵魂所在①。

开展校本教研,既可以在整个学校的水平上进行,也可以在部分部门或某一科目上进行,同时还可以是两三所学校间相互合作地进行。校本培训从本校和教师的实际需要出发,使培训对象的主体性得到张扬,同时立足于教师的教学实践,以教师所在学校为基地,且学校自主负责。校本培训既是一种活动,更是一种理念。学校是教师专业发展的沃土,实现教师专业发展很重要的策略之一即是把培训与教研结合起来。作为教师校内在职教育的实施模式,校本培训的内容和目标,都强调以教师从事的教学活动为主要内容,以课程教学的实际为基础,与教师的教学实践相结合,帮助教师结合教学实际更新知识和技能,提高教学实践能力和教学研究能力,同时倡导教师自主学习、互帮互学共同研讨。在校本培训资源的开发利用上,都强调充分利用校内资源,又要与高等学校和教师培训机构建立合作伙伴关系,争取他们对本校的指导。无数事例证明,校本培训方式是真正符合教师实际需要又能有效提高教师专业水平的培训方式。

(3)行动研究。教师的专业发展更多的是在教育教学实践中实现的,实践是教师发展的基础和生命。行动研究旨在判明现场面临的实际问题的实质,引出用以改善事态的行动,因此行动研究关注的不是"纯理论研究者认定的'理论'问题",而是教师日常遇到的和亟待解决的实践问题,是针对教育的实际情境进行的研究。"问题"是行动研究的出发点,"改进"是行动研究的主要功能,其研究过程和结果能够及时被教师所理解掌握

① 张华.新课程背景下中学化学教师专业发展研究[D].南昌:江西师范大学,2007.

和实施[①]。

行动研究是教育工作者(教师和教育行政人员)与研究者结合,在教学情境中以解决教育教学工作中的实际问题为目的的一种教育科学研究类型。行动研究的主要功能之一就是改进教师的专业能力及提高由此决定的教师素质。行动研究中,研究者与教师结合,面向教学工作实践,解决教学中存在的问题,并指导教师开展研究工作,促进教师对教育教学工作有更好的理解,促进教育教学工作的改进。行动研究的特征体现为:以解决问题、改进实践为目的,要求行动者参与研究,注重研究者与行动者的合作,且研究是一个不断展开的螺旋过程。行动研究一般遵循计划、行动、考察、反思的操作步骤(模式),具有科研意识、知识和能力是所有专业人员的共同特征。行动研究可以提高教师的科研能力,通过行动研究,加深教师对理论的理解和辨识,分清理论的优缺点,更完善地了解和更准确地把握教育教学情景,更敏锐地洞察、分析教育教学中存在的具体问题、改进方法及措施,进而得以提高专业实践水平和专业能力。可以说,影响教师教学效果的决定性因素就是教师专业能力。

综合来看,学者们对我国教师专业发展途径进行研究时切入点各不同,但是在涉及具体策略时,都会谈到反思、校本研究、行动研究等。近年来,伴随着网络技术的发展,以网络与博客为平台促进教师专业发展悄然兴起[②]。

第二节　化学教师的专业素养

专业素养是专门职业对从业人员的整体要求,因而在教师职业专业化进程中,人们对专业素养给予了广泛的关注。对教师素养的研究,所使用的概念、采用的方法、关注的焦点各不相同,有人把教师素质称为专业素养,或教师品质,或教师特性等。实际上,教师的专业素养是以一种结构形态存在的。教师素养被看作是教师拥有和带进教学情境的知识、能力和信念的集合,它是在教师具有的优良先存特性的基础上经过正确而

① 吴慎刚. 新课程背景下化学教师专业发展的研究[D]. 济南:山东师范大学,2006

② 方娇,梁敏.我国教师专业发展研究综述[J]. 教育教学论坛,2012(15):106-109.

严格的教师教育所获得的。

叶澜教授认为："教师的专业素养是当代教师质量的集中体现，它应以承认教师职业是一种专业性的职业为前提。作为当代中国基础教育事业的实践者和创造者，作为一名专业工作的教师，其专业素养的组成是多方面和多层次的，主要包括：与时代精神相通的教育理念（教育观、学生观、教育活动观）、多层复合的专业知识（科学与人文的基本知识、1～2门学科知识与技能、教育学科知识）以及履行责任和权力的各种能力（理解他人和与他人交往的能力、管理能力、教育研究能力）[①]。"还有许多教育专家和学者对此做过比较全面的论述，可见教师专业素养的内涵非常丰富，但都把教师专业素养分为几个部分。其中有代表性的研究见表6-1所示。

表6-1　关于教师专业素养的代表性研究

研究者	教师素养结构
叶　澜	1. 专业理念；2. 知识结构；3. 能力结构
艾　伦	1. 学科知识；2. 行为技能；3. 人格技能
林瑞钦	1. 所教学科的知识；2. 教育专业技能；3. 教育专业精神
饶见维	1. 教师通用知能；2. 学科知能；3. 教育专业技能；4. 教育专业精神
姚志章	1. 认知系统；2. 情意系统；3. 操作系统
唐松林	1. 认知系统；2. 专业精神；3. 教育能力
冯　颖	1. 观念结构；2. 知识结构；3. 能力结构；4. 身心结构
林崇德 申继亮	1. 职业理想；2. 知识水平；3. 教育观念；4. 教学监控能力

一、化学教师的专业知识积累

教师作为一个专业人员，必须具备从事专业工作所要求的基本知识。因此，教师的专业知识是教师研究中开始较早的一个研究领域。但迄今为止，对教师究竟应该具备哪些方面的专业知识还有不同的认识。在新课程背景下，教师应具备哪些专业知识的积累才能更好地适应课程改革，并保证课程改革的顺利推进呢？

① 叶澜. 新世纪教师专业素养初探[J]. 教育研究与实验，1998，17(1)：43-48.

(一)化学学科知识

1. 化学专业知识体系

只有教师掌握了更全、更新、更高、更深层次的化学专业知识,才能有效地指导学生的化学学习,才能达到新课程改革对化学教师专业素养的基本要求。中学化学教师要精通中学化学教材,准确掌握中学化学教学大纲所规定的内容,对中学化学的课程标准、教材内容的理解要准确、熟练,能恰当地处理好教材,做到融会贯通、运用自如,就必须具有高一层次的化学专业知识。熟悉和掌握化学专业的知识体系,主要包括无机化学、有机化学、物质结构理论、现代化学实验技术、化学学科发展与前沿、环境化学、材料化学、生活化学等,这其中化学概念、化学基本原理、化学基本规律、物质的基本结构和重要代表物的主要性质,以及基本的化学计算、化学实验是中学化学教师必须掌握的化学专业知识。

2. 化学实验理论知识

化学实验是中学化学教学的重要组成部分,它是提高学生学习化学的兴趣、掌握基础知识、培养学生多种能力的重要手段。因此,中学化学教师不但要有化学实验的操作能力,更要有化学实验的理论知识,主要表现在:准确理解和掌握化学实验的反应原理、装置原理和操作原理;能对实验现象和结果以及数据进行正确的分析、综合、概括及校正;能根据化学实验理论和教学需要设计新的教学实验、改进现有的实验等。

3. 化学史知识

化学教师需要了解化学学科的发展历史和趋势,了解推动其发展的因素,了解化学对于社会、人类发展的价值以及在人类生活实践中的多种表现形态。正确理解化学史,能使化学教师在教学中把学科知识与人类的关系、与现实世界的关系揭示出来,使科学具有更丰富的人文价值,同时也能激起学生发现、探索和创造的欲望,为人类和社会的发展作贡献的愿望。

4. 化学方法论知识

化学方法论主要是指学习化学,研究、探索和应用化学知识的指导理论和方法。作为化学教师需要掌握化学学科所提供的独特的认识世界的视角、域界、层次及思维的工具与方法，熟悉化学科学家的创造发现过程和成功原因，从他们身上所展现的科学精神和人格力量得到感悟。另一方面，化学教师要指导学生掌握化学方法论，也就是使学生的知识转化为能力并发展为智力①。

5. 化学前沿知识

中学化学新课程中融入了许多化学学科发展前沿的、涉及面较宽的新内容。中学化学在选择的内容上反映了现代化学研究的成果和发展趋势，积极关注21世纪与化学相关的社会现实问题，帮助学生形成可持续发展的观念，强化终身学习的意识，更好地体现了化学课程的时代特色。因此，作为一线教师仅仅拥有毕业时所学的那些专业知识还远远不够，还必须有适应新课程的必需的知识。

（二）科学与人文知识

科学技术的飞速发展，使学科间的界限逐步被打破，出现了既高度分化又高度综合的趋势，学科间相互渗透已成为趋势。高考考试说明中指出，高考化学试题与相关学科的结合是顺理成章的事，考生学过的语文、数学、物理等学科知识，理应在化学学科中得到应用。命题将转变传统封闭的学科观念，在考查学科能力的同时，注意考查跨学科综合能力。

由于化学是一门综合性和应用性很强的学科，与其他学科之间相互联系、相互交叉和渗透，因此，化学教师除应具备所教学科的知识外，还要具备其他相关学科的知识。为适应新课程强调学生各种知识的联系与综合，化学教师必须涉足物理、生物、历史、地理以及材料科学、环境科学、食品科学、医药科学等学科和领域，掌握其中一些与化学紧密相关的基础知识，以满足学生解决化学实际应用综合问题的需要。

对于化学教师来说，在加强和拓展化学专业基础以及和化学相关的理科知识的同时，学习一些人文科学、社会科学知识，不仅可以使他们改善知识结构、优化思维方式，而且可以使他们看到人文世界的一个科学世界，所以教师还应具备一定的人文素养。它是指做人应具备的基本品质

① 郭志东.专家型化学教师的成长规律和培养方法探索[D].福州：福建师范大学，2001.

和基本态度，包括按照社会要求正确处理自己与他人、个人与集体、个人与社会、个人与国家，乃至个人与自然的关系。通常人们把人文素养教育看作是关于人生存目的的教育，即教会学生“如何做人”，如何很好地处理人与自然、人与社会、人与人之间的关系，并比较好地解决人自身的理性、意志和情感等方面的问题，帮助每个人智力、德行、感情、体格各个组成部分达到和谐状态，从而提高人的整体素质①。

此外，化学教师必须具备科学的世界观和方法论，应当重视培养教师对科学本质的理解，运用适当的教学策略来发展教师的科学本质观；应有严谨的科学态度，有科学、辩证的思维和研究方法，掌握理性批判、科学实验、逻辑证明等科学方法，有不断更新知识和追逐学术前沿的意识。

（三）教育学科知识

苏霍姆林斯基在论及教师素养时曾断言：“教师不掌握教育科学的知识，在教育工作中就会像在黑夜中走路一样，辨不明方向，达不到目的地。”

所谓教学，从通常的意义上来讲，就是教师将知识用学生可以接受的方式“生动活泼”地教给他们。教育学科知识是教师成功教学的重要保障。对于在教学第一线的教师来说，在教学过程中如果不重视、不掌握学生的学习规律，不了解指导教学实践的教学理论，是不可能取得理想的教学效果。所以教师了解现代教育理念、学习理论、教学理论、教学方法和教学策略等是非常有必要的②。

教育学科知识指的是教师所具有的教育学、心理学方面的知识，这种知识一般是动态的，也是目前教师所缺乏的。林崇德教授认为“儿童、青少年的心理发展规律是教育实践和教育改革的出发点”，并在研究中将教师的教育学科知识具体转化为三个方面，即学生身心发展的知识、教与学的知识和学生成绩评价的知识。

因此，化学教师要努力学习教育学、心理学、现代教学论研究、化学教

① 张辉. 新课程理念下中学化学教师专业素养的发展研究[D]. 北京：首都师范大学，2007.

② 张翼. 新课程背景下化学教师的专业素质建构[J]. 绵阳师范学院学报，2007，26(2)：78-81.

学系统论、化学学习论、化学课程论、化学实验论、化学教育测量和评价、中外化学教育比较研究等教育科学理论知识,并将理论和实践有机地结合。这样,化学教师在教育教学中,才能将本体性知识心理学化,以学生易理解的方式表达、传授给学生,满足学生的心理需求,激发学习兴趣,调动潜能,培养个性和创造精神。

二、化学教师的教学研究能力

新课程不仅要求教师的观念要转变,而且要求教师的角色要转变。从教学与研究的关系看,新课程要求教师应该是教育教学的研究者。传统的教学活动与研究活动是彼此分离的。教师的任务只是教学,研究被认为是专家的“专利”,教师不仅鲜有从事教学研究的机会,而且即使有机会参与,也只是处在辅助的地位,配合专家、学者进行实验。这种做法存在着明显的弊端:一方面,专家、学者的研究课题及其研究成果并不一定为教学实际所需要,也并不一定能转化为实践上的创新;另一方面,教师的教学如果没有一定的理论指导,没有以研究为依托的提高和深化,就容易固守在重复旧经验、照搬老办法的窠臼里不能自拔。这种教学与研究的脱节,对教师和教学的发展是极为不利的,它不能适应新课程的要求。新课程所蕴含的新理念、新方法以及新课程实施过程中所出现和遇到的各种各样的新问题,都是过去的经验和理论难以解释和应付的。教师不能被动地等待着别人把研究成果送上门来,再不假思索地把这些成果应用到教学中去。教师自己就应该是一个研究者,这意味着,教师在教学过程中要以研究者的心态置身于教学情境之中,以研究者的眼光审视和分析教学理论与教学实践中的各种问题,对自身的行为进行反思,对出现的问题进行研究,对积累的经验进行总结,使其形成规律性的认识。

《教育科研手册》对教学研究这样定义:以教育科学理论为武器,以教育领域中发生的现象为对象,以探索教育规律为目的的创造性认识活动。简言之,教学研究是用教育理论去分析教育现象,探索新的、未知的规律,以解决新问题、新情况,是有目的、有计划、连续、系统的探索活动。

《中国学生管理大辞典》对教学研究有这样的定义:运用科学的方法,有意识、有目的、有计划地对教育领域中的宏观和微观现象和问题进行研究,旨在揭示教育规律,指导教育事业的发展和教育工作的开展。

《教育大辞典》对素质这样定义:(1)指个人先天具有的解剖生理特点。(2)指公民或某种专门人才的基本品质,如国民素质、民族素质、干部素质、教师素质、作家素质等,都是个人在后天环境、教育影响下形成的。(3)指易患某种心理异常疾病的遗传因素。在此,就本文所讨论的问题,针对的是它的第二层含义,即素质主要指对从事某一职业的人在知识、能力、情感等方面的要求。它既可以针对个体而言,也可以针对某一群体而论,如国民素质、教师素质、干部素质等就是群体概念。

综合以上对教学研究、素质的分析,笔者认为:教学研究素质是指教师在针对教育问题和教育现象,运用教育科学理论,采用科学的方法和手段进行探索的过程中,所需要的知识、技能与心理品质的总和。它包括几个方面的内容:(1)教学研究意识:积极从事教学研究的志向,潜心捕捉和研究问题的探求欲。(2)教学研究态度:追求真理、严谨治学、通力合作、勇于创新。(3)教学研究理论:教学研究的基础理论、原理和方法。(4)教学研究能力:把教学研究知识运用于具体情境、解决实际问题的能力,主要包括信息搜索与筛选能力、选题能力、研究设计能力、研究实施能力、整理分析资料能力和撰写研究报告能力等[①]。

新一轮基础教育课程改革对教育提出了强烈的变革要求,教育的系统、教育的对象都更加复杂,教学方式、内容都将发生很大变化,现代教育技术的运用也使教学手段有了很大的飞跃。为解决实际中出现的许多新问题,中学化学教师应具有较强的科研能力,通过教育教学理论与实践的结合,形成对实际问题的研究能力、独立思考能力,以帮助教师超越现有水平,更快地、批判性地选择吸收新的教育理论,并在此基础上形成自己的教育教学风格与特色,全面提高教育教学质量,推动教育的发展[②]。

教师拥有教学研究的机会,如果他们能够抓住这个机会,他们将不仅能有力、迅速地推进教学,并且将使教师的工作获得生命力和尊严。教师要把教学研究作为自己专业化发展的重要手段,努力成为他们自己和他们学生的优秀观察者、诊断者和治疗者。只有这样,他们才能够当之无愧

① 杨昆仑.化学教师开展教学研究情况的调查与分析[D].长春:东北师范大学,2008.

② 郑柳萍.关于中学化学教师的素质及培养途径的研究[D].福州:福建师范大学,2001.

地担负起教育这一伟大事业的重担。只有切实提高化学教师的教学研究素质,使其顺利有效地开展教学研究活动,才能更好地促进教师专业素养的发展,促进其专业化程度不断增强。

三、化学教师的教育教学能力

教师的教育教学能力是教师素质中最能动、最活跃的部分,它是教师能否充分发挥主导作用来促进学生发展的主要影响因素。我们把化学教师的教育教学能力概括为以下几个方面:

(一)了解和分析化学教育对象的能力

化学教师必须懂得青少年的身心发展规律和个性差异,懂得教育规律和教育方法,善于巧妙运用教育机智和技巧,使学生获得知识,增长才智。因此,随着新课改的推进,要求化学教师的职业角色实现全面的转换。当今理想的化学教师绝不是"教书匠",而应该在化学学科方面是一位"学者",在教育方面是一位"专家";新课程下的化学教师应该不仅是优秀的教学人员,也是教学、教育问题的"研究者""反思者";他们还应该是青少年灵魂的"优秀塑造者"。

化学教师的劳动对象是具有独立思想感情、精力旺盛、求知欲强、正在成长中的活生生的人。因此,正确了解和分析学生,掌握学生的身心特点和个性差异,应该是教师能力结构的一项重要内容。化学教师要善于观察学生的表现,透视学生的内心世界,捕捉学生的真实思想,从而根据每个学生的身心特点,因材施教。为了每一位学生都能健康成长,为了提高教育教学质量,化学教师要具有了解学生学习准备情况和个性特点的能力、实施心理教育的能力及转化后进生的能力。

(二)处理和加工化学教学内容的能力

1. 分析掌握化学课程标准和处理教材的能力

一个素质优良的教师,首先要能够理解和把握课程标准的要求,明确教材中的重点、难点,并根据教学内容确定和选择恰当的教学方法,同时,又要能够巧妙地处理教材。好的教师不仅能够领会教材的内涵,而且还能发挥自身所长，把书“讲活”，讲到学生心中，使学生在美的享受中掌握知识、发展智力。

2. 设计化学教学的能力

化学教学内容的设计不仅要考虑到知识的逻辑体系，更主要的是要全面地考虑学生的心理发展特点。现代化学教学设计突出以学生为中心，重视对学生心理的分析和研究，依据学生学习化学的规律设计教学活动，从而最大幅度地提高学生化学学习的效率，促进学生科学素养的全面发展。因此，教师应具有设计化学教学的能力。

3. 设计和准备化学实验的能力

化学是一门实验科学，我国化学家戴安邦先生说过，化学实验是全面化学教育的一种最有效的教学形式。化学实验是化学教学的重要内容，是化学教师常用的教学手段，也是培养学生创新意识和能力的有效方法。所以以化学实验为突破口，探索一条培养学生创新意识和能力的有效途径是十分必要的，也是可行的。但现行中学教材中的化学实验大多是验证性实验，启发性、探索性不强，影响了对学生能力的培养，有些实验成功率又不高，更抑制了学生学习化学的兴趣和积极性。要想培养具有创新意识和能力的学生，化学教师的化学实验设计能力显得越来越重要。

（三）掌握和实施化学教学工具的能力

化学教师的基本任务是将适合于中学生身心健康发展的教育教学内容通过各种途径传授给学生，并内化为学生的知识、能力以及情感态度和价值观。掌握和实施各种教学工具的能力是化学教师实施教育教学的基本能力，也就是教师必备的基本功。

化学教师必备的基本功包括传统的表达能力，如吐字清楚及富有吸引力的语言表达能力、表述准确及言简意明的书面表达能力、字迹清晰及书写规范的板书能力、线条简单及布局合理的板画能力。随着科学技术的迅猛发展，化学教师还要掌握现代化教学手段，具备电化教学特别是多媒体辅助教学的能力，即教师不仅要能运用实物、标本、模型等一般教具，而且还要掌握幻灯片、计算机、录音、录像等现代化教学技术。现代化教学手段集声、光、图形多种教学手段于一体，具有直观、生动和形象的特点，可以增加学生的学习兴趣，加深对知识的理解。运用现代化教学手段可以通过运用模拟实验，有效地控制化学变化的过程和速度，动态地对比演示化学反应现象；还可将化学教学中抽象的理论具体化、静止的内容动感化、微观粒子运动宏观化，如模拟化学反应中微观粒子的运动过程，图文并茂，调动学生多种感官参与活动，在动态信息的获取中形成鲜明的感性认识，进而为上升为理性认识奠定基础。

（四）组织和管理化学教学活动的能力

教学活动是科学与艺术的统一，从科学的角度看，尽管化学教学活动本身千差万别，但并不是无章可循的，也可以发现和总结出具有一定规律性的结论。教学活动是由一系列性质不同的具体活动构成，每种活动都对应一种特定的能力。因此，教师组织和管理教学活动的能力应该是由多种成分构成的综合体。从教学活动的内容看，化学教师组织和管理化学教学活动的能力主要包括化学教材的呈现能力、化学问题的组织解决能力、化学实验的演示操作能力、探究教学能力、课堂的组织管理能力、教学的评价能力等。

这其中的一些能力，在上文中都有所涉及，这里不再赘述。但需要特别指出的是，教学活动是一种有目的、有计划、有组织的活动，实施活动过程中不仅有活动的执行成分，还应有保证活动顺利进行的调控成分。因此，组织和管理化学教学活动的能力还应包括教学监控能力。化学教师的教学监控能力是指为了保证化学教学的成功，达到预期的教学目标，在教学的全过程中，教师将教学活动本身作为意识的对象，不断地对其进行积极主动的计划、检查、评价、反馈、控制和调节的能力。教学监控能力是化学教师组织和管理教学活动的能力诸成分中最高级的成分①。

（五）教育测量和评价能力

教育测量和评价是教育系统中不可缺少的组成部分，它为教育目标的实施提供了有效的反馈控制手段，同时也为改进教育过程提供必要的

① 戴春. 21世纪初中化学教师素质初步研究[D]. 扬州：扬州大学，2004.

反馈信息。通过教育测评，可以对学生学力和学业成就做出诊断，选拔社会需要的人才，也能对教师的教育水平做出鉴定。根据测评和评价信息，教师可以调整自己的教学内容、方法、程序，以利于学生达到教育目标；学生可以调整自己的学习方式，提高学习效率；教育管理部门可以制定管理措施，提高管理水平。

作为一名化学教师，不但应该具备较强的教学能力，同时也应有从事教育测量和评价的能力，只有这样才能及时检验教与学的效果，不断改进教学。为此，要求化学教师应该学会正确运用或制定化学教育目标，根据目标合理组织教学。同时，应该学会制定恰当的评价标准，选用正确的测量工具来做出科学合理的评价结果。新一轮课程改革中，教材与过去相比有很大变化，主张联系实际介绍化学知识，不少概念、理论都删去或降低要求。那么，如何评价学生的学习效果、教师的教学成果，肯定与过去不同，教师的教育测量和评价能力显得尤为重要[①]。

第三节　化学教师如何做研究

中学化学教师一直被认为是“知识的传递者”，并徘徊在研究的大门之外。虽然基础教育领域不乏著作等身的专家，但作为一个群体，教师始终没有摆脱“教书匠”的形象。从事教育理论研究的专业人员和从事教育实践的一线教师像理论和实践脱节一样泾渭分明。伴随“教师专业化”的呼声和全球课程改革的浪潮，教师是否做研究受到前所未有的关注，“研究型教师”作为“教师专业化”的方向和回应教育变革的策略备受推崇。目前，专业化的自我诉求和改革的客观需求共同呼唤“研究型教师”。

1966年，联合国教科文组织在法国巴黎召开“教师地位之政府间特别会议”，明确提出教师是专业人员，确认教师的专业地位，从“专业人员即研究者”的普遍看法中，引申出“教师成为研究者”的观念。这种观念的基本看法是：教师有能力对自己的教育行为进行反思、研究和改进；教师有能力针对自己的教育情境提出最贴切的改革建议。因此，由教师来研

① 郑柳萍.关于中学化学教师的素质及培养途径的研究[D].福州：福建师范大学，2001.

究和改革自己的教育实践是教育改革最直接、最适切的方式。外来的研究者对教育的现实情境往往缺乏深入的了解，他们的研究往往不能抓住问题的关键，得不到教师的认同。所以这个观念特别强调：教师不只是别人研究成果的消费者，更应该成为研究者。

一、化学教学研究的对象

研究对象是来源于教育实践，是广大中学化学教师在教育实际工作中碰到的问题，它可以是特定情境中的学习问题，可以是教师的教学态度转变，也可以是教学方法的改进。

教师的研究从发现身边的问题起步，这里的问题是指教师将工作中碰到的困惑、矛盾提炼成的可以开展研究的主题及着力去解决的问题。它可以是比较规范化的课题研究，也可以是比较简化的专题研究。

我们通常所说的教师的研究即教学研究。教学研究就是研究教材、研究教法、研究教学模式、研究课程标准、研究《考试说明》、研究中高考试题和命题方向、研究命题和评价的方法……[①]

化学教育体系复杂，内容丰富，因而其中需要加以解决的问题也很多，这给化学教育研究提供了广阔的研究空间。在新课程方兴未艾的当今中国基础教育一线，广大教师在教育教学实践中遇到的问题千变万化。根据化学教学研究所涉及的内容进行划分，大致有以下12个方面：

(1)化学课堂教学设计的研究：如何建立多样化的新型课堂教学结构，如教学目标与教学重点的确定原则与体现途径的研究；教学环节与课型的研究；课堂练习的设置与组织形式的研究等。

(2)化学教学方法的研究：结合化学学科实际，研究改革和创新教学方法，如建构主义教学方法的研究、探究教学方式、以问题为核心的教学方法的研究等。

(3)化学学习方法的研究：根据影响化学学习的内在因素和外在因素以及学习内容的特点，有的放矢地研究如何培养学生的学习兴趣，如如何结合各类知识采取不同的学习方法；如何抓住各种教材的特点，学好各种

① 王永宾.引领教师走上教育科研之路[J].山西教育，2007(5)：41-43.

类型的知识；如何克服学习过程中遇到的各种困难等方面的规律和方法等。

(4)增进知识与培养能力的研究：如研究中学化学教学如何培养学生的观察能力、思维能力、实验能力、自学能力和创新能力，各种能力之间的关系如何，化学知识学习与能力培养的关系如何等。

(5)情感态度与价值观的研究：如何进行三维目标中的情感态度与价值观教育是化学课程标准的要求，如化学教学中思想品德教育的研究；学生科学精神和科学态度培养的研究；学生学习动机的研究；化学教学中美育的研究等。

(6)课程标准和教材的研究：如研究怎样在化学教学过程中完整地体现课程标准对知识和能力的规定；怎样在教学过程中形成课程标准规定等。

(7)化学实验教学的研究：如如何促进学生形成化学概念的研究；实验教学中学生观察能力、思维能力、实验兴趣的培养和发展的研究；实验教学中学生心理活动的研究；学生实验组织形式的研究；演示实验的关键和效果的研究；化学实验在探究学习中的应用的研究；实验考核的研究等。

(8)化学校本课程的研究：自主开发具有地方特色与学校特色、又适合学生实际的校本课程研究，如如何进行课程开发的理论研究、规划设计、组织实施、总结评价及推广等。

(9)化学实验在综合实践活动和研究性学习中作用的研究：化学在综合实践活动领域中有何作用、如何发挥其作用都应成为研究课题，可以在新课程改革的实践中进行行动研究。

(10)现代化教学技术手段的研究：投影片、幻灯片及CAI软件制作的研究；幻灯、投影仪、电影、录像在化学教学中的应用研究；计算机辅助教学在化学教学中的应用研究；现代认知教学理论、建构主义教学理论指导下的现代教学手段的运用研究等。

(11)化学学科与其他学科关系的研究：化学与物理、生物、地理等学科，以及其他人文学科之间的协同与综合，与其他理科课程的交叉及综合运用技能解决现实问题的研究等。

（12）化学教学中其他内容的研究：如化学教育与教学基础理论的研究，学生的素质结构及其培养的研究，学生环保意识的教学研究等①。

二、化学教学研究的方法

进行教学研究可使用的方法很多，如观察法、调查法、实验法、经验总结法、比较法、文献法、预测法、统计法、测量法、图表法、内容分析法等，研究者可以根据研究的目的、对象、内容及研究过程的需要，并结合研究者本人的条件等来选择最适当的研究方法。下面介绍在教学研究中常用的几种方法：调查法、文献法和实验法。

（一）调查法

调查法是研究者为了深入了解教育实际情况，弄清事实，借以发现存在的问题，探索教育规律而采取的步骤和方法。化学教育研究中的调查法是指通过问卷、访谈、观察、个案研究及检测等方式对研究对象进行调查，借以搜集化学教育的各种资料，从中分析揭示出化学教育现象的本质和规律。

1. 调查法的特点

调查法的特点是研究范围广泛，不仅可以对化学教育现状进行研究，也可以对化学科学及教育史进行研究。同时，使用调查法可以在自然情境下开展研究，基于自然的过程搜集材料，而不必像实验法那样控制实验对象，因此操作起来简便易行且更具有普遍适用性。其主要适用范围是那些范围较大、涉及面较广、耗费时间较长的化学教育现象。例如，采用调查法研究学生学习化学的态度、兴趣和效果，研究学生的学习方式和心理特点，研究优秀化学教师的个性特点、教学风格和教学经验等问题就显得较为适宜。

2. 调查法的步骤

（1）确定调查课题，选取调查对象，拟定调查提纲，制订调查计划；

（2）实施调查计划，搜集调查资料；

① 江家发.化学教学论［M］. 合肥：安徽人民出版社，2007.

(3)整理调查材料;

(4)撰写调查报告。

3. 调查法的注意事项

(1)调查要虚心诚恳地向调查对象解释说明调查意图和方法,以解除被调查者的思想顾虑,使他们敢于说真话,以求了解到真实情况。

(2)调查要实事求是,避免带有严重的主观性,不能仅仅围绕自己的观点或结论去找相关证明材料。

(3)调查要深入,不能浮在表面上。调查只有深入进行,才能认识事物之间的联系,揭露事物的本质和规律。

(4)要明确量变质变规律,注意事物的数量界限,要有数量适宜的调查对象。对调查结果进行数理分析时,对象的数目必须达到一定的量时,得出的结论才可能是科学的、有说服力的。

4. 调查法的几种途径

(1)问卷法。问卷法是社会调查研究中最常用的搜集资料的方法之一,它是调查者运用统一设计的问卷向被选取的调查对象了解情况或征询意见的调查方法。从形式上讲,问卷一般能获得总体的分布状态、不同样本之间的差异状态和相关状态。

问卷法一般能够进行下列资料的搜集:搜集现况或者事实;搜集态度和建议。主要优势是:省时省力省钱,增强研究的信度,便于研究结果分析。主要劣势是:调查问卷设计难,回收率难以保证,问卷结果可靠性不高。问卷的编制原则主要有以下几个:

①目的性原则:问卷必须与调查主题紧密相关。而所谓问卷体现调查主题,其实质是在问卷编制之初要找出与“调查主题相关的要素”,避免可有可无的问题。

②可接受性原则:调查问卷的编制要比较容易让被调查者接受。请求合作就成为问卷设计中的一个十分重要的问题。应在问卷说明词中,将调查目的明确告诉被调查者,让对方知道该项调查的意义和自身问答对整个调查结果的重要性。问卷说明要亲切、温和,提问部分要自然、有礼貌、有趣味,必要时可采用一些物质鼓励,并为调查者保密,以消除其某种心理压力。

③逻辑性原则：问卷的编制要有整体感。这种整体感即是问题与问题之间要具有逻辑性，独立的问题本身也不能出现逻辑上的谬误，从而使问卷成为一个相对完整的小系统。在问卷编制时，要讲究问题的排列顺序，使问卷条理清楚，顺理成章，以提高回答问题的效果。

④操作性原则：问卷调查的最终目的是通过对问卷结果的统计分析，来揭示与研究目的有关的结论和观点。因此，问卷编制一定要易于统计操作，如尽可能采用封闭式、客观性问题对相关信息合理编码等。

问卷的编制步骤：问卷调查从确定问卷调查目的开始，到问卷正式实施后撰写问卷调查报告，主要包括问卷编制、实施和结果报告三个步骤。一般说来，问卷的编制包括如下步骤：前期准备、概念操作化、编制初稿、试用、修订与定稿。

问卷的内容结构：问卷虽然都包含一组问题，但仅仅有一组问题并不能成为一份问卷。一般来说一份问卷由以下几个部分构成：

①开头语：我是谁，要调查什么；为什么要进行调查；为什么找你；调查有什么用；会不会有损被调查者的利益；感谢词。

②指导语：限定回答范围；指导回答方法；指导回答过程；规定或解释概念和问题的含义。

③问题：特征问题；行为问题；态度问题。

④结束语：需要注意的问题；再次感谢；调查者的联系方式。

（2）访谈法。访谈法有多种类型和用途，最常见的访谈形式有个别的、面对面的言语交流，此外还包括面对面的群体交流、邮寄或自填问卷以及电话调查，它可以是结构性的、半结构性的或非结构性的。访谈可以用来进行市场调查、民意测验、临床推理和学术研究，还可以用于测量，或者是从个人的、群体的多重视角来理解研究的现象。访谈可以是一次性的、简要的事实陈述，5分钟的电话交谈，也可以是多次性的、持续较长的一段时间，如生活史访谈。需要注意的是，在质的研究中，访谈法、观察法、收集实物的方法往往同时采用，很少有研究只单一采用某一种方法。

访谈前的准备：访谈前需要做的工作包括抽取访谈对象、了解访谈对象、确定访谈的时间和地点、建立访谈关系、设计访谈提纲等。

①访谈前需要抽取访谈对象，一般以外向、健谈的访谈对象为主，这

样可以比较方便地获得研究所需的信息。访谈也可以兼顾抽取一些内向、不善言谈的人为访谈对象，他们虽然言语不多，也许会“语出惊人”，有着与外向性格的人不同的思维方式。

②访谈前最好能对访谈对象的各方面情况和特征尽可能详细地进行了解。这样做的好处是：一方面便于访谈者根据适当情况采取适当的角色姿态，尽可能缩小访谈者与访谈对象的心理距离，尽可能增加二者之间的共同语言，以建立起融洽轻松的访谈关系；另一方面可以使访谈者对访谈对象在访谈过程中所谈的各种情况，有一个更为准确、更为客观的理解。

③访谈时间和地点的确定以访谈对象方便为主，兼顾访谈者自己的方便，最重要的是要能够保障有个氛围轻松、和谐的访谈环境。

④在访谈前，应先建立访谈关系。访谈者应该事先与访谈对象进行联系，就访谈的目的、主要内容、访谈时间和地点以及保密原则等事进行商定。这既是对访谈对象的尊重，也是为了保障访谈的顺利进行。

⑤访谈提纲应该是粗线条的，能包含研究的主要问题以及研究的问题范围即可。访谈者应该在访谈中以访谈提纲上的问题为主线，并允许访谈对象自由发挥，自身也应随机应变，灵活捕捉自己在列访谈提纲时未考虑的有用信息。因此，在列访谈提纲时，研究者应当明了访谈问题的以下类型，以便在列提纲时合理搭配访谈问题：开放型与封闭型问题；具体型与抽象型问题；清晰型与含混型问题。

访谈中的倾听：对于访谈者来说，访谈过程中倾听的重要性丝毫不亚于提问。在访谈过程中，访谈者一定要做一个好的倾听者，这不仅是访谈质量的保证，也是对访谈对象的尊重。

资料的准确性分析：访谈某个对象之后，要对周围的人进行相应访谈，以证实访谈者所述内容是否真实。在访谈内容涉及访谈对象的回忆的时候，研究者需要认识到人的记忆的局限性，积极查阅相应材料或咨询相关当事人来证实或证伪访谈内容[1]。

① 辛治洋，张志华.教育科学研究：方法与案例[M]. 合肥：中国科学技术大学出版社，2012.

(二)文献法

文献是指把人类知识用文字、图形、符号、声频、视频等手段记录下来的一切资料。而文献法是对文献进行查阅、分析、整理并力图找寻事物本质属性的一种研究方法。对于化学学科来说,它适用于对化学教育理论、化学与化学教育史等课题的研究。其意义在于我们可以通过对一系列化学教育发展史中文献的查证、考据、整理、归纳、概括,总结化学教育发展的经验和规律,指导今天的化学教育教学实践。

1. 文献法的特点

文献法最大的特点是研究不受时空的限制。用文献法可以研究受地域或时间限制而无法接近的对象,如研究国外化学教育发展现状,就可以通过文献法展开。文献法还具有客观性、历史性特点,研究结果受主观因素影响较小。此外,文献法的容量大,也节省费用,是化学教育研究最常用、最基本的方法。

2. 文献法的步骤

(1)搜集文献。这一阶段又包括寻找文献和积累文献两个过程。寻找文献是通过了解文献的类型,查找各类文献。查找文献即指在确定研究课题所涉及范围的基础上,明确搜集文献资料的方向和路线,一般应遵循“由宽到窄,由近及远,由易到难”的路线。研究者应该熟悉索引目录的分类,以便迅速地找到自己需要的文献。在信息时代,使用网络数据库搜索引擎极大地提高了文献检索的效率。当然,作为一名合格的化学教育工作者,即使具备了各种文献检索的优势条件,也应该熟悉国内外主要的化学教育类期刊名称以及各种期刊的特色,这样才能更快更好地利用这些文献。化学教师应该善于在搜集文献的基础上积累文献。每个研究课题都要汇集、积累一定的文献资料,而且每一个课题的研究过程都是一个新的文献资料的积累过程。

(2)鉴别文献。朱熹对文献的注释是:“文,典籍也;献,贤也。”即文献是对贤者及思想学说的典籍记录。当今社会,随着文献数量的急剧增长,获得的文献质量良莠不齐。因此,我们要学会对文献进行鉴别,避免以讹传讹。鉴别文献是指辨别文献的真伪及质量高低的过程。鉴别文献不仅要鉴别文献的书名、作者、版本,还要鉴别文献中所记载的内容。其鉴别方法是通过对同一事物在不同文献中的记载情况是否矛盾、记载内容与产生的历史背景是否吻合、作者的基本观点是否与客观事物相符合等方法,对文献内容的真伪和质量做出公正的评价。

(3)文献的分析和综合。搜集和积累大量文献材料后,需要对文献进行分析和综合。这主要是指研究者对自己掌握的文献资料进行创造性思维加工的过程,即通过运用逻辑思维和辩证思维的方法对积累的文献进行加工改造,形成自已的观点和思想体系。

3. 文献法的注意事项

应用文献法进行教学研究应该注意以下问题:

(1)尽可能搜集第一手材料。例如,要研究我国化学教育的发展,一定要搜集各个时期当时政府发表的教育政策法令、教育档案中有关化学课程设置的内容、化学教学纲要、化学教材、报纸杂志等。若由于时间太长有些历史资料不齐全时,需要搜集一些化学教育界的前辈对过去化学教育的论述和回忆材料、摘录和论文等。

(2)搜集资料要全面,避免“以偏概全”。要注意全面搜集来自各个方面、代表各种意见和观点的材料,把握全貌和本质,才有可能深入研究其本质和规律,并吸取教训。

(3)要善于分析史料的价值。当参考二手文献时,一般要配合调查方法,或仔细对照各种材料分析其是否存在矛盾,以确定其可靠程度。另外,查阅的资料往往是冗长杂乱的,要根据主题筛选出能够反映本质规律的材料。

(4)对文献材料还要用辩证唯物主义和历史唯物主义的原理去分析和选择,切不能生搬硬套。要从以往的教育实践中汲取经验和教训,以指导当前的化学教学研究和实践。

(三)实验法

教育实验法就是为了解决某一教育问题,根据一定的教育理论或设想,组织有计划的教育实践,到一定时间后就实践效果进行比较,从而得出有关实验因子与实验结果之间因果关系的科学结论来。其主要特点是能对事物的情况加以适当控制，排除一些无关因素的干扰，突出所要研究的实验因子，从而比较准确地探索出事物间的因果关系。化学教育实验即以教育实验法为理论与方法基础，以化学教育的相关领域为研究内容的一种学科教育研究方法。

1. 实验法的类型

按不同的标准，实验法可分为不同的类型。例如，从实验进行场所划分，有实验室实验法和自然实验法；从研究实验对象的性质维度划分，有定性实验法和定量实验法；按自变量因素划分，有单因素实验法、双因素实验法；按实验组织形式划分，有单组实验法、等组实验法和轮组实验法；按实验控制程度划分，有真实验法和准实验法。

化学教育实验一般多为自然实验法（即现场实验法），也存在实验室实验法。前者主要是指在自然教育状态下施加一定的教育因子，用于探索和检验不同化学课程、教材的教学方法、教学手段的效果，如对自学辅导法、程序启发教学法、单元结构教学法以及探索学习模式、合作学习模式的研究，还包括对能力和情感的培养等进行研究。

2. 实验法的步骤

对于化学教育实验步骤的划分，不同的学者存在不同的观点，但总体上相差不大，均主要包括以下步骤：

（1）提出一个因果关系的假设；

（2）从这一假设出发设计一种教学实验方案，选择研究对象，并通过前期测试将他们分成若干个相等的实验组与对照组（控制组）；

（3）对实验组施加实验因子（自变量）的影响；

（4）实验告一段落之后，对因变量进行测试，并对结果进行比较和推断；

（5）根据比较和推断的结果，对实验假设进行评价。

3. 化学教育实验的注意事项

（1）注意对实验过程中的诸多因素进行变量分析。在开展教育实验前，先要对自变量和因变量下操作定义，即把对自变量、因变量的抽象化、概念化的表述转变为可操作性的表述，以便能被观察和测量。例如，某个实验研究中的自变量是“加强实验教学”，这是抽象的概念化表述，如把它转化成“把教材中演示实验改为边学边实验”和“把学生实验习题的量增加一倍”等表述，就是对自变量下了可操作性定义，这样自变量就清晰明确了。

(2)注意实验前保持实验组和对照组的状态尽可能相同。一线中学化学教师常用的教育实验方法主要是对照法，即设置实验组和对照组，在两个组中实施不同的实验变量，一个阶段后观察和测量两个组的变化(用前测和后测的差值来表示)。使用这一方法的重要前提是实验之前必须确保两个组状态相同，即实验组和对照组在实验前具有相同的起始状态，如人数、性别差异、学习能力和基础、家庭状况等。

(3)教育是一个复杂的系统，能影响实验结果的因素很多，要暴露自变量与因变量之间的因果关系，就必须对能影响实验结果的无关变量进行控制。中学化学教师进行教育实验还只是一种不十分严格的准实验，但也需注意对实验中的无关变量进行必要的控制。

(4)教育实验中通常有不少测量环节，如事前测验、事后测验等，要使测验结果科学有效，就要注意编制好测验试卷。要求测验能保证一定的信度和效度，试题的难度和区分度合理等。

(5)对教育实验的结果，即所取得的一些数据，要根据教育统计学的原理进行必要的统计分析，才能得出结论。

三、化学教学研究报告与论文的撰写

教学研究的成果总是要以研究报告、教育论文、教学反思等形式体现出来，所以教师要具备一定的写作能力，能够将研究成果以合适的方式呈现出来。

(一)研究报告的撰写

一般来说，不论研究者采取什么样的写作风格，研究报告通常包括如下六个部分:①问题的提出，包括研究的现象和问题；②研究的目的和意义，包括个人的目的和公众的目的、理论意义和现实意义等；③背景知识，包括文献综述、研究者个人对研究问题的了解和看法、有关研究问题的社会文化背景等；④研究方法的选择和运用，包括抽样标准、与研究对象建立和保持关系的方式、搜集资料和分析资料的方式、写作的方式等;⑤研究的结果,包括研究的最终结论、初步的理论假设等;⑥对研究结果的检验,讨论研究的效度、推广度和伦理道德问题等。

(二)论文的撰写

化学教育研究论文是一个教育工作者成果的呈现,一篇教研论文质量的高低是一个教育工作者研究能力的最直接反映。作为学术论文,必须具备一定的要求和形式,便于学术界的交流和讨论。因此,遵循一定的格式和规范是撰写化学教育研究论文的最基本要求。

1. 论文的基本组成

(1)标题。论文的标题是文章中心思想的集中反映,是文字灵魂的展示。作为学术论文的标题,既要有新意吸引读者,也要注意学术性和规范性。常见的标题类型包括问题式标题,如"亚硫酸根存在下检验硫酸根能加稀硝酸作酸化试剂吗";结论式标题,如"角色扮演教学模式在实现高中化学三维目标中的独特作用";范围式标题,如"我国台湾地区泰宇版普通高级中学化学教科书简介"。此外,根据需要还可以设置副标题,以进一步说明研究对象和范围,准确反映论文内容。但是无论采用哪种类型的标题,都要努力做到准确妥帖、新颖多样和简洁明了。

(2)署名。论文署名一般包括作者姓名及工作单位等,同时表明著作权人,便于明确文责。署名必须遵循一定的科学道德规范,要根据对论文贡献的大小来决定作者的排位次序。

(3)摘要。摘要以概括论文内容为目的,简明扼要地陈述论文的主要内容及观点,不对论文本身作评价,应具有独立性和自含性,即摘要就是含有科研论文主要内容的信息浓缩块。其一般不分段,不用图表、化学结构式和非公知公用的符号或术语,也不宜引用图、表、公式和参考文献的序号,一般在300字以内。

(4)关键词。关键词是指那些出现在论文的题目、摘要或正文中,反映论文主要概念的词或词组。关键词应当是名词或名词性的词组,一般选取3~8个词作为关键词。

(5)引言。引言是整篇论文的引论部分,是开篇之作。简练而精彩的引言对一篇文章而言可谓是事半功倍。引言一般包括五个部分:概述某一领域研究背景;说明本研究的起因;简述研究方法;详细叙述研究目的;列举主要发现并总结已有的重要结论。

(6)正文。正文是研究论文的主体和关键部分。正文的主要内容包括:课题的理论依据、研究方法、研究对象的选择、观察到的事实、搜集到的材料数据、对材料数据的分析处理结果等。

(7)结论。结论是对研究中所观察到的事实、搜集到的材料和数据进行处理,并在此基础上分析、判断、推理得出的对事物本质的规律性认识。经过正文的论证之后,要基于自己正文中的论据,提出自己的观点,形成结论。它一般包括所发现的规律、得出的结论、解决的问题等,篇幅不宜过长,应该尽量简洁明了。

(8)致谢。如有必要,应在文末向学术论文完成过程中的指导者、帮助者表示谢意。

(9)参考文献。参考文献指的是作者为撰写论文而引用的相关文献信息资源。注明参考文献的目的在于表明作者科学严谨的研究态度和对他人研究成果的尊重,也是对知识产权的尊重。参考文献一般集中列于文后,文献序号用阿拉伯数字加方括号表示(如[1][2][3]……),且要在文中标出序号的位置(右上角标)。参考文献著录项目包括:主要责任者(专著作者、论文集主编、学位申报人、专利申请人、报告撰写人、期刊文章作者、析出文献作者等);文献题名及版本;文献类型及载体类型标识(专著——M;期刊——J;论文集——C;报纸文章——N;学位论文——D;报告——R;标准——S;专利——P;其他未说明的——Z);出版项(出版地、出版者、出版年);文献出处或电子文献的可获得地址;文献起止页码。

2. 论文的写作要求

作为一种科学研究活动,化学教育研究具有学术性、创造性和应用性等特征。在进行化学教研论文的写作时,应注意满足一定的写作要求。

(1)坚持科学性、通俗性、实用性。一篇质量高的教研论文,是先进教育教学思想和先进经验的载体,必须要被读者所接受,才能产生教育效益,体现论文的价值。当然,科学性是论文的灵魂,是论文成败的起码标准,教研论文要有一定的理论性、科学性。然而不能把理论性、科学性和可读性对立起来,相反,化学教研论文应该具有通俗性、实用性,这样的研究成果才能被更多的人接受。

(2)语言应朴实无华。化学教研论文不同于文学创作,语言应该朴实无华。深奥难懂,故作高深,搬用生僻的术语,就会使论文不知所云,同样会失去可读性,不管是多华丽的辞藻,也不能带来任何实际意义。

(3)正确使用语言、数字和法定计量单位。化学教研论文使用语言、数字、符号时必须规范。语言准确、简明而规范,术语、符号和计量单位等符合国际标准、国家规范,便于更好地进行学术交流。

(4)合理设计插图和表格。在化学教研论文中,表格和插图是文字的补充,有时甚至是不可缺少的补充。巧妙地使用表格和插图,既可精简文字,又可直观地说明问题,使读者一目了然。

3. 论文的写作步骤

化学教学研究论文的写作遵循一般教研科研论文的步骤,按以下几个步骤依次进行。需要指出的是,学术论文的写作过程本身就是一项创造性活动,不必过分拘泥于固定顺序。一般情况下,随着写作思维的间歇和跳跃,各步骤间均有相互交替重复的过程,以充分打磨各部分内容,完成高质量的论文。

(1)构思。即在掌握和查阅大量文献资料,进行了相关教育实验研究后,对课题进行立意上的思考,争取积累沉淀出优质立意、构思合理的文章论点。

(2)拟定提纲。构思完毕,就要对自己想要研究的问题拟定提纲。提纲是全文的框架,基本上决定了文章的内容和结构。

(3)写作草稿。在提纲的基础上,要认真搜集文献资料,去伪存真,去粗取精,合理地利用这些材料为论文服务,充实提纲的各个部分,做到论据丰富,论证有力,立论结合,形成初步的文章草稿。

(4)修改稿。草稿完成以后,还要对其进行修改。修改的途径可采取请教相关人士,虚心征求别人的意见,这样有助于发现可能被我们忽略的问题。也可采用热改法与冷改法交替使用,做到文章连贯性和逻辑性的高度统一。最后,还要对论文形式进行检查修改,杜绝语句不顺和标点错误。

(5)定稿。在完成以上各步后,论文应该达到了相当的成熟水平,在确保无已知错误和遗漏的情况下,可以把论文定稿。

(6)投稿。为了进一步扩大交流,提高自我的教育研究水平,增进学术繁荣,对于成熟的化学教研论文,一般可针对有关期刊进行投稿。投稿的录用与否,不仅代表着学术界对研究者研究成果的肯定程度,也是研究者自身科研水平的体现。一个高水平的研究者,不仅要具备高水平的研究能力,还应有敏锐的洞察力,能够使自己的研究成果及时发表,得到学术界的认可。因而,化学教研论文不能盲目投稿,需要做到心中有数。一般情况下,在论文本身比较完善的情况下,应充分考虑所投目标期刊的风格、栏目设置和选稿偏好,这样才能做到有的放矢,增加文章发表的机会[①]。而文章能否发表,关键是看文章是否具有一定的理论意义或实践意义、是否有发表和交流的价值(即是否含有新论点或新解释、新现象、新方法、新规律、新结果等)[②]。

① 江家发.化学教学论[M].合肥:安徽人民出版社,2007.

② 熊言林.化学实验研究与设计[M].合肥:安徽人民出版社,2009.